THE DOG LISTENER

개가 행복해지는
긍정교육

THE DOG LISTENER by Jan Fennell

Copyright ⓒ Jan Fennell, 2000
All rights reserved.

This Korean edition was published by Book Factory DUBULU in 2011 by arrangement with
Aitken Alexander Associates through KCC(Korea Copyright Center Inc.), Seoul.

이 책은 (주)한국저작권센터(KCC)를 통한 저작권자와의 독점계약으로 책공장더불어에서 출간되었습니다.
저작권법에 의해 한국 내에서 보호를 받는 저작물이므로 무단전재와 복제를 금합니다.

THE DOG LISTENER

개가 행복해지는 긍정교육

잰 페넬 글 | 정재경 옮김

책공장더불어

| 저자 서문 |

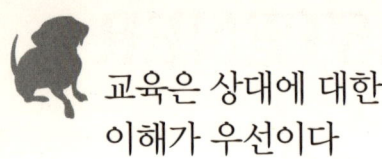
교육은 상대에 대한
이해가 우선이다

 그동안 개 교육과 관련된 책은 대부분 강압적이고 폭력적인 전통 훈련법에 관한 것뿐이었다. 그래서 나도 교육에 관한 의문이 생길 때마다 도움이 될 만한 책이 없어서 답답해하곤 했다. 강압적인 교육 방법도 싫었지만 개의 심리를 이해하지도 못한 상태에서 무조건 칭찬, 보상을 통해서 가르치는 방법도 마음에 들지 않아서였다. 나도 개가 왜 그렇게 행동하는지 알지 못하는 상황에서 개에게 무조건 내가 가르치는 대로 하라고 강요할 수 없었다.
 내가 가지고 있던 이런 답답함과 궁금증을 아미시엥 본딩이라는 특정한 교육법으로 발전시키는 데에는 무려 25년이나 걸렸다. 맨 처음 어떻게 해야 할지 막막하던 내게 먼저 동물의 말을 들으라고 실마리를 던져 준 사람은 몬티 로버츠였다.
 내 인생을 송두리째 바꿔 놓은 사람이 누구냐고 묻는다면 나는 늘 주저 없이 몬티 로버츠를 꼽는다. 그는 내게 큰 영감을 주었고 동물과 대화하는 방법에 대한 방향을 제시했다. 10여 년 전 몬티 로버츠의 작업을 보지 못했다면 지금의 아미시엥 본딩 교육법은 탄생하지 못했을 것이다.

아미시엥 본딩 교육법이 정리된 첫 책을 내면서 가장 먼저 감사해야 할 대상은 동물이다. 인간의 반려자가 되어 준 개에게 진심으로 감사의 마음을 전한다. 나는 개와 함께 삶을 나누면서 참으로 많은 것을 배웠다. 개가 인간에게 주는 믿음과 사랑, 연대감 등은 어디에서도 쉽게 얻지 못하는 것이다.

또한 지구상에서 가장 박해받고 있는 종이라 할 수 있는 늑대에게 진심으로 경의를 표한다. 나는 이 경이로운 생명체로부터 개의 행동에 대해서 많은 것을 배웠다. 개를 온전히 이해하는 데 늑대는 최고의 선생님이었다. 하지만 현재 인간은 개는 반려동물이라는 이름으로 가슴으로 받아들이면서 개의 선조인 늑대는 멸종위기로 몰아가고 있다. 참으로 역설적이다.

내 교육법에 관심을 갖고 응원해 준 각종 TV, BBC 라디오 방송국 스태프들에게도 감사를 전한다. 또한 하퍼콜린스 출판사 편집자들의 도움이 없었다면 이 책은 빛을 보지 못했을 것이다. 내 파트너인 글렌 밀러의 인내심과 성원에 감사를 전한다.

마지막으로 내 아들 토니에게도 감사의 마음을 전한다. 토니는 내가 전적으로 의지해 가며 일할 수 있는 미더운 친구이며, 내가 정말로 값진 것을 이루고 있다고 믿게 만들어 준 장본인이다. "엄마는 할 수 있어요." 내가 힘들어할 때마다 토니가 내게 해 준 말이 없었다면 지금의 내가 있었을까?

아이를 교육시킬 때도 그렇지만 교육은 상대에 대한 이해가 우선이다. 그래서 우리는 개를 교육하려면 먼저 개에 대한 공부를 해서 개에 대해 더 많이 알아야 한다. 개의 심리를 이용해야 개의 행동을 이해할 수 있고, 그래야 개의 행동을 교정할 수 있다. 교육은 개와 행복하게 사는 미래를 위한 값진 투자이다.

영국 링컨셔에서 잰 페넬

| 추천사 |

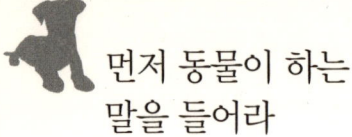
먼저 동물이 하는
말을 들어라

내가 말과 대화하는 방법으로 말을 훈련시키는 것에 대해 나를 비난하는 사람이 많았고, 나는 그 비난으로부터 내 방식을 옹호하는 데 많은 시간을 보냈다. 그런데 잰 페넬은 내 방법을 개의 교육에 접목시켜 발전시켰고 그를 통해 내 방법이 개의 세계에도 통할 수 있다는 것이 명백해졌다.

사실 세계 어느 곳이든 말 훈련사보다는 개 훈련사의 수가 많다. 그래서 내 교육을 듣는 사람들도 개 훈련사가 말 훈련사보다 4배 이상 많다. 내 수업을 듣는 사람들은 다행스럽게도 내가 제안한 방법에 대해 긍정적인 평가를 내려 주었다. 그래서 만약 다시 한 번 인생을 살게 된다면 내 교육 방법을 개에게 적용해 보는 도전을 즐기고 싶다고 생각한 적도 있다. 나는 말과 많은 시간 작업하지만 내게는 개 또한 중요한 인생의 동반자이기 때문이다.

하지만 이제껏 해왔듯 나는 지금의 내 방식을 발전시키고 사람들과 그 원리를 공유해 가는 것만으로도 충분하다. 잰 페넬처럼 재능 있는 개 교육자가 내 방법에서 영감을 얻어 이를 개에게 적용하고 있으니 말이다.

잰 페넬의 이야기를 처음 듣고 나는 가슴이 따스해지는 경험을 했다. 그녀는 초창기 때 내 모습을 떠올리게 했기 때문이다. 나와 마찬가지로 그녀도 인간이 동물을 친구라 부르면서도 불공평하고 가혹하게 다루는 것을 부당하다고 느끼고 있었다. 그녀는 인간과 동물의 관계에 그 어떤 폭력도 존재해서는 안 된다는 신념을 갖고 있다. 나도 마찬가지지만 그녀는 모든 생명체가 평화롭게 공존하기를 꿈꾸는 사람이었다.

그녀가 자신의 이야기를 책을 통해 털어놓는 용기를 내기까지는 많은 시간이 걸렸다. 자신의 생각을 활자로 옮기는 일은 쉽지 않은 일이라 나도 첫 책인 《말과 대화하는 남자(*The Man Who Listens to Horses*)》를 내놓는 데 오랜 시간이 걸렸다. 이제 비로소 그녀는 자신의 경험을 바탕으로 이룬 개 교육법에 관해 많은 독자와 나눌 준비가 된 것이다.

나는 잰의 방식을 비난하는 사람이 있으리라는 것을 알고 있다. 사람들의 부정적인 생각에는 끝이 없다. 하지만 부정적인 생각 속에도 거대한 긍정성이 우리 사이에 존재하고, 그래서 비난 속에서도 인간의 가장 가까운 친구인 개를 보다 올바르게 대하기를 갈망하는 수많은 소망이 존재한다는 사실을 알아야 한다.

나는 내가 하는 일이 말과 인간이 함께 좀 더 나은 삶을 사는 데 일조한다는 믿음을 갖고 있다. 잰 페넬의 책을 통해 특별한 동물인 개에게도 내가 꿈꾸는 행복한 세상이 가까워지길 기대한다.

미국 캘리포니아에서 몬티 로버츠

| 차례 |

저자 서문 _4

추천사 _6

프롤로그 - 푸르디를 위하여 _14
1972년 겨울의 비극 | 시골 생활에 적응하지 못하는 푸르디 | 푸르디가 미쳤어
문제는 개가 아니다

1장 잃어버린 언어 _20
인간과 우정을 나누다 | 인간의 장신구가 되다 | 서로를 이해하는 본능을 잃다

2장 개와 함께하는 인생 _28
개에게 해를 끼치지 않는 브리더 | 복종훈련, 이건 아니다 | 왜? | 몬티 로버츠를 만나다

3장 인간 중심 사고를 버려라 _38
개를 관찰하다 | 사샤의 환영 의식 | 서열을 다시 확인하는 상황 | 개 중심 사고로의 전환

4장 침착하고 일관성 있는 우두머리 되기 _47
두 가지 C의 원칙 | 무시하기 | 손님이 오면 흥분하는 개 | 우아한 산책은 가능할까?
개의 골라듣기 | 훈련 도구가 없는 훈련법 | 우두머리가 가장 먼저 먹는다

5장 새로운 교육법이 필요하다 _63
죽기 직전 구조된 바미 | 먹는 사능 교육 | 급소도 내보일 수 있는 우두머리에 대한 신뢰
강압적이지 않은 새로운 교육법

6장 아미시엥 본딩(Amichien Bonding) 교육법 _72
개의 의사소통 방식 배우기 | 서열과 관련된 네 가지 상황 | 문제견의 공통점은 서열 문제

① 아미시엥 본딩 교육 첫 번째, 재회할 때 5분 규칙 | '이리 와'
② 아미시엥 본딩 교육 두 번째, 손님이 왔을 때 | 기본적인 통제 방법
③ 아미시엥 본딩 교육 세 번째, 산책할 때 | '기다려!'와 다시 부르기
④ 아미시엥 본딩 교육 네 번째, 먹는 시늉 | 무리 생활을 하는 동물에게는 그에 맞는 교육이 필요하다

7장 분리된 삶, 분리불안에 대처하기 _100
가족이 외출하면 난리가 나는 브루스 | 브루스는 버려졌다고 생각하는 것이 아니다
새끼와 떨어지는 일은 힘들어 | 떠나는 시늉

8장 사람을 무는 공격적인 개 _109
안락사 직전의 맥 | 눈빛이 부드러워지다 | 우두머리의 책임에서 해방되다

9장 무는 개 _115
강한 우두머리 수컷 스파이크 | 폭력적인 방법은 보복을 부른다
우두머리가 되고 싶지 않은 재지 | 무는 개는 궁지로 몰지 말아라
개는 아이와 어른을 구분한다 | 아이를 보호하는 개 벤

10장 가족을 과잉보호하는 개 _130
개 때문에 함께 잠자리에 들지 못하는 부부 | 살짝 저항하는 영리한 개 잭
영역 보존 본능과 담장 달리기 | 이웃에게 민폐를 끼치는 캐시와 수지

11장 뛰어오르는 개 _140
얼굴까지 뛰어오르는 개 시미 | 똑똑한 개일수록 교정이 힘들다

12장 줄을 풀면 달아나는 개 _146
개를 쫓지 말아라 | 불러도 오지 않는 개 보 | 개를 버리고 떠나다

13장 개 vs 개, 개끼리의 혈투 _154
새로운 우두머리의 탄생 | 감히 로트와일러에게 대드는 콜리
둘이 함께 있는 것이 좋다는 기억 | 개는 싸움을 즐기지 않는다 | 새벽에 산책을 나가다

14장 천둥, 불꽃놀이……, 소음에 대한 두려움 _166
인간 중심 사회에서 개는 우두머리가 되면 안 된다 | 소리에 놀란 개를 안고 달래지 마라
차 소리만 들리면 겁에 질리는 민티 | 전화벨 소리에 스트레스를 받는 보니
불꽃놀이를 즐기는 개

15장 강아지 입양과 기본 교육 _176
강아지 입양 전에 개에 대한 공부가 필요하다 | 강아지 입양의 몇 가지 황금률
가장 먼저 시작해야 할 분리 교육 | 5분 규칙이면 충분하다 | 강아지 스스로 생각하게 하라

16장 말썽꾸러기 강아지 _186
강아지가 괴물이 될 수도 있다 | 물어뜯는 강아지에게는 장난감과 놀이가 필수이다
함께 놀던 아이를 무는 강아지 누크 | 식분증 강아지 디아키
변을 볼 때마다 소란을 피우는 가족

17장 대소변 가리기 _196
영역 표시는 야생 상태의 본능이다 | 소파 위에서 소변을 보는 개 캘리
강아지 대소변 가리기 교육, 클린 도그 | 온 집 안에 데렉의 똥이 뒹구는 집
5분 규칙을 15분 규칙으로 바꾸다
역자가 알려 주는 대소변 가리기 완전정복

18장 반려인의 결혼이 개에게 미치는 영향 _207
서로 우두머리가 되려는 집시와 캐리 | 같은 침대를 쓰게 된 두 반려견
우두머리가 아니라 동료가 되다

19장 물기, 거부하기 등 식사 시간에 문제가 있는 개 _213
음식을 거부하는 개 제이미 | 우두머리의 힘의 상징이 된 밥그릇
음식을 뺏기고 으르렁거린다고 안락사 당한 개 | 식사 시간이면 난폭해지는 개 멀더

20장 차 타기에 문제가 있는 개 _221
개는 차를 탄 상황을 이해하기 힘들다 | 차만 타면 날뛰는 블래키
달리는 차에서 던져 버려진 도베르만

21장 발 물어뜯기, 자기 꼬리 쫓기 등, 강박증에 빠진 개 _227
문제 개는 많지만 원인은 하나이다 | 자기 발을 물어뜯는 리비
하루 종일 자기 꼬리만 쫓는 개 러스티

22장 유기동물 입양의 문제, 요요 개 _233
입양과 파양을 반복하는 요요 개 | 안락사를 하루 앞두고 구조된 임신견 타라
과잉행동 증상을 보이다 | 우두머리의 욕망이 치솟는 유기동물

23장 놀이의 위력 _240
놀이를 교육으로 활용하는 경찰견 훈련 | 우두머리의 능력을 시험하는 놀이 시간
함께 놀 때 지켜야 할 규칙 | 소리 나는 장난감에 이상 행동을 보이는 벤지

24장 교육은 반려동물과 함께하는 행복한 삶의 기본이다 _247
개의 소리를 듣는 사람 | 사람을 물어 안락사에 처하게 된 딜랜
개의 입장에서 개를 옹호하다 | 산책길에서 벌떼를 만나다
끝까지 우두머리인 나를 믿어준 개들

에필로그 – 개의 소리에 귀를 기울였죠! _258
찾아보기 _262
역자 후기 _266

보기만해도 행복해지는 책 속 부록 Happy Dog _273

책에 소개된 교육법은 개의 공격적 본능을
통제하는 데 도움이 되지만 투견을 위해 길러진 개의
공격적 성향을 완전히 바꾸기란 쉽지 않습니다.
모든 교육법은 공격적인 개에게
적용할 때 훨씬 더 신중해야 합니다.

| 프롤로그 |

 푸르디를 위하여

1972년 겨울의 비극

인생이란 살아가면서 저지르는 수많은 실수를 통해 배워 나가는 과정이다. 사람들과의 관계는 물론 반려동물과의 관계에서도 많은 실수와 시행착오를 거치면서 그렇게 인생을 배워 나간다. 1972년 겨울에 일어난 비극은 지금까지도 가장 가슴 아픈 경험으로 남아 있고 그 과정을 통해서 나는 인생의 큰 교훈을 얻었다. 나는 그해 푸르디가 맞이한 죽음을 결코 잊을 수 없다.

당시 나는 남편과 젖먹이 딸 엘리, 두 살 반 된 아들 토니와 함께 살고 있었다. 번잡한 런던에 살고 있던 우리 가족은 잉글랜드 중심부인 링컨셔 외곽의 한 작은 마을로 이주하기로 결정한 상태였고, 전원생활을 꿈꾸는 다른 사람들처럼 들떠 있었다. 개와 함께하는 시골 생활이라는 꿈에 부푼 우리는 강아지를 '구입'하기보다는 유기견을 '입양하고 싶었다. 우리는 기꺼이 영국의 왕립동물학대방지협회(RSPCA) 보호소로 향했고 거기서 보더콜리와 위펫 혼혈종인 6개월 된 강아지 푸르디를 입양했다.

푸르디는 내 생애 첫 강아지는 아니다. 내 첫 강아지는 열세 살 때 아버지가 선물한 멋진 삼색 보더콜리 셰인이다. 우리 가족은 모두 개를 좋아했고, 나는 상상 속에서 레이디라고 부르는 강아지 친구를 만들어 내기도 했는데 레이디는 할머니도 인정한 내 어린 시절 가장 소중한 대화 친구였다. 나는 개는 무조건적인 사랑과 맹목적인 충성심을 갖고 있는 멋진 친구라고 생각하고 자랐다.

셰인의 교육 담당자는 아버지였다. 아버지는 평소에 온화하고 다정했지만 셰인이 말을 듣지 않을 때에는 엄격했다. 셰인이 지시한 대로 행동하지 않으면 코를 톡톡 때리거나 엉덩이를 찰싹 때려서 혼냈다. 딸인 나 역시 잘못했을 때는 아버지로부터 엉덩이를 맞아야 했으니 공평한 방법이었다.

영특한 셰인은 아버지나 가족이 원하는 것을 잘 이해하고 행동했다. 셰인은 줄을 하지 않고도 점잖게 내 옆에 앉아 버스 여행을 완벽하게 해내는 멋진 개였다. 어느 날 윔블던 커먼으로 가는 버스에 셰인과 나란히 탔을 때의 뿌듯함을 아직도 생생하게 기억한다.

때문에 푸르디도 셰인에게 했던 교육방식, 즉 애정과 강압을 적절히 이용하는 방법으로 교육시키기로 마음먹었다. 아버지의 방법은 내가 보기에 최고의 강아지 교육 방법이었으니까. 처음에는 이 방법이 잘 통해 푸르디는 우리 가족의 삶에 순조롭게 적응하는 듯했다.

시골 생활에 적응하지 못하는 푸르디

그런데 문제는 이듬해 9월 링컨셔로 이사하면서부터 시작되었다. 우리의 새 안식처는 번잡한 런던과는 다른 곳이었다. 마을에는 가로등도 없고, 버스는 일주일에 두 번 다닐 정도로 외진 곳이었다. 가장 가까운 상점에 가려면 6킬로미터 이상 걸어가야 했다.

푸르디는 낯선 환경에 잘 적응하지 못했다. 세 살 때 처음 바다를 보고 너무 거대하고 낯선 모습에 언덕으로 도망쳤다는 나처럼 푸르디 역시 새 보금자리를 받아들이지 못했다. 푸르디는 이사하고 몇 시간씩 종적을 감추었는데 아마도 집 밖 멀리서 놀다가 집으로 돌아오는 것 같았다. 나는 푸르디의 이런 배회가 마음에 걸렸다. 또 집에 있을 때는 항상 나를 졸졸 쫓아다니고 작은 소리에도 민감하게 반응하는 등 안 보이던 행동을 하기 시작했다.

이외에도 뜻밖의 상황들이 벌어지기 시작했다. 하루는 동네 농부가 찾아와 푸르디를 제대로 통제하지 못하면 총으로 쏴 버리겠다고 위협했다. 푸르디가 그 농부의 농장 주위를 배회해서 가축들이 불안을 느낀다는 것이었다. 쏴 죽이겠다는 협박을 듣자 푸르디에게 한 번도 채워 보지 않은 목줄을 채울 수밖에 없었다. 마당 안에서만 놀게 목줄을 길게 묶었는데 푸르디는 자주 그 줄을 끊고 나갔다 돌아오곤 했다.

하지만 진짜 심각한 일은 크리스마스 직전의 어느 아침에 일어났다. 나는 거실에서 빨래를 개고 있었고, 엘리는 내 옆에서 바닥을 기고 있었고, 토니는 작은 헬리콥터를 가지고 놀고 있었다. 언제나 그렇듯 푸르디도 함께 있었는데 내가 아이들 간식을 가지러 잠시 자리를 비운 사이에 일이 벌어졌다.

거실에서 무슨 소리가 들려 깜짝 놀라 달려가 보니 푸르디가 껑충 뛰어서 토니를 유리문으로 떠미는 모습이 보였다. 유리가 산산조각이 나서 거실을 뒤덮었고 토니는 충격에 휩싸여 얼어붙은 듯한 표정으로 나를 쳐다보고 있었다. 모든 것이 느린 동작으로 일어나는 것 같았고, 아이 얼굴은 온통 피범벅이었다.

"푸르디, 안 돼!"

나는 천 기저귀를 집어 들고 토니에게 달려갔다. 구급대 자원봉사에서 배운 대로 토니 얼굴에 유리 파편이 남아 있는지를 먼저 확인했다. 다행히 유리 파편은 없었다. 나는 토니의 얼굴에서 흘러내리는 피를 닦으며 토니를 끌어안은 채 유리 파편의 한가운데에 기적적으로 무사히 앉아 있는 엘리를 끌어당겼다. 나는 두 아이를 끌어안고 도움을 청하려고 소리를 질렀다. 이런 우리 옆에서 푸르디는 흥분한 상태로 공중으로 점프를 하며 맹렬히 짖어대고 있었다.

최악의 상황이었다. 토니의 부상은 평생 흉터로 남을 터였다. 사람들은 푸르디에게 문제가 있다고 말했다. 하지만 푸르디가 원래 문제가 있던 개가 아니어서 나는 푸르디에게 기회를 한 번 더 줘야 한다고 생각했다.

푸르디가 미쳤어

비교적 잠잠한 날들이 두어 달 지속되던 2월의 어느 날이었다. 엘리는 거실에서 외할머니와 장난감을 가지고 놀고 있었고, 나는 부엌에서 일을 하고 있었다. 그때 갑자기 비명 소리가 들렸고, 내가 거실로 뛰어나가자 엄마가 소리쳤다.

"푸르디가 엘리를 물었어. 푸르디가 갑자기 물었다고. 푸르디가 미쳤어."

엘리의 오른쪽 눈 위에 끔찍하게 팬 상처가 눈에 들어왔다. 정신이 없었다.

'도대체 왜 이런 일이 일어난 거지? 엘리가 푸르디에게 어떻게 한 거지? 푸르디가 왜 이러는 거야? 내가 뭘 잘못 가르쳤나?'

하지만 모든 건 이미 끝났다. 소식을 들은 아버지가 달려왔고 결과는 뻔했다. 아버지는 개가 음식을 주는 사람을 물면 그 개가 갈 길은 하나라고 믿는 분이셨다. 아버지는 어린 시절 올드 잉글리시 시프도그 지프라는 개와 살았는데 지프가 할머니를 물자 안락사 시켰다는 이야기를 종종 내게 들려주었다.

"프루디를 어떻게 할지 잘 알고 있지? 개가 한 번 저렇게 되면 되돌릴 방법은 없다. 시간 낭비 말거라."

나는 그날 오후 푸르디를 수의사에게 맡겼다.

문제는 개가 아니다

이 일은 이후 내내 나를 괴롭혔다. 당시로서는 바른 선택이었다고 믿었지만 다른 한편으로는 푸르디를 망친 건 나라는 자괴감이 함께했다. 그 실수는 푸르디의 것이 아니라 내 것이 아니었을까?

그로부터 20년이 지나서 나는 문제의 발단이 나였음을 확인했다. 나는 개의 행동을 이해하지 못했고, 대화하는 데 서툴렀으며, 오직 내가 원하는 것만 푸르디에게 요구했다. 한마디로 나는 개인 푸르디에게 인간의 언어만 강요했던 것이다.

지난 10년 동안 나는 개의 언어를 듣고 이해하는 방법을 배우면서 개를 보다 깊이 이해할 수 있게 되었다. 개와 의사소통이 원활해지면서 개에게 문제가 있다고 찾아오는 반려인에게 사실은 개가 아니라 반려인에게 문제가 있음을 알려 주었다. 반려인이 자신의 문제를 알아채고 변화하면 문제는 해결되었다.

지속적으로 말썽을 피우는 개와 사람을 중재하면서 안락사에 직면한 개도 여러 번 구했다. 개의 목숨을 구할 때마다 이루 말할 수 없는 기쁨과 함께 내 사랑스러운 개 푸르디를 구하지 못한 것에 대한 후회가 밀려왔다.

나는 이 책을 통해 개와 잘 지내는 방법에 대해 독자들과 나눌 것이다. 천천히 따라하면 누구나 스스로 터득할 수 있는 방법이다. 하지만 건성으로 대충대충 익혀 개들에게 적용하면 이는 오히려 개에게 혼란만 더 가져올 뿐이다. 그러므로 어설프게 하려면 시작하지 않는 것이 좋다. 하지만 개와 진심으로 대화하고 행복하게 살고 싶은 마음으로 공부한다면 분명 개는 사랑과 진심으로 그 노력에 보답할 것이다.

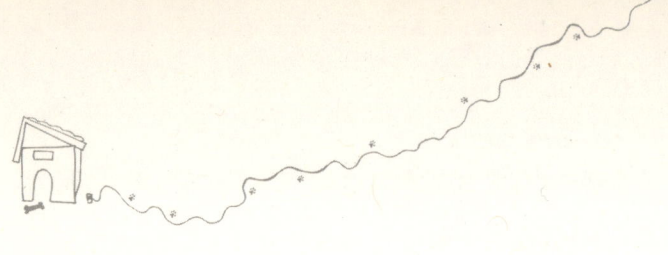

1장
잃어버린
언 어

개는 그 집의 왕이다.
-페르시안 속담

인간과 우정을 나누다
인류 역사 속 많은 비밀은 시간이 흐르면서 잊혀지는 경우가 많다. 인간과 개의 본질적인 관계 또한 그렇게 묻힌 비밀 중 하나가 아닐까. 인간의 눈에 개는 눈부신 외모나 활동성, 명석함 등을 지닌 매력덩어리임에 틀림없지만 인간과 개는 매력 이상의 무엇으로 인류 역사의 초창기부터 끈끈한 유대감을 갖고 있었다. 그런데 이런 유대감은 본능을 넘어선 믿음에 근거를 두고 있는 듯하다.

최근 속속 밝혀지고 있는 과학적 증거들은 인간과 개가 최고의 친구로 역사 속에서 오랫동안 지속되어 온 관계임을 말해 주고 있다. 연구에 따르면 인간과 개의 이야기는 기원전 10만 년 전으로 거슬러 올라간다. 아프리카와 중동 지역에서 호모 사피엔스가 출현한 시기에 개의 선조라 생각되는 늑대에 가까운 카니스 루푸스(*Canis lupus*)가 개과인 카니스 파밀리아리스(*Canis familiaris*)로 진화했다. 인간이 개를 길들이기 시작한 것이 이 시기이며, 개와 인간은 서로 연계성을 갖고 진화하기 시작한다.

인류의 조상은 소, 양, 돼지, 염소 등을 길들여 자신들의 공동체에 편입시켰는데, 그중 개는 사육하게 된 최초의 동물일 뿐만 아니라 인간 사회에 가장 성공적으로 영입된 동물이다. 왜냐하면 개는 확대된 가족의 일원으로 영입되었기 때문이다.

초기 인류는 개를 그들의 삶에서 그 어떤 것보다 가치 있는 존재로 여겼다. 이스라엘의 북쪽 에인 말라에서 발견된 고대 나투프 유적에서는 12000년 전의 무덤이 발견되었는데, 이곳에는 인간의 유골과 어린 강아지의 뼈가 함께 묻혀 있었다. 이는 묻힌 사람이 자신의 개와 마지막 안식처를 나누고 싶어했음을 말해 준다. 이와 비슷한 사례는 기원전 8500년경에 만들어진 미국 일리노이의 코스터(Koster) 사적에서도 찾아볼 수 있다.

페루와 파라과이의 사회학자들은 그곳의 사람들이 오늘날에도 어미를 잃은 새끼가 혼자 남으면 인간이 강아지를 키우는 현상을 통해 인간과 개의 유대감에 대해 설명한다. 언제부터 이런 관례가 시작되었는지는 확실하지 않지만 강아지가 자립할 수 있을 때까지 인간이 대리모가 되어 주는 것이다.

또한 인간과 개는 닮은 부분이 많은데, 이런 유사성은 자연스럽게 서로를 동반자로 받아들일 수 있도록 만들었을 것이다. 이 부분에 대한 연구는 고대의 늑대와 석기시대의 인간이 동일한 사회구조에서 살면서 비슷한 본능을 가지고 있었음을 공통적으로 지적하고 있다. 인간과 개는 모두 육식동물이며, 체계적인 집단에서 생활하고, 무엇보다 두 종 모두 선천적으로 '이기적'이라는 공통점이 있다.

개는 인간과 마찬가지로 어떤 상황에서든 상관없이 '어떤 것이 나를 위한 것일까?'에 대해 먼저 생각한다. 그러므로 인간과 개의 관계는 보이지 않는 서로의 이익을 바탕으로 발달해 왔다고 할 수 있다.

인간과 함께하는 새로운 환경에 적응하면서 개는 인간에 대한 의심 대신에 신뢰를 보내게 되었다. 의심을 버리자 화살과 올가미 같은 인간의 사냥 도구에도 접근할 수 있게 되었고, 불 옆에서 따뜻한 밤을 보낼 수 있게 되었으며, 인간이 먹다 남긴 음식물을 먹게 되었다. 이런 과정을 통해 개의 사육은 원활하게 진행되었을 것이다.

개를 사육하기 시작하면서 인간은 개보다 우월한 위치에 섰다. 인간은 길들여진 늑대를 부림으로써 네안데르탈인 이후 퇴화된 후각을 늑대의 후각을 통해 보강할 수 있었고, 개는 인간의 거처를 보호하는 역할을 통해 스스로의 안전을 보장받을 수 있었다. 개는 사냥에서 동물을 몰고 고립시키고 죽이는 등 사냥 활동의 일원으로서 중요한 역할을 수행했다.

하지만 이런 역할 이외에 중요한 것은 인간과 개가 우정을 나누기 시작했다는 것이다. 인간과 개는 서로를 본능적으로 완벽히 이해했다.

인간과 개는 무리를 지어 사는 동물이기 때문에 자신들의 생존이 자신이 속해 있는 집단의 생존에 달려 있고, 조직의 개개인은 자신이 맡은 책임을 다해야 한다는 것을 본능적으로 알고 있었다. 그렇기 때문에 인간과 개가 함께하는 확대된 무리에서도 각자의 역할을 수행하는 것을 자연스럽게 받아들였다. 인간이 땔감을 모으고, 음식 재료를 채집하며, 집을 고치고, 요리를 하면, 개는 인간의 눈과 귀가 되어 사냥을 도왔다.

개는 또한 인간의 거주지를 제일선에서 보호했다. 침입자가 접근하면 짖어서 알렸고, 직접 침입자를 물리치기도 했다. 이 시기 인간과 개의 관계는 굉장히 밀접했으며 서로에 대한 이해 또한 최고조에 달했다.

인간의 장신구가 되다

하지만 수세기가 지난 지금 이 관계는 산산이 부서지고 말았다. 둘의 관계가 왜 이 지경이 되었을까? 인간과 개는 왜 서로 다른 길을 가게 되었을까? 이 질문에 대한 해답을 유추하기란 어렵지 않다. 인간이 몇 세기에 걸쳐 지구를 지배하는 우월한 위치를 차지하면서 개를 비롯한 수많은 동물을 인간이 만든 규율에 맞춰 자기 뜻대로 부리기 시작했기 때문이다. 특히 인간은 자신들의 필요에 의해 개의 여러 가지 특성 중 한 가지 특성을 부각시켜 품종을 개량하여 사육할 수 있음을 깨달았다.

기원전 7천년 전 메소포타미아에 살던 사람들은 아라비안 사막늑대가 뛰어난 사냥기술을 갖고 있다는 사실을 깨달았다. 이 늑대들은 북쪽 지역의 늑대에 비해 몸이 가볍고 빨랐다. 인간은 아라비안 사막늑대를 서서히 개로 진화시켰고, 혹독한 환경에서도 먹이를 쫓고 잡을 수 있게 길들였는데, 중요한 것은 인간의 명령에 의해서만 사냥을 하게 되었다는 것이다. 살루키, 페르시안 그레이하운드, 가젤하운드가 현재까지 혈통을 이어가는 그들의 자손이다.

마찬가지로 고대 이집트에서는 파라오하운드가 사냥을 위해 개량되었고, 러시아에서는 보르조이가 곰을 사냥하기 위해 개량되었다. 폴리네시아와 중앙아메리카에서는 먹기 위해 개를 사육하기도 했다.

이러한 인간의 의도는 인간 사회에 기꺼이 자신의 존재를 각인시키려는 개의 의지와도 맞아떨어져 계속 이어졌다. 19세기 영국 귀족은 사냥할 때 각각의 역할에 맞게 개량된 개를 데리고 다녔다. 스프링어 스패니얼은 사냥 초반 뛰어난 도약력으로 새를 날아오르게 하는 역할을 담당했으며, 포인터와 세터는 새의 위치를 파악하는 역할을, 리트리버는 죽거나 상처 입은 새를 주인에게 물어다 주는 역할을 했다.

하지만 현대 사회에 들어서면서 인간과 개의 관계는 완전히 변했고, 심지어 최근에는 개에게 해를 끼치는 방향으로 관계가 변질되기도 했다. 과거 우리의 생존 파트너였던 개들은 지금은 애완견이자 장신구로 전락해 버렸다.

소위 '애완견'은 히말라야 고지대의 불교 사원에서 시작된 것으로 추측된다. 기록에 따르면 이곳의 승려는 티베탄 스패니얼을 사육했는데 이 개들의 몸집이 점점 작아져 추운 겨울에 승려들의 무릎에 뛰어올라 몸을 따스하게 해 주는 역할을 하게 되었다.

영국의 찰스 2세 시대에는 세터가 점점 더 작은 사이즈로 품종 개량되어 토이 스패니얼이 만들어졌다. 이 작은 사냥개는 부자들의 총애를 한몸에 받았고, 동부에서 유입된 다른 종의 개와 섞이기도 했다. 현재 심하게 납작한 얼굴의 킹 찰스 스패니얼은 이 시기에 탄생한 것이다.

이런 현상은 인간과 개의 관계가 변화하기 시작한 중요한 순간이다. 개의 입장에서 보면 달라진 것이 없지만 인간들에게는 완전히 새로운 관계의 시작이었다. 개는 장식품 이상의 기능을 가질 수 없게 되었고, 이는 앞으로 전개될 불안한 미래를 알리는 전조였다.

물론 인간과 개 사이에 존재하는 깊은 유대감이 꾸준히 이어져 온 경우도 있다. 시각장애인을 위한 안내견이 좋은 예이다. 제1차 세계대전 말, 독일 포츠담 외곽에 있던 환자 요양소의 의사가 전쟁으로 시력을 잃은 군인들이 계단을 향해 움직일 때마다 저먼 셰퍼드가 그 길을 가로막는 것을 본 후 안내견의 역사가 시작되었다. 양을 치던 저먼 셰퍼드의 능력을 부각시켜 양 대신 시력을 잃은 사람들을 도와주도록 훈련시킨 것이다. 안내견의 역사는 이때부터 시작되었고, 이것은 인간이 잃어버린 감각을 개가 대신해 준 예전 관계의 복원이라고 할 수 있다. 하지만 현대 사회에서 이런 협력 관계가 그리 많지 않다는 것이 불행이라고 할 수 있다.

오랜 기간 동안 인간과 개가 유지했던 좋은 관계는 오늘날에 드문 일이 되었다. 사냥개, 경찰견, 목축견, 안내견 등의 일하는 개 정도가 예전의 관계를 이어간다고 할 수 있다. 현대 사회가 개의 올바른 역할과 존재를 깊게 고려하지 않는 사이 인간과 개가 맺었던 예전의 깊은 유대 관계는 잊혀져 가고 있다.

서로를 이해하는 본능을 잃다

인간과 개의 유대 관계가 사라진 것은 여러 가지 문제를 야기시켰는데 가장 큰 문제는 서로를 본능적으로 이해하던 능력을 상실한 것이다. 서로를 직관적으로 이해하던 친화력이 소멸되면서 의사소통은 단절되었다. 인간 사회가 소규모 공동체에서 대규모 사회로 대체된 것도 영향을 끼쳤다. 거대 도시에서 살아가는 사람들은 익명의 존재로, 타인과 긴밀한 관계를 맺지 않고 살아간다. 마찬가지로 사람은 개와도 서로를 이해하려는 관계를 끊어 버리고 일방적인 관계를 요구하고 있다.

만약 함께 살다가 이혼할 경우 사람들은 스스로 대처하는 방법을 찾아 나가지만 개는 함께 살던 무리와 갑자기 헤어지는 이해 못할 경험을 하게 된다. 이런 경우에도 사람들은 개도 사람처럼 새로운 상황에 대처하는 법을 배울 것이라고 생각해 버린다. 사람들이 생각하는 개와 개가 생각하는 개의 모습이 완전히 다른 것이다. 사람은 왜 양이나 소에게 강요하지 않는 인간의 행동양식을 개에게만 강요하고 따르기를 바라는 것일까?

오늘날 사람들은 개에게 너무 많은 규칙과 인간의 행동양식을 강요하고 있다. 고양이들은 자신들이 원할 때 긁을 수나 있지 개들은 자신들이 좋아하는 행동을 할 수 있는 처지가 아니다. 그럼에도 불구하고 사람들은 개가 복잡한 현대 생활에 잘 적응하고 있다고 생각한다. 과연 그럴까?

지금 개의 삶은 개가 원하는 것과는 많이 다른 삶이다. 그 결과 인간과 오랜 친구인 개 사이의 상호 이해는 차츰 소멸되어 가고 있다. 이런 과정에서 오늘날의 개가 과거보다 더 많은 문제를 안고 있는 것은 당연한 결과가 아닐까.

   물론 지금도 개와 행복하게 살고 있는 사람은 많다. 고대부터 존재했던 개와의 깊은 유대감은 여전히 우리 마음 속 어디엔가 남아 있기 때문이다. 인간에게 깊은 행복감을 느끼게 하고, 사랑을 바탕으로 관계를 형성해 온 동물은 개가 유일하지 않을까? 그러므로 우리는 그동안 잃어버렸던 개와 나눴던 대화의 통로를 다시 찾아야 한다. 그 일이 쉽지 않고 험난하지만 분명 흥미롭고 가치 있는 시간이다.

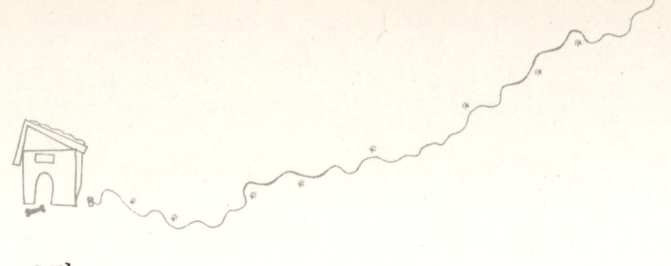

2장
개와 함께하는
인생

개에게 해를 끼치지 않는 브리더

푸르디를 안락사 시킨 뒤 나는 지독한 환멸감에 빠졌다. 그래서 평생 다시는 어떤 개와도 함께 살지 않겠다고 결심했지만 그러기에는 개에 대한 내 사랑이 너무 깊었다. 푸르디가 떠나고 1년 남짓 지난 즈음부터 기르기 시작한 작은 사냥개는 푸르디가 남긴 상처를 치유해 주기 시작했다.

평소 사냥에 관심이 많았던 남편은 1973년 자기 생일날 사냥개인

스패니얼 켈피를 집으로 데리고 왔다. 가족 모두 켈피를 무척 사랑했는데 우리는 사랑을 주는 것 못지않게 교육을 중요하게 생각했다. 사람끼리 함께 살아도 기본적인 규칙에 대한 공유가 필요하고, 무엇보다 푸르디와 같은 비극을 다시 겪을 수 없다는 생각이 절실했다.

우리는 켈피에게 사냥감을 찾아서 물어오는 교육을 시켰다. 사냥개를 위한 기본 교육서에 나온 대로 가벼운 물건을 던진 후에 켈피에게 가져오는 훈련을 시켰는데, 가벼운 물건으로 훈련시킨 이유는 살짝 물어야 한다는 것을 가르치기 위해서였다. 우리는 딸 엘리의 낡은 턱받이를 돌돌 말아 던졌고 켈피는 달려가 턱받이를 집어서 물고는 흥분한 상태로 달려왔다.

'역시 책에서 하라는 대로 교육시키니까 되는구나.'

교육에 대한 자신감에 한껏 부풀어 달려오는 켈피에게서 턱받이를 받으려고 손을 내밀었다. 그런데 켈피는 우리를 지나쳐 그냥 집으로 휙 들어가 버렸다. 나와 남편은 이 황당한 상황에 박장대소하고 말았다. 남편이 나를 보며 물었다.

"책에는 이런 상황에 어떻게 하라고 나와 있어?"

개를 완벽하게 통제할 수 있다는 자만심이 생길 때마다 나는 이때 일을 상기한다.

켈피가 잘 적응하자 우리는 용기를 얻어 얼마 뒤 9주 된 스프링어 스패니얼 강아지를 입양했다. 이름은 어릴 적 내 상상 속 친구의 이름을 따서 레이디라고 지었다. 남편이 사냥에 관심이 있어 켈피를 입양했다면 나는 도그쇼에 관심이 많았다. 나는 1970년대 중반까지 레이디와 함께 전 세계 도그쇼에 참가했고, 마침내 1976년 영국 최고의 도그쇼인 크러프츠(Cruft's)에 참가할 수 있는 자격을 얻었다.

크러프츠 도그쇼에서의 시간은 너무나 값지고 즐거웠다. 나와 같은 마음을 가진 사람들을 만나서 소중한 인연을 맺는 기회가 되었기 때문이다. 나는 그곳에서 버트와 그웬 그린 부부를 만나 도나를 선물로 받아 입양했는데 이후 도나가 낳은 새끼인 크리시가 생후 7개월에 강아지 교육 프로그램에서 우승했고, 스패니얼 필드 데이(Spanial Field Day) 쇼에 참가해 크러프츠 참가 자격을 따냈다. 그날 크리시가 베스트 잉글리시 스프링어로 선정되는 순간 나는 하늘을 날 것 같았다.

이후 좋은 브리더로 명성을 쌓으면서 우리집 강아지 식구의 수가 조금씩 늘어났다. 특히 잉글리시 스프링어 스패니얼인 칸은 무수한 종목에서 입상하면서 '최고 혈통의 개'로 자리 잡았다. 칸은 아름다울 뿐만 아니라 따스하면서도 남성스러움을 잃지 않은 얼굴을 가지고 있었고, 1983년 크러프츠에 참가해 마침내 참가 그룹에서 우승하는 영광을 안았다.

"좋은 브리더가 될지는 모르겠지만 개에게 해를 끼칠 것 같지는 않군요."

당시 버트 그린이 내게 했던 이 말을 나는 늘 기억한다. 그는 누구든 개와 산다면 믿음과 책임감을 가져야 한다고 말했다. 그래서 나는 브리딩에 큰 책임감을 느꼈고, 적은 수의 강아지만 키워서 신중하게 선택한 가정에 입양을 보냈다. 사람들이 좋은 강아지를 입양해 더 행복한 생활을 하게끔 하는 것이 내 임무라고 생각했다.

복종훈련, 이건 아니다

나는 입양 전에 늘 강아지를 교육시켜서 보냈다. 가정에 잘 적응하려면 기본 교육이 되어 있어야 훨씬 좋기 때문이다. 처음에는 전통적인 교육법인 '복종훈련' 방법으로 교육시켰는데 시간이 지날수록 나는 이 교육에 의문이 들기 시작했다. 푸르디 이후로 나는 개를 제대로 교육시키고 있는지 늘 불안했고 늘 의심했다.

나는 당시 대부분의 사람들처럼 보수적인 교육관을 취하고 있었다. 강아지를 앉힐 때 강아지의 엉덩이가 땅에 닿도록 억지로 눌렀고, 강아지를 사람 다리 옆으로 따라오도록 하는 '옆에' 또는 '가자' 교육을 시킬 때도 쇠사슬로 된 목줄인 초크 체인(choke chain, 금속으로 된 목줄로 끌어당기면 순간적으로 목을 압박한다./옮긴이)을 사용해 강아지를 강압적으로 끌어당겼다. 나는 이 교육법에 대해 의문을 품으면서도 전통적인 훈련법을 거부하지 못하고 있었다.

하지만 이런 방법에 익숙해질수록 의구심이 점점 더 커져 갔다. 내 마음 한 구석에 새겨진 푸르디에 대한 죄책감이 강압적 교육방식에 자꾸 의심을 품게 만들었기 때문이다.

나는 '순응', '순종'이라는 단어조차 싫어한다. 이 단어는 말 훈련법의 '말을 길들이다(breaking in)'라는 용어와 일맥상통하는 것으로 동물의 의지와는 상관없는 강압적인 교육을 의미한다. 이 단어는 결혼서약의 '복종(obey)'이라는 단어처럼 사람을 불편하게 한다. 왜 우리는 개를 교육할 때 '함께하기(work alongside), 협력하기(pull together), 협동하기(co-operate)'와 같은 긍정적인 단어를 사용하지 않는 것일까?

하지만 당시 나는 복종훈련이 아닌 다른 교육 방법에 대해 아는 것이 없었고, 관련 책도 없었으며 함께 의논할 상대도 없었다. 내게는 교육을 시켜야 할 강아지가 많았고, 브리더로서 강아지들을 자녀 키우듯 차근차근 교육시킬 사회적인 책임과 의무가 있었다. 이는 부모가 자녀를 키울 때 갖는 사회적인 책임과 같은 것이다. 복종훈련이 진리처럼 여겨지던 때여서 나는 더 혼란에 빠졌다. 어떻게 교육시켜야 할까?

궁여지책으로 나는 전통적인 훈련 방법에 나만의 방법을 조금씩 접목시켜 변화를 주기 시작했다. 당시는 대부분 강아지를 초크 체인을 사용해 교육하고 있었는데 나는 쐐기라는 뜻의 초크 체인 사용이 마음에 들지 않았다. 초크 체인은 잘못 사용할 경우 개의 목을 조를 우려가 있을 정도로 위험했다. 그래서 나는 초크 체인 대신에 체크 체인(check chain, 초크 체인과 일반 목줄의 중간 단계로 목 부분의 1/3만 금속으로 되어 있다./옮긴이)을 사용하기 시작했다. 이 변화는 미미했지만 중요한 토대가 되는 것이었다.

또한 강아지 줄을 과격하게 잡아당기는 대신에 앞으로 걸어가기 전에 개들이 신호를 예상할 수 있도록 찰칵 하는 목줄의 체인이 부딪치는 소리를 사용했다. 개들이 체인 부딪치는 소리를 들으면 주인이 움직이는 방향으로 같이 움직이게 되므로 목이 졸리는 사태를 막을 수 있다. 나는 이 방법을 힐워크(heel work, 개가 반려인 옆에서 함께 걷는 교육으로 우리나라에서는 '옆에', '붙어', '가자', '따라' 등의 명령어를 혼용하고 있다. 이 책에서는 반려인 옆으로 부를 때 '옆에', 함께 걸을 때 '가자'를 사용한다./옮긴이)에도 적용하기 시작했다. 이 교육은 개와 함께 생활하기 위한 기본 교육으로, 산책 시 돌발사고 등을 예방하는 교육이다. 이때 사람이 앞서 가고 목줄로 개를 끌어당기면서 가르치는 방법은 잘못된 것이다.

또한 '엎드려!'를 가르칠 때도 개를 앉힌 후 한쪽으로 부드럽게 밀면서 안쪽의 다리를 빼내는 식으로 다가갔다. 전통적인 훈련 방법을 적용하면서도 최대한 부드럽게 다가가는 방법을 찾으려고 애쓴 것이다.

사람과 개가 함께 배워 나가는 이런 교육방식은 굉장히 성공적이었다. 하지만 그저 온화하게 개를 다룬다고 개에게 어떤 행동을 하도록 강압적으로 요구하는 전통적인 교육 방법의 핵심이 변한 것은 아니었다. 이런 교육 방법은 개 스스로 자신의 행동을 선택할 수 있는 것이 아니어서 개는 여전히 자신이 왜 그렇게 해야 하는지 모르면서 따르는 입장이었다. 형식만 좀 변했을 뿐 강압적인 전통 교육 방법을 그대로 따르고 있었던 것이다.

왜?

이런 모든 상황이 바뀌기 시작한 것은 1980년대였다. 이 무렵 나는 남편과 이혼했고, 다 자란 아이들은 대학 입학을 목전에 두고 있었다. 나는 험버사이드 대학에서 심리학과 행동주의 이론을 공부하면서 내 인생은 상당한 변화를 겪고 있었다.

도그쇼 출전은 이혼과 함께 생활을 책임지면서 그만둘 수밖에 없었다. 브리더로서 인정을 받기 시작했고, 어느 정도 성공한 상태에서 접으려니 절망스러웠다. 함께했던 강아지들을 입양시키고 1984년 6마리만 데리고 북부 링컨셔로 이사를 갔다. 개를 훈련하고 도그쇼에서 좋은 성적을 얻기 위해 시간을 들이기에는 생활의 짐이 너무 컸다. 가장이 되었으므로 돈을 벌어야 했기 때문이다. 제이지 동물보호소에서 일하면서 지역 신문에 개에 관한 칼럼을 쓰는 것이 당시 내가 한 개에 관련된 일의 전부였다.

하지만 개에 대한 애정은 더 깊어졌다. 그리고 그 애정을 도그쇼가 아니라 다른 방향으로 펼쳐야 한다고 느끼고 있었다. 대학에서 수업을 들으며 나는 심리학과 행동주의 이론에 관심을 갖게 되었다. 파블로프, 프로이트, 스키너 등의 글을 읽으며 행동주의에 대해 많은 부분 공감했다. 예를 들어 개는 서열을 정하기 위해 점프를 하는데, 사람 앞에서 하는 점프도 마찬가지로 사람에게 서열을 인식시키기 위함이라는 것이다. 또한 우리가 문으로 걸어갈 때 개가 우리를 가로질러 문으로 향하는 것은 방해자가 없는지 확인함으로써 우리를 보호하기 위해서인데, 이 또한 개가 자신이 우두머리라고 믿고 있다는 증거라는 것이었다.

나는 공부를 통해 분리불안 증상도 이해하게 되었다. 행동주의 학자들은 개가 집에서 가구를 물어뜯거나 망가뜨리는 행동을 하는 것은 주인과 떨어진 스트레스 때문이라고 했다. 물론 거기에는 동의했지만 그런데 정말 중요한 것이 빠져 있다는 생각이 들었다.

"왜?"

이 질문에 행동주의 학자들은 해답을 주지 못했다. 그래서 나는 계속 내 자신에게 물었다. 왜 개는 주인에게 의존하고 분리되면 스트레스를 받는 것일까? 때로는 스스로에게 이런 질문을 던지는 내 자신이 바보처럼 느껴지기도 했다. 개에 대해 이런 고민을 하는 사람은 아무도 없기 때문이다. 그런데 사실 그때는 몰랐지만 이런 식의 접근은 잘못된 것이었는데도 나는 계속 이 질문을 붙들고 있었다.

몬티 로버츠를 만나다

그러던 1990년 어느 날 오후, 내 인생관과 개에 대한 태도를 송두리째 뒤흔드는 일이 발생했다. 당시 나는 말을 관리하는 일을 하고 있었는데 함께 일하는 웬디가 미국에서 세계적인 말 조련사 몬티 로버츠가 왔다며 보러갈 의향이 있는지 물었다. 여왕의 초청으로 영국에 온 몬티 로버츠는 인도적이고 획기적인 말 교육법을 선보일 예정이라고 했다. 웬디는 예전에 몬티 로버츠가 반항적인 말을 30분 만에 길들인 후 안장을 얹어서 타는 모습을 본 적이 있다고 했다. 웬디는 너무 드라마틱한 장면이어서 그 모든 것이 사전에 꾸민 것이 아닌지 의심이 든다고 했다. 하지만 1990년 그날, 웬디는 몬티 로버츠에 대한 의심을 완전히 버리게 되었다.

말 관련 잡지 《호스 앤 하운드(Horse and Hound)》는 몬티 로버츠와 한 번도 안장을 얹어 본 적이 없는 2살 된 말에게 자신의 방법으로 안장을 얹는 이벤트를 준비했고, 웬디의 암갈색 순종 암컷인 진저도 그 이벤트에 참가했다. 웬디는 진저가 굉장히 고집이 센 말이라며 이번에는 몬티 로버츠가 쉽게 안장을 얹지 못할 것이라고 확신했다.

여름 햇살이 따사로운 그날 오후 우드그린 동물구역으로 향하면서 나는 열린 마음을 가지리라 다짐하고 있었다. 여왕이 신뢰를 보일 정도라면 이 미국인의 방식에는 뭔가 특별한 것이 있을 것이라고 생각했다.

몬티 로버츠는 단정한 짙은 블루 셔츠와 베이지색 헐렁한 바지를 입고 마치 시골 신사 같은 모습으로 사람들 앞에 섰다. 오만해 보이는 구석이라고는 찾아볼 수 없었고, 큰 소리를 내지도 않았다. 그는 설명할 수 없는 강한 카리스마와 오묘한 분위기를 갖고 있었는데, 그가 얼마나 비범한지는 곧 알게 되었다.

그는 말 우리에 50명 정도 되는 사람들을 둥글게 쭉 둘러앉히고는 자신이 어떤 방식을 선보일지에 대해 설명하기 시작했다. 그러는 사이 그의 뒤에는 웬디의 말인 진저가 몰래 와 서 있었다. 몬티 로버츠가 이야기하는 동안 진저는 고개를 땅으로 숙인 채 비꼬는 듯한 행동을 취했고 진저의 행동에 사람들은 폭소를 터뜨렸다. 몬티 로버츠가 돌아보면 멈췄다가 다시 고개를 돌리면 똑같은 행동을 계속했다. 그 모습을 보며 웬디와 나는 같은 생각을 하고 있었다.

'저 사람이 진저를 이기기는 글렀군.'

드디어 몬티 로버츠가 웬디의 어깨끈을 감싸 쥐고 이벤트를 시작했다. 우리는 진저가 미국에서 온 사나이의 콧대를 얼마만에 누를지 흥미진진한 마음으로 의자에 몸을 기댔다.

그런데 정확히 23분 30초 만에 우리는 의자에서 일어나야 했다. 평생 안장을 얹거나 사람을 태워 본 적이 없는 진저가 얌전해져서 몬티 로버츠를 등에 앉힌 것이다. 웬디와 나는 얼빠진 모습으로 할 말을 잃었다.

웬디는 기적적인 행사가 끝난 후 몬티 로버츠와 이야기를 나누었고 우리로 가서 그의 지시대로 말을 리드하는 법을 배웠다. 이 모습은 내게 어두운 터널의 한줄기 빛이었다. 몬티 로버츠의 말 교육법인 '조인업(join up)'은 전 세계에 널리 알려져 있었는데 그는 트레이드마크인 둥근 우리에서 말과 많은 시간을 함께 보내며 친분을 쌓았고, 그만의 언어로 그들과 효과적으로 대화하고 있었다.

그의 교육 방법은 자연 상태의 말을 유심히 관찰해서 배운 지식이어서 공포나 강압성은 전혀 없었다. 그는 동물이 마음을 열지 않는 상태에서 인간이 어떤 행동을 요구하면 이는 강압적일 수밖에 없다고 말했다. 동물의 의지와 상관없이 인간의 의지만이 강압적으로 부여되기 때문이다.

그래서 그는 다른 방법으로 말의 믿음을 얻었다. 그는 먼저 말이 보내는 신호를 유심히 보고 귀 기울였고, 그다음에 자신이 원하는 것을 평화로운 방법으로 전달했다. 그래서 말들은 그가 자신의 급소를 만지는 것을 허용할 정도로 그를 믿었다. 그는 동물과 어떻게 교감할지 정확히 알고 있는 사람이었다. 말들은 몬티 로버츠를 깊게 신뢰했다. 몬티 로버츠의 교육법에는 강압이나 폭력 혹은 그 어떤 강제성도 동원되지 않았고, 말들은 자신의 의지에 따라 행동했다.

나는 그를 보면서 이 방법을 어떻게 개와 연계시킬 수 있을까 고민하기 시작했다. 예로부터 인간과 깊은 유대감을 갖고 있는 인류의 동반자인 개와 어떻게 하면 예전의 관계로 돌아갈 수 있을까?

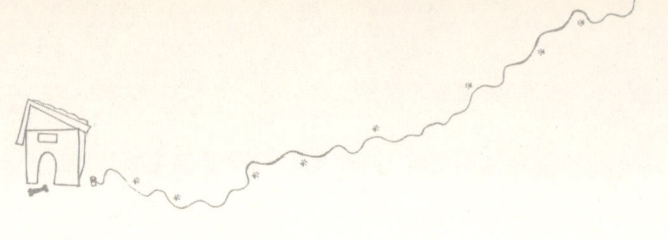

3장
인간 중심 사고를
버려라

개를 관찰하다

사람들은 행복한 순간에는 그것을 깨닫지 못한다. 당시 나는 많은 반려견과 살았고, 그들과 살지 않았다면 평생 몰랐을 것을 그들을 통해 배우고 있었다. 이것이 내 인생에 얼마나 큰 행운인지 그때는 몰랐다.

아이들이 다 커서 운신의 폭이 커진 내 인생은 새로운 변화를 맞이하고 있었다. 당시 나와 함께 사는 개는 칸, 수지, 샌디, 킴이 전부였는데 네 마리 다 성격이 제각각이어서 재미있는 나날의 연속이었다. 하고 싶은 일을 자유롭게 할 수 있는 충분한 시간이 생기자 나는 저먼 셰퍼드 사샤를 새 가족으로 받아들였다. 흔히 저먼 셰퍼드는 사납고 공격적인 성격이라 경찰견으로 활용된다고 알고 있지만 이는 사실과 다르다. 사람들은 사람에 대해 편견을 갖듯이 개에 대해서도 많은 편견을 가지고 있다.

사람들은 모든 저먼 셰퍼드는 사납고, 모든 스패니얼은 멍청해서 교육이 어려우며, 모든 비글은 부산해서 정신없다고 말한다. 이것은 마치 프랑스 사람들은 모두 베레모만 쓰고, 멕시코 사람들은 모두 챙이 큰 멕시코 전통 모자인 솜브레로만 쓰고 다닌다고 우기는 것과 같다.

내가 그동안 저먼 셰퍼드를 입양하고 싶었는데도 미룬 이유는 공격적이어서가 아니라 지적 욕구가 워낙 강한 견종이라 그것을 충족시킬 자신이 없었기 때문이다. 명석한 개와 살려면 그만한 지식을 갖춰야 하는데 그럴 자신이 없었다.

몬티 로버츠의 시범을 본 이후 나는 개들의 일거수일투족을 찬찬히 살펴보기 시작했다. 이미 알고 있다고 생각했던 지식은 다 버리고 오로지 관찰에만 집중했다. 그러자 그동안 몰랐던 것들이 눈에 띄기 시작했다. 우선 우리집 개들이 새로 가족이 된 활발한 강아지 사샤를 받아들이는 방법이 제각각이었다. 비글인 킴은 사샤를 무시했고, 칸은 사샤와 노는 것을 굉장히 좋아했다. 칸은 사샤가 자기를 하루 종일 뒤쫓아 다녀도 전혀 싫어하는 기색이 없었고 오히려 밤낮으로 딱 붙어 다녔다.

문제는 코커 스패니얼 샌디였다. 샌디는 사샤가 집에 도착한 날부터 어린 강아지가 싫다는 표현을 확실하게 했다. 특히 사샤가 자기에게 뛰어오르는 것을 아주 싫어했다. 샌디의 나이가 12살임을 생각하면 당연하다고 할 수 있다. 샌디는 사샤를 무시하고 싶었지만 겨우 10주 밖에 안 된 사샤의 덩치가 자기보다 컸기 때문에 그것 또한 마음대로 되지 않았다. 고개를 돌려 사샤를 무시하는 것이 먹히지 않으면 샌디는 저음으로 으르렁거리며 입술을 부르르 떨어 위협했고 그럴 때면 사샤는 뒷걸음질을 쳤다.

가만히 앉아서 이런 모습을 지켜보자니 예전에 키웠던 스프링어 스패니얼인 도나가 떠올랐다. 놀러온 친정 엄마가 소파에 누워 있던 도나 옆에 가서 앉자 도나가 벌떡 일어나더니 화가 난 얼굴로 엄마를 올려다보며 엄마를 소파 가장자리로 몰았다. 엄마가 오기 전까지 도나는 소파에 꽤나 행복하게 누워 있었는데 그 자리를 침해당했다고 생각하는 것 같았다. 결국 엄마는 소파에서 쫓겨나 바닥에 내려앉았다가 잠시 후 다시 소파 앉기에 도전하자 도나는 또 엄마를 바닥으로 밀어냈다. 당시에는 그저 신기하다고만 생각했는데 사샤와 샌디 사이에도 비슷한 일이 일어나고 있었다.

과거에는 그것이 어떤 의미인지 모르고 봤는데 지금 보니 알 수 있을 것 같았다. 예전의 도나가 엄마에게 그랬듯이 샌디도 사샤에게 자신이 우두머리임을 알리려는 것이었다. 그런 행동을 통해 자신의 위치를 확고히 하려는 의지가 보였다.

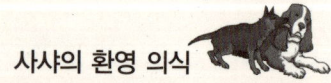 사샤의 환영 의식

또 자주 나타나는 재미있는 현상도 관찰되었다. 개가 나갔다가 돌아올 때마다 매번 똑같이 치르는 열정적인 의식이 바로 그것이다. 예를 들면 예방주사를 맞으러 병원에 갔던 사샤가 집에 오면 사샤는 바로 이 의식을 치렀다. 사샤는 귀를 뒤로 젖힌 채 다른 개들의 얼굴을 죄다 핥았다. 당시에는 이런 행동을 뭐라고 불러야 할지 몰랐는데, 지금 생각해 보면 환영 의식이라고 부르면 될 것 같다. 이런 의례적인 행동은 나갔다가 들어올 때마다 반복되었다.

나는 처음에는 이 모습이 어떤 의미인지 몰랐다. 그저 사샤가 어리고 명랑하니까 그러는 것이려니 하거나 우리집에 오기 전에 몸에 밴 버릇이라고 생각했다. 그런데 어느 날 운 좋게도 늑대, 딩고, 야생 개에 대한 비디오를 보다가 비슷한 행동을 보게 되었다. 저먼 셰퍼드여서 늑대를 연상시키는 사샤의 외모가 둘을 연관시키는 데 도움을 주기도 했지만 놀라운 것은 비디오 속의 늑대도 우리집 개처럼 똑같은 환영 의식을 하고 있다는 것이었다. 나로서는 굉장히 흥미롭고 놀라운 발견이었다.

나는 이런 행동이 개의 무리 내 서열과 관련된 행위임을 알게 되었다. 늑대 사회는 우두머리 혹은 우두머리 부부를 중심으로 발달해 나가는데 그 그룹에서 가장 힘이 세고 건강하고 똑똑하고 경험이 많은 늑대 부부가 우두머리가 된다. 오직 강한 유전자를 가진 늑대만이 살아남을 수 있기 때문에 우두머리 부부만이 새끼를 낳아 그 사회를 지속시키는 책임을 갖는다. 우두머리 부부는 무리의 모든 부분을 관장하고 이끌어 가는데 무리의 나머지 늑대들은 아무런 이의 없이 규율을 따르고 우두머리 부부를 보호한다. 즉, 늑대들은 자신의 위치를 받아들이고 그에 맞는 책임을 수행해 나가면서 무리를 유지해 간다.

늑대의 환영 의식은 모든 것이 우두머리 부부와 연관되어 있었다. 우두머리 부부는 다른 늑대의 얼굴을 핥지 않고, 다른 늑대들만 서로의 얼굴을 핥았다. 또한 핥기는 오로지 얼굴에만 집중되는 것이 특징이었다. 또 우두머리 늑대는 다른 늑대와 달리 자신감 있게 꼬리를 높게 꼿꼿이 세워 다른 늑대와 차별을 두고 있었다.

우두머리를 제외한 다른 늑대도 몸짓언어를 통해서 신호를 보냈다. 일반 늑대는 자신의 몸을 우두머리보다 낮게 두고, 지위가 가장 낮은 어린 늑대는 멀찌감치 떨어져 우두머리 곁에 가지도 않는다. 이런 현상은 개의 무리에서 몇몇 개가 우두머리를 핥을 수 있으나, 나머지 개들은 핥지도 못하는 것과 같은 상황으로 무리 내 서열을 말해 주는 것 같았다.

환영 의식은 내가 귀가할 때도 똑같이 이어졌는데 그 모습이 마치 중세시대 같았다. 중세시대 왕, 기사, 하인 등의 계급이 존재하는 것처럼 개들도 층층이 서열이 매겨져 있어서 서열에 맞게 행동했다. 이것은 내게 엄청난 발견이었다.

서열을 다시 확인하는 상황

사샤가 우리집 개 무리에서 가장 높은 위치를 획득하리라는 것은 불보듯 뻔했다. 사샤의 덩치가 다른 개와 비교가 되지 않을 정도로 컸기 때문이다. 사샤는 서열이 올라가자 자신감이 충만해져 샌디의 항의를 무시할 정도였다. 샌디는 나이가 들수록 모든 일에서 더 쉽게 포기했고 점점 더 고개를 떨구고 몸과 꼬리를 낮추는 일이 많아졌다.

권력의 이동은 노는 시간에 더욱 뚜렷하게 나타났다. 내가 공을 던지면 사샤만 그걸 내게 물어다 주었고, 다른 개들은 공이 땅에 떨어지면 그 주위에서 껑충껑충 뛰기만 할 뿐 공을 물지 않았다. 누가 공을 물어야 하는지 이미 정해져 있다는 이야기였다. 만약 다른 개가 공을 집어 물면 사샤는 그 개를 조용히 응시하다가 몸짓으로 이렇게 말했다.

"그건 내 공이니, 물러서."

서열이 떨어진 샌디는 자신의 몸을 최대한 낮추면서 복종의 표현을 했다. 샌디는 싸우는 것을 포기했으며 사샤가 우두머리임을 받아들였다.

물론 개들이 항상 서열에만 집착해서 행동하는 것은 아니다. 대부분의 시간에는 친구처럼 신나게 놀며 지냈고, 특정한 상황에서만 서열이 나타났다. 그래서 나는 어떤 상황에서 서열체계가 두드러지게 나타나는지 살펴보기 시작했다.

우선 내가 귀가할 때 이런 서열체계가 표면화된다. 그런데 좀 더 자세히 관찰해 보니 나뿐 아니라 다른 사람이 집에 올 때도 같은 행동이 반복됨을 알았다. 손님이 오면 일단 개들은 내 주위에 몰려들었고 모두 굉장히 흥분한 상태로 현관으로 달려가 손님 주위를 서성거렸다. 개들은 누군가가 올 때마다 이런 행동을 반복했다. 개들의 이런 행동은 산책을 나갈 때도 도드라졌다. 집을 나서기 직전에 개들은 모두 흥분해서 떠들썩하게 뛰어오르기를 반복하면서 예의 환영 의식을 치렀다.

그렇다면 늑대도 같은 행동을 할까? 늑대는 사냥을 나갈 때 이런 행동을 하는데 껑충껑충 뛰어오르면서 자신의 위치를 찾기 위해 서로 이리저리 밀치는 행동을 반복한다. 그러는 사이 우두머리 부부는 머리를 곧게 세우고 몸과 꼬리를 꼿꼿하게 치켜세우고 있다. 이는 우두머리 부부만이 무리를 이끌고 먹잇감을 사냥하러 갈 수 있다는 의미이다.

늑대들은 이런 상황을 통해 각자의 서열을 다시 확인한다. 우두머리는 자신이 우두머리임을 재확인시키면서 따르도록 하고, 다른 늑대들도 자신의 위치를 확인한다. 이때 확인된 서열이 먹이를 먹는 순서이며 무리의 생존을 위해서 지켜야 하는 순서이다.

그런데 흥미로운 것은 개도 같은 행동을 하며 이 모든 과정에 인간인 나도 분명히 포함되어 있다는 것이었다. 물론 모든 개가 그러는 것은 아니고 오직 사샤만 그랬다. 사샤는 산책할 때마다 내 바로 앞에 서서 내가 가는 길을 막아 버렸다. 내가 사샤의 줄을 쥐고 있었는데도 불구하고 사샤는 항상 나를 앞질러 가고 싶어했다. 나를 앞서 가는 것이 굉장히 자연스러운 행동인 양 말이다. 게다가 산책 도중 요란한 소리가 들리거나 다른 개가 우리 앞에 나타나는 등 예상치 못한 상황이 발생하면 사샤는 내 앞을 지키고 서서 나를 보호하려는 행동을 취했다. 또한 다른 사람들이 집 앞을 지나가거나 우편 배달부나 우유 배달원이 잠시 들러도 과하게 짖었다.

나는 이런 사샤가 늘 걱정이었다. 혹시라도 갑자기 프루디와 같은 행동을 해서 푸르디처럼 보내게 될까 봐 두려웠다. 사샤의 행동은 내가 걱정할 만했는데 마치 어린 강아지인 션을 입양했을 때 도나가 몇 년 간 보인 행동과 유사했다. 어린 션이 담요에 누우면 어김없이 도나가 달려가 그 옆에 누워서 자신의 다리를 션 위에 올려놓았고, 션이 도나의 다리를 차내면 다시 올려놓았다. 도나가 션을 보호해야 한다고 느꼈던 것처럼 사샤 또한 나를 책임지고 보호해야 한다는 직책을 스스로 떠맡은 것 같았다.

개 중심 사고로의 전환

도대체 무슨 이유로 손님이 오면 개들은 난리를 치는 걸까? 왜 사샤는 나와 함께 산책을 나가면 지나치게 흥분하는 것일까? 이 질문에 대한 해답을 곰곰이 생각하면서 나는 그동안 인간이 했던 많은 실수를 알게 되었다. 인간은 세상이 인간 중심으로 돌아가고 다른 생물체는 조연에 불과하다고 생각한다. 마찬가지로 개를 키우는 것은 나고, 내가 이 집의 우두머리라고 생각했을 것이다.

하지만 과연 그럴까? 나는 개를 관찰하면서 이전에 내가 가지고 있던 생각이 통째로 뒤집히는 것을 경험했다. 내 시각이 잘못된 것은 아닐까? 인간 중심의 사고를 넘어서 이 문제를 본다면 어떤 모습일까? 사람이 개를 보호하는 것이 아니라 반대로 개가 사람을 자신들이 보호하고 책임져야 하는 대상이라고 생각한다면 무엇이 달라질까? 개는 자신이 우두머리고 사람은 자신을 따르는 여러 개 중 하나라고 생각하는 것은 아닐까?

이렇게 생각을 바꾸어서 보니 지금까지 이해하지 못했던 일들이 갑자기 다 풀리는 느낌이었다. 분리불안의 경우 우리는 개가 주인과 떨어진 것이 불안해 안절부절한다고 생각한다. 하지만 개가 걱정하는 내용이 '엄마, 아빠 어디 있어요?'가 아니라 '내 바보 같은 아이들이 어디에 간 걸까?'라면 상황이 달라진다.

두 살배기 아이를 잃고 미칠 듯 걱정하는 부모를 생각해 보라. 사람이 밖에 나가면 집에 남은 개들이 심심하고 지루해서 집을 난장판으로 만드는 것이 아니다. 그들은 아이를 잃은 공포감과 당혹감 때문에 안절부절못하는 것일 수 있다. 집에 돌아온 사람에게 개가 점프를 하며 달려드는 것은 놀고 싶어서가 아니라 동료가 집에 돌아와서 기쁘다는 의례적인 행동이며, 자신이 이 무리의 우두머리라는 사실을 각인시키는 것이다.

이렇게 생각을 바꾸자 나는 인간이 굉장히 바보 같다는 생각이 들었다. 인간은 그동안 개에게 얼마나 많은 실수를 저질러 온 것일까? 우리는 개에게 그들만의 언어가 있음을 부정하면서 살아왔다. 개는 이런 인간과 그동안 답답해서 어떻게 살았을까?

현대의 개는 집 안에 갇혀 살면서 야생의 규율 따위는 다 잊고 인간의 방식을 강요받고 있다. 인간은 그들이 야생에서 지키며 살았던 규율과 행동원칙에 대해 고민도 해보지 않은 채 인간의 규율만 강요해 왔고, 그러다 보니 자연스럽게 그들의 언어와 생각, 행동 습관을 존중하지 않는 교육을 계속해 온 것이다.

이렇듯 개를 주의 깊게 관찰하면서 개에 대한 내 생각은 서서히 변화하고 있었다.

4장
침착하고 일관성 있는
우두머리 되기

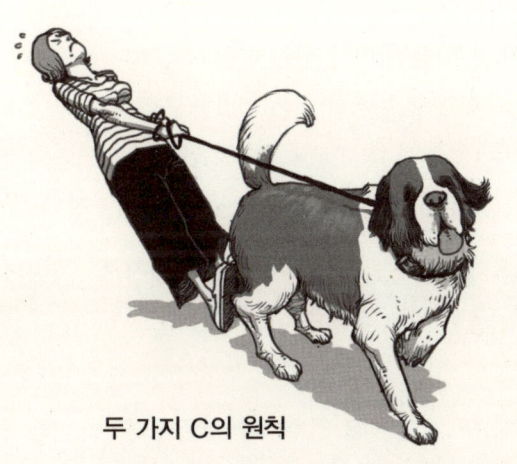

두 가지 C의 원칙

몇 달 동안 집중적으로 개들만 관찰하는 시간을 통해 예전에는 미처 몰랐던 유용한 지식을 많이 얻었다. 특히 개들이 서로 어울리는 것을 관찰하고, 그들이 말하고자 하는 것에 귀 기울이면서 나는 개의 행동에서 야생 늑대의 모습을 발견했다. 우두머리가 어떻게 나머지 개들에게 영향을 미치는지, 우두머리가 어떻게 자신의 우월성을 증명하고 권력을 장악해 나가는지 알게 되었다. 그런데 이 과정에서 싸우거나 무는 등 평화가 깨지는 일은 전혀 없었다.

우리집 개들을 관찰해 보니 무리 간에 상호작용이 활발하게 일어날 만한 상황은 명확하게 세 가지였다. 위험이 닥칠 때, 산책을 할 때, 다시 만나게 될 때. 이런 상황에서 우두머리는 자신의 권위를 재확인하고, 무리는 그 권위를 받아들인다. 나는 어떻게 하면 이런 습성을 더 발전시킬 수 있는지에 관심을 기울이기 시작했다.

몬티 로버츠의 작업 중에서 가장 가슴에 와닿은 내용은 그가 인간임에도 불구하고 말의 행동을 고스란히 재현한다는 점이었다. 그래서 나도 개의 행동양식을 따라 해보기로 마음먹었다. 야생에서 우두머리가 하는 역할을 내가 맡는다면 얼마나 많은 차이가 생길지 알고 싶었다. 물론 이 과정에서 내가 개의 삶에 악영향을 끼치면 안 된다는 것을 늘 염두에 두고 명심하고 있었다.

무엇보다 개들 스스로 나를 우두머리로 결정하고, 자율적으로 내 권위를 따라야 한다는 것이 중요했다. 나는 개들이 자신들의 의지로 선출한 우두머리가 되고 싶었다. 물론 결코 쉬운 일이 아님을 알고 있었다.

나는 이 시도를 시작하기 전에 두 가지 중요한 원칙을 정했다. '두 가지 C(two C : consistent and calm)'라고 부른 이 원칙은 '차분함을 잃지 않고 침착하고 일관성 있는 태도를 취하는 것'이다. 즉, 침착함과 일관성을 중요 원칙으로 정했다.

아주 오랫동안 인간은 개에게 고함 치고 명령함으로써 그들을 복종시켜야 한다고 생각했다. '기다려!', '앉아!', '엎드려!', '손!', '이리 와!'라는 명령어를 사용하고, 개도 이 말에 반응해 행동하지만 사실 개들이 단어의 의미를 이해하는 것은 아니다. 그저 반복적으로 듣다 보니 단어와 자신의 행동을 연계시켜 학습할 뿐이다. 하지만 반복 교육은 지속적으로 훈련할 때만 효과가 있다. 개에게 어떤 경우든 소리를 지르며 윽박지르는 것은 신경이 예민한 개로 키우는 지름길이다.

소리 치지 말고 평온하고 일관성 있게 교육하는 것이 맞다는 내 생각은 점점 더 확고해졌다. 그 무렵 나는 개들을 운동시키려고 자주 공원에 갔는데 그때마다 도베르만과 함께 오는 남자가 있었다. 그는 다른 개가 자기들 쪽으로 다가오면 고함을 지르고 지팡이를 휘둘렀고 도베르만 역시 으르렁거리며 사납게 굴었다. 주인과 똑같이 반응하는 것이다.

이와는 반대로 반려인이 차분하고 편안하면 개도 평안하고 즐겁게 뛰노는 것을 볼 수 있었다. 이는 개의 우두머리가 되려면 개에게 차분하게 다가가는 것이 중요함을 보여 주었다. 인간 사회나 개 사회나 가장 위대한 리더십은 평온함과 고요함에 기반을 둔 감동에서 시작되는 법이다. 역사 속 위대한 위인인 간디, 시팅 불(Sitting Bull, 백인의 침략으로부터 종족을 지키기 위해 맞선 미국 인디언 다코타족의 추장/옮긴이), 만델라는 강한 카리스마를 지닌 고요한 지도자였다. 나는 리더십에 대해 생각할 때 늘 키플링(《정글북》의 작가/옮긴이)의 시 〈만약(IF)〉의 한 구절을 떠올린다.

만약 당신이 모든 것을 잃고 사람들이 당신을 탓할 때도 침착함을 유지할 수 있다면······

리더십이 냉정함과 침착함을 요구한다는 것은 명백하다. 쉽게 화내거나 동요해서는 타인의 신뢰를 얻기 어렵고, 자신감도 내보이기 힘들다. 내가 관찰한 늑대 사회도 우두머리는 자신의 영역을 침범한 침입자를 물리칠 때 어느 때보다 침착했다. 침착함은 우두머리에게 가장 중요한 자질 같았다.

무시하기

나는 점점 개의 언어를 이해하기 시작했고, 개의 언어로 그들에게 다가가기 위해 노력했다. 일단 강압이 아닌 그들의 의지에 따라 우두머리로 선출되기 위해 노력했고, 그러려면 우두머리로서의 면모를 보여줘야 했다. 나는 침착한 성격도 강한 성격도 아니었지만 개와의 의사소통을 위해 조금씩 성격을 바꾸어 나갔다.

폭우가 쏟아지던 주말 아침, 나는 내 교육법을 처음으로 적용해 보기로 결심했다. 비가 쏟아지는 날이었다. 눈을 뜨면서 '맑은 날 할까?'라는 꾀도 났지만 용기를 냈다. 사실 나는 내 방식에 아직 믿음이 없었다. 효과가 있을지도 불투명했고, 스스로도 내가 시도하려는 방법이 좀 우스웠다. 오죽하면 내 모습을 들킬까 봐 그 시간에 우리집에 아무도 오지 않기를 기도했을까!

사람들은 내가 우리집 개들을 자유자재로 다룬다고 부러워했지만 현실은 정반대였다. 당시 나는 우리집 개들을 다루는 것이 힘에 부친 상태였고, 개들도 점잖은 것과는 거리가 멀었다. 특히 내가 나갔다가 집에 돌아올 때마다 내 주변에 몰려들어 점프를 해대는 개들이 굉장히 성가셨다. 쇼핑백을 잔뜩 들고 있거나 예쁜 외출복을 입고 집에 들어서는데 내게 전속력으로 돌진하는 개들을 상대하는 것은 짜증스러운 일이었다. 위계질서를 재정비할 필요가 있었다.

나는 우리집 개들의 우두머리가 되기 위해 우선 개들을 완전히 무시하기로 했다. 무시한다는 것이 처음에는 쉽지 않았지만 어느 순간 '사람은 말에 너무 의존하고 살았구나.'라는 것을 알게 되었고 그 굴레를 벗자 생각보다 쉬웠다. 사람들은 그동안 음성언어, 말, 소리를 의사표현과 대화의 주요 수단으로 사용하다 보니 몸짓언어가 얼마나 강력한지 잊어버린 것이다.

하지만 누군가가 내 시선을 계속 피한다면 그것이 무슨 의미인지는 알 것이다. 그것은 바로 '무시'의 의미이다. 개도 마찬가지로 이와 같은 몸짓언어, 특히 시선으로 교감한다. 그래서 나는 시선을 이용해 무시하는 방법을 사용하기로 하고 그날 아침 아래층으로 내려가 여느 때처럼 개들이 부엌으로 몰려오는 것을 보면서 평소와 다르게 행동하기 시작했다. 개들이 내게 뛰어올라도 내려가라고 말하지 않고, 짓궂게 굴어도 개집으로 가라고 명령하지 않았다. 처음 몇 분 동안은 개들을 쳐다보지 않을 정도로 완전히 무시했다.

처음에는 이 방법이 굉장히 불편했다. 개들과 교감하는 것을 사랑하는 나로서는 무시하는 것이 힘들었고, 무엇보다 이렇게 개를 무시하는 방법이 원하는 결과를 낳을지도 장담할 수 없었다. 그러나 새로운 방법을 시작한 지 이틀 만에 변화의 조짐이 보이기 시작했다. 놀랍게도 개들이 내게 돌진하는 것을 멈춘 것이다. 시간이 지나면서 개들이 나를 존중한다는 것도 확연히 느낄 수 있었다.

일주일이 지나자 개들은 내 진로를 방해하는 대신에 내가 편히 지나갈 수 있도록 물러서는 행동을 하기 시작했다. 나를 우두머리로 인정하자 이에 상응하는 대우를 해 주는 것이었다. 또한 내게 필요한 공간도 존중해 주었다. 우두머리의 진로를 터주고, 공간을 침범하지 않는 것은 늑대 무리의 규율이다. 나는 개들을 보면서 내가 배우고 공부한 것이 얼마나 값진 것인지 확인하면서 기쁨을 만끽했다.

극단적이고 원치 않는 행동을 했을 때는 화내거나 혼내지 않고 무시했다. 반면 긍정적인 행동을 했을 때는 바로 칭찬해 주었다. 이런 방법은 행동심리학을 통해 배웠다. 또한 개들을 대할 때는 늘 차분해야 했다. 이런 방법을 통해 개와의 관계를 변화시키는 데 그리 오랜 시간이 걸리지 않았다. 딱 일주일이었다.

손님이 오면 흥분하는 개

내 시도는 첫 단계부터 효과를 발휘하기 시작했고 모든 것이 순조롭게 잘 진행되는 것 같았다. 다음 단계로 넘어갈 시기였다. 다음 단계는 낯선 사람이 우리집을 방문했을 때로, 개들이 무리에게 위험이 닥쳤다고 생각할 때의 대처법이었다. 우리집 개들은 여느 개와 다름없이 누군가가 집으로 다가오면 정신없이 짖어대다가 그 사람이 집 안으로 들어오면 더욱 흥분해 손님을 둘러싸고 뛰어올랐다.

"제발 그만! 조용히 좀 해!"

그럴 때마다 나는 소리를 질러댔는데 이런 방법은 개를 진정시키기보다는 화를 돋우는 것임을 알게 되었다. 나는 다시 한 번 '차분함을 잃지 않고 침착하고 일관성 있게 행동하기'를 떠올렸다.

나는 일단 집을 찾은 손님들에게 개들을 무시하라고 부탁했다. 그런데도 개들이 흥분해서 점프를 계속하면 나는 손님을 다른 방으로 데려갔다. 손님 중에는 내가 제정신이 아니라고 여기는 사람도 있었다. 자신을 반기는 개를 모르는 척하는 것은 쉬운 일이 아니었고, 특히 친구들은 사샤, 칸, 샌디를 반갑게 대하는 것이 이미 습관화되어 있었다. 그러나 나는 무시하라고 단호히 밀어붙였다.

이런 방법을 시작한 지 며칠 되지 않아 개들이 보여 준 변화는 내 방법을 지속해야 한다는 확신을 주었다. 상황이 변하기 시작했기 때문이다. 개들은 짖기만 할 뿐 손님 주위를 서성거리지 않았고, 우리가 무엇을 요구하는지 재빠르게 알아차리는 것 같았다.

물론 이번 과제는 쉬운 것이 아니었다. 특히 샌디와 칸은 나이가 많아 교육에 따른 변화가 쉽지 않았다. 이런 상황에서 내 신호에 가장 민감하게 반응하는 사샤가 중요한 역할을 해 주어야 했다. 가장 어린 사샤가 내 의도를 알아채고 차분해지자 나머지 아이들도 시간이 지날수록 손님을 맞을 때 차분해졌다. 그런 아이들과 함께하는 생활은 더 즐겁고 행복했다. 나는 내 방법이 정답인지 여전히 자신이 없었지만 스스로에게 질문을 던지고 해답을 얻으면서 새로운 시도를 해 나갔고 변화하는 아이들을 바라보면서 만족감도 커져 갔다.

우아한 산책은 가능할까?

다음 단계는 산책할 때의 문제였다. 솔직히 우리의 산책은 늘 혼잡스럽고 소란스러웠다. 녀석들은 산책할 때마다 내 주위로 달려들었고, 줄을 이리저리 끌어당기고는 했다. 산책할 때의 이런 혼란스런 상황은 전통적인 개 교육법의 치명적인 부작용을 고스란히 보여 주는 것이었다. 이전의 나는 전통적인 복종훈련을 통해 개들에게 좋은 습관을 심어 줄 수 있다고 생각했는데, 그런 방법은 개들을 명령에 기계적으로 따르게 하거나 오히려 더 멋대로 행동하게 만들었다. 전통적인 복종훈련의 결과는 기계적으로 명령을 따르다가 어느 순간 한계를 드러내거나 완전 엉망이 되거나 둘 중 하나였다.

나는 이런 강압적이고 기계적인 방법 대신에 개와 사람이 협력하면서 각자 원하는 것이 있을 때는 원하는 것을 얻을 수 있는 새로운 방식이 필요하다고 느꼈다. 가장 좋은 자제력은 자신의 의지에서 나오는 것이다. 개가 스스로의 의지로 행동할 수 있어야 하는데 이것을 개에게 어떻게 가르칠 수 있을까?

일단 나는 개들이 자기 멋대로 뛰고 짖으면서 산책을 하도록 내버려 두고 지켜보기로 했다. 아이들의 행동에 일일이 반응하지 않고 적당히 무시하면 다시 차분해질 수 있다고 생각했던 것이다. 그것은 야생 늑대 무리의 행동에서 착안한 방식이었다. 우두머리 늑대 부부는 다른 늑대들이 뛰어다니는 것을 얼마 동안 내버려 두면서 차분해지를 기다린 후 그들을 이끌고 사냥에 나서고, 그러면 무리의 각자는 자신이 맡은 책임을 다해 사냥에 임한다.

그래서 나도 산책 나간 개들이 흥분하는 것을 제재하지 않고 오히려 얼마간 북돋워 주었다. 사냥을 나서는 야생 늑대처럼 개도 다소의 흥분이 필요하다고 생각했기 때문이다. 늑대와 개의 관점에서 볼 때 사냥을 나가려면 아드레날린이 생성되어야 한다. 나는 본능에 저항하는 것이 아닌 순응하는 방식으로 교육을 시도한 것이다.

처음에는 개줄을 한 후 아무것도 하지 않고 개들이 실컷 흥분하도록 느슨하게 두었다. 나는 그저 침착하게 서서 산책을 나서기 전에 모든 것이 차분하게 가라앉기를 기다렸고 아이들은 곧 조용해졌다. 이런 식의 접근, 즉 조용한 리더십은 다시 한 번 개들에게 받아들여졌다.

다음은 산책이 시작된 이후에 내가 우두머리라는 것을 개들에게 확인시켜야 하는 과제가 남아 있었다. 산책이 시작되면 개들은 나를 이리저리 끌고 다녔고 종종 도로로 끌려가기도 하는 등 그동안 나도 다른 반려인과 산책하는 모습이 별반 다르지 않았다.

하지만 이번에는 달랐다. 개들이 줄을 끌어당기기 시작하자 예전처럼 힘으로 개들을 당기거나 질질 끌려가면서 소리치지 않고 그냥 서서 줄을 잡은 채 가만히 기다렸다. 그런데 결과는 놀라웠다. 개들은 금세 자기들이 혼자서는 어느 곳에도 가서는 안 된다는 것을 깨달은 듯 목줄이 하나씩 느슨해지더니 나중에는 다들 돌아서서 나를 바라보는 상황에까지 이르렀다. 우리집 개들이 이렇게 행동하는 것은 처음이었다. 일종의 기 싸움이라고 할 수 있는 상황에서 나는 개들을 잘 제압한 셈이다.

개의 골라듣기

이 정도까지 진도가 나가자 나는 줄이 없는 상태에서도 이 방법이 유효할지 궁금했다. 예전 같은 상태에서 줄을 풀어 놓으면 개들은 자기들이 원하는 말만 '골라듣기(selective hearing)'를 하며 사방으로 흩어져 버린다. 내가 아무리 소리쳐 불러도 귓등으로도 듣지 않고, 토끼나 다른 동물을 따라 달려가 산책이 엉망이 되고는 했다. 다른 동물을 쫓아 사라지는 개를 통제할 방법이 없었기 때문이다.

이런 경우 반려인들은 대부분 한참 후 돌아온 개의 엉덩이를 한 차례씩 때리며 혼내는 경우가 허다하다. 하지만 나는 그런 식으로 엉덩이를 때리는 행동이 개에게 혼란만 준다고 생각했다. 돌아가면 엉덩이를 맞을 것이 분명한데 주인에게 돌아가고 싶은 개가 있을까? 망설일 것이 분명하다. 때리는 등 억압적인 방식으로 개를 통제하려고 하면 오히려 개는 반려인이 잡으려고 가까이 가면 도망가는 식으로 사람의 애를 더 태울 수 있다.

나는 이런 상황을 풀기 위해 다시 야생 늑대 무리의 습성을 이용했는데, 늑대 무리를 살펴보면 개의 골라듣는 습성을 이해할 수 있다. 개에게 산책은 사냥과 같은 행위로 받아들여지는데, 만약 반려인을 무리의 우두머리로 인정하지 않았다면 반려인이 부르는 소리에 달려올 이유가 없는 것이다. 우두머리가 아닌 같은 무리 중 하나가 부르는 것이니 흘려듣는 식으로 골라듣기를 하는 것이다. 자신의 수하가 부른다고 달려오는 우두머리가 어디 있겠는가? 우두머리인 자신이 무리를 이끌고 사냥에 나가야 하니 반려인이 불러도 돌아오지 않는 것이 당연하다. 그러므로 산책 시에 반려인이 개를 잘 통제하려면 우두머리는 바로 반려인이며, 사냥을 이끄는 일 또한 반려인 책임하에 있음을 개에게 보여 줘야 한다.

나는 이 훈련을 마당에서 먼저 시도해 보았다. 일단 개를 불러 사람

옆에 서게 하는 것이 먼저였다. 이때 바로 오든 시간이 걸리든 "이리 와."를 외친 후에 오면 무조건 칭찬해 주었다. 개들에게 늦게 와도 벌을 받지 않는다는 확신을 주어 혼란스럽지 않게 했다. 시키는 대로 했는데도 꾸중을 듣는다면 혼란을 겪을 것이기 때문이다.

개들은 내 옆에 서야 산책을 나간다는 것을 재빨리 알아챘는데 킴만은 잘 반응하지 않았다.

"킴, 이리 와!"

아무리 소리쳐도 킴은 정원에 코를 막고 냄새를 맡는 일에만 열중했고, 기다리다 낙담한 나는 킴을 정원에 놔두기로 결심하고 뒷문을 향해 걸어갔다. 그런데 문에 도착해 뒤를 돌아보니 킴이 내가 있는 뒷문을 향해 전력질주를 하고 있었다. 나는 킴의 행동에서 큰 영감을 얻었다. 개가 오라는 말을 듣지 않을 때 오히려 내가 돌아서면 개가 따라온다는 것이다. 이때부터 나는 킴이 말을 안 들으면 돌아서서 혼자 집으로 향했고, 이럴 때마다 킴은 나를 따라왔다. 개들은 본능적으로 무리를 짓는 동물이며, 혼자가 될지 무리에 합류할지를 선택하는 순간에는 언제나 무리를 택하는 동물임을 확인하는 순간이었다.

산책 훈련의 효과는 좋아서 상황은 획기적으로 진전되었다. 교육을 시작한 지 일주일 만에 나는 마치 보이지 않는 목줄을 아이들에게 한 것 같았다. 개들은 산책을 하는 동안 각자 자신이 하고픈 일을 하면서도 내게서 멀리 떨어지지 않았고, 산책을 끝내고 집으로 돌아가려고 할 때도 굳이 길게 말하지 않아도 개들은 나를 따라 돌아왔다. 정말 뛸 듯이 기뻤다.

훈련 도구가 없는 훈련법

물론 이런 결과가 쉽게 얻어진 것은 아니다. 글을 읽고 있으면 마치 모든 것이 쉽고 빠르게 진행된 것 같지만 현실은 정반대였다. 새로운 교육 아이디어가 생각나서 현실에 접목시켜 우리 아이들에게 적용하다 보면 실패하는 경우가 부지기수였다. 게다가 아직 내 머릿속에는 전통적인 복종훈련에 대한 잔재가 남아 있어서 새 교육법을 전통적인 훈련법과 결부시켜서 적용하다 보면 부작용이 훨씬 더 많이 생겼다. 또 클리커(clicker, 찰칵 하는 소리로 개를 훈련하는 도구/옮긴이)나 머리줄(head brace, 줄을 잡아당기면 개의 얼굴을 조이게 되는 훈련 도구/옮긴이) 같은 훈련 도구와 내 교육법을 혼합해서 적용시키면 개들이 더 혼란스러워했다.

도대체 어떻게 해야 개가 내 말에 귀 기울여 줄까? 내가 이미 갖고 있던 개 훈련에 대한 편견과 선입견 때문에 일이 더 복잡해지고 있음을 알았지만 내 교육법에 대한 자신감이 부족해서 자꾸만 다른 방법을 찾으려고 애썼다. 하지만 다른 방법을 찾아서 헤맬수록 나는 이런 내 생각부터 고쳐야 한다는 결론에 도달했다.

결론은 하나였다. 인간이 아니라 개의 시각으로 보라는 것! 개가 다른 개를 부를 때 클리커나 머리줄, 목줄을 이용하는 일은 없지 않은가! 나는 이때부터 인간이 만들어 낸 소품이나 도구를 이용하지 않기로 결심했다. 내 교육 방법에 여전히 의구심은 있었지만 우리집 개들이 매일매일 전해 주는 정보를 통해 내 교육법은 조금씩 다듬어져 갔다.

나는 수많은 시행착오를 거치면서 원칙을 세워 나갔고 적용한 뒤 관찰을 통해 검증받는 일을 반복했다.

우두머리가 가장 먼저 먹는다

다음 단계로의 눈부신 도약은 이미 무지개다리를 건넌 도나의 기억을 통해서였다. 당시 나는 일주일에 한 번씩 개들에게 신선한 뼈를 주었는데, 도나는 내가 뼈를 땅에 내려놓는 순간 당당한 태도로 내 곁을 떠나 뼈로 천천히 다가가 냄새를 맡은 후에 뼈를 입에 물고 가버리고는 했다. 도나의 이런 행동이 끝나면 나머지 개들도 뼈를 하나씩 물고 자리를 떴다.

나는 이 행동이 우두머리의 행동과 깊은 관계가 있음을 알게 되었다. 아무것도 하지 않은 듯 보이지만 우두머리는 먹는 시간에 자신이 원하는 것을 가장 먼저 가질 수 있는 것이다. 도나에 대한 이 기억은 먹이를 주는 시간이 서열을 재정립할 수 있는 중요한 순간임을 깨닫게 해 주었다. 그러자 예전에는 무심히 보았던 장면들이 전혀 새로운 의미로 내게 다가왔다.

개 앞에서 먹는 행위가 중요하다는 것은 이미 행동학에서 배운 지식이었고, 먹는 순간은 개들에게 사람이 우두머리임을 확인시키는 가장 중요한 순간이었다. 이것은 늑대뿐만 아니라 사자나 다른 동물에게서도 나타나는 행동으로 항상 우두머리가 가장 먼저 먹이를 먹는다.

그런데 나는 우두머리가 가장 먼저 먹이를 먹는다는 행동학자들의 의견에는 동의했지만 사람들이 저녁식사를 할 때까지 기다리게 했다가 그다음에 개에게 밥을 주는 방식으로 우두머리를 확인시킨다는 방식에는 의문이 들었다. 물론 그 방법이 서열을 결정하는 가장 확실한 방법이라는 점에는 의심의 여지가 없다. 하지만 과정에 다소 문제가 있다고 생각했다.

많은 사람들이 낮이나 밤이나 자신이 편한 시간에 개에게 밥을 주고, 보호소에서는 아침에 밥을 준다. 이럴 경우 저녁식사를 통한 서열 재정립이라는 방식을 고수하기 힘들다. 또 야생 상태의 개 또한 굳이 저녁까지 기다렸다가 먹이를 먹을 이유도 없다. 개들은 기회가 닿을 때마다 먹는 동물이다. 사냥에 성공하는 순간이 바로 식사 시간이기 때문이다.

게다가 저녁식사 훈련법은 가혹한 방법처럼 보인다. 개의 입장에서 생각해 보면 하루 종일 굶은 상태에서 사람들이 저녁을 다 먹을 때까지 기다렸다가 밥을 먹는 것이므로 허겁지겁 먹다가 문제가 생길 수도 있다. 개가 자신의 서열을 알게 되는 좋은 방법이기는 하지만 지나치게 가혹하고 공평하지 못한 방법이라는 생각이 들자 다른 방법을 찾게 되었다. 식사 시간이 사람이 우두머리임을 확고히 하는 좋은 시간이라는 사실에는 동의하지만 개도 사람도 만족할 만한 평화로운 방법은 없을까?

나는 개들이 미래에 대한 개념이 없다는 데 집중했다. 그래서 나중에 주어질 보상보다는 빠르고 직관적인 방법이 유용하다는 생각이 들었다. 개는 사람의 작은 몸짓 하나에도 많은 양의 정보를 전달받는다는 사실을 알고 있었으므로 이를 이용하기로 했다.

일단 개에게 줄 밥을 만들면서 작은 과자 하나를 준비한다. 그런 다음 기다리고 있는 개의 밥그릇을 내려놓기 전에 나는 준비한 과자를 개의 밥그릇에서 나오는 것 같은 시늉을 하면서 먹었다. 내가 과자를 먹는 동안 개들은 밥 먹는 것을 참고 기다려야 한다. 이런 상황은 개의 시각으로 보면 자신들의 밥그릇에서 나온 음식을 내가 먼저 먹었으니 내가 곧 우두머리가 되는 것이다. 이 작은 행동이 개들로 하여금 나를 우두머리라고 믿게 만든다.

    이 시도는 개들의 행동을 교정할 목적으로 한 것은 아니었다. 우리 집 개들은 식사 시간에는 어떤 문제도 일으키지 않는 착한 아이들이었고, 솔직히 말하면 식사 시간은 개들이 고도의 집중력을 발휘해 내 말을 잘 따르는 기분 좋은 시간이었다. 개들은 각자의 밥그릇을 가지고, 정해진 자리에서 자기 밥그릇의 밥만 먹는 예의바른 행동을 했다. 하지만 나는 이 시간을 통해 개들에게 내가 우두머리임을 다시 한 번 확인시키려 했다.

    개들은 재빠르게 무엇인가 평소와 다르다는 것을 감지했다. 처음에는 점프를 하고 낑낑대면서 소란을 피웠지만 금세 내가 하는 행동에 익숙해졌고, 내가 과자를 먹는 동안 차분하게 기다렸다. 그들은 자신들이 밥을 먹기 전에 내가 먼저 먹고 만족하고 있음을 받아들이는 것처럼 보였다. 그런 다음 내가 개들의 밥그릇을 바닥에 내려놓자 만족스럽게 먹기 시작했다. 개들의 행동 변화가 그리 크지는 않았지만 이런 시간을 통해 개들은 나를 다시 한 번 무리의 우두머리로 받아들였을 것이다.

    살다 보면 좌절하게 되는 경우가 허다하다. 나는 1992년 샌디를 잃었고, 1994년 2월에는 사랑하는 칸을 떠나보냈다. 다른 개들도 마찬가지지만 칸은 내 힘든 시절을 함께한 친구여서 칸을 잃은 슬픔은 쓰리고 깊은 상처로 남았다. 이제 내 곁에는 사샤와 킴만 남아 있다. 많이 아팠지만 누구나 그렇듯 어려움에 맞서 어떻게든 그 상황을 딛고 일어서야 했다. 내 곁을 떠난 개들이 그리웠지만 나는 새로운 강아지들을 가족으로 받아들였다. 이 아이들을 통해 내가 그동안 작업해 온 새롭고 평화로운 교육법을 시도해 보고 싶었다.

5장
새로운 교육법이 필요하다

죽기 직전 구조된 바미

칸이 무지개다리를 건넌 지 몇 주 지나지 않아 동물 보호소에서 일하는 친구를 만나려고 잠시 들렀다. 내가 방문했을 때 친구는 한창 바빴고, 나는 보호소를 둘러보며 친구의 일이 끝나기를 기다리고 있었다. 보호소를 둘러 보던 중 보호소 안쪽에서 떨고 있는 잭 러셀 종의 작은 강아지가 내 눈에 들어왔다. 잭 러셀은 발목을 공격적으로 문다는 악명이 높아서 그다지 호감을 갖고 있지 않은 견종인데 내가 만난 잭 러셀은 너무 가여워 보여 그냥 지나칠 수 없었다. 온몸을 덜덜 떨고 있었고 눈에는 두려움이 가득했다.

친구는 이 개가 콘크리트 블록에 묶인 채 버려졌다고 했다. 묶여 있었기 때문에 오랫동안 먹지도 마시지도 못해 극도로 야윈 상태여서 조금만 늦게 발견되었다면 살리지 못했을 거라고 했다. 마음의 상처를 입은 이 강아지는 자꾸만 보호소에서 도망치려고 했고, 보호소 사람들은 개의 상태를 걱정하면서도 한편으로는 이 녀석이 입양된 후에 혹 사람들을 물면 어쩌나 우려하고 있었다. 나는 충동적으로 입양을 결정했고, 심하게 떨고 있는 강아지를 뒷좌석에 태우고 집으로 돌아왔다.

이름은 바미라고 지었다. 바미는 집에 들어서자마자 식탁 밑으로 기어들어가 나오려고 하지 않았고, 사람이 식탁 옆을 지나갈 때마다 으르렁거렸다. 이런 행동은 공격적이라기보다는 공포심에서 나오는 행동이었고 충분히 이해가 되었다. 바미처럼 가혹한 상황을 겪었다면 나라도 그랬을 것이다.

나는 바미가 언젠가 내 좋은 학생이 될 것이라는 예감이 들었다. 지금까지 내가 교육했던 개들은 비교적 좋은 환경에서 자랐기 때문에 새로운 교육방식에도 잘 적응하고 행동했다. 하지만 나는 바미처럼 과거에 학대를 받았던 개가 새로운 환경에 적응하는 데 도움을 주고 싶었다. 교육을 통해 가슴 아픈 과거의 상처를 극복하고 새로 입양된 가정에서 행복하게 적응하는 데 도움이 되기를 간절히 바랐다.

몇 주 후 바미에게 교육을 시작했다. 원칙은 하나였다. 전통적인 훈련법은 다 잊고 내 방식만으로 교육을 해 나가는 것. 바미는 누구의 접근도 일체 허용하지 않고 두려움에 사로잡혀 있었다. 일단 나는 바미에게 사랑과 애정을 맘껏 퍼부으면서 다가가고 싶은 유혹을 가까스로 물리쳤다. 나는 꼭 끌어안고 이젠 다 괜찮다고 말해 주고 싶었지만 꾹 참고 며칠을 보냈다. 또한 바미의 식탁 밑 공간을 침범하지 않고 그냥 혼자 내버려 두었다. 바미가 부엌 식탁 밑에서 웅크린 채 눈을 부릅뜨고 시간을 보내는 동안 나와 우리집 개들은 예전과 변함없는 생활을 해 나갔다.

개들이 새로운 환경을 탐색하는 데에는 48시간이 걸리고, 새로운 환경에 적응하기까지는 2주가 걸린다. 사람들도 새로운 업무를 시작할 때 하루이틀은 분위기를 파악하고, 2주 정도 후에야 회사에서 자신의 위치를 만들어 나가는 것과 같은 셈이다. 그래서 나는 첫 2주는 그냥 바미가 하고픈 대로 내버려 두었다. 대신에 언제든 바미에게 이야기를 할 기회가 생기면 최대한 친절하고 다정하게 말했다. 방을 가로지르다가 바미와 눈이 마주치면 다정하게 불렀다.

"안녕, 사랑하는 바미."

그러면 바미는 마치 어쩔 수 없다는 듯 작은 꼬리를 흔들었다. 바미는 내가 자신에게 바라는 것이 무엇인지를 알고 싶어하는 듯했지만 나는 그냥 바미가 원하는 대로 하도록 존중해 주었다.

먹는 시늉 교육

나는 바미에게 먼저 식사 시간을 이용한 먹는 시늉 교육을 시켰다. 당시 바미는 워낙 많이 굶어서 표준 체중의 3분의 2에도 미치지 못할 정도여서 적은 양의 밥을 하루에 네 번에 나눠 주고 있었다. 나는 밥을 줄 때마다 준비해 둔 과자가 마치 바미의 밥그릇에서 나오는 것처럼 시늉한 뒤 내가 먼저 과자를 먹었다. 그 사이 바미는 기다리고 있다가 내가 과자를 다 먹으면 밥을 먹을 수 있었다.

바미는 이 교육에 거의 즉각적이라 할 수 있는 반응을 보였다. 바미는 식탁 밑에서 귀를 뒤로 젖힌 채 앉아서 내가 과자를 먹는 것을 바라보면서 작은 꼬리를 살랑살랑 흔들었다.

"무슨 말인지 알아요. 안다고요."

마치 이렇게 얘기하는 것 같았다. 내가 과자를 다 먹은 후 밥그릇을 놓고 자리를 뜨면 바미는 내가 멀어져 가는 것을 확인하고는 먹기 시작했다.

시간이 흐르자 바미는 서서히 체중을 회복했고 동시에 느긋해지기 시작했다. 또 으르렁거리는 행동도 하지 않았고, 내가 빨래를 널고 있으면 식탁 밑을 떠나 살금살금 정원으로 나오기도 했다. 가끔이기는 하지만 내가 앉아 있을 때 자신 없고 소심한 몸짓으로 서서히 다가오기도 했다.

나는 바미가 곁에 와도 쓰다듬지 않았다. 그저 녀석이 나를 알아가도록 내버려 두었다. 바미는 아직 많이 예민한 상태여서 내가 목줄을 들기만 해도 두려워했다. 만약 목줄을 바미에게 해 주면 바미는 모든 자유를 잃었다고 느낄 것이 분명했다. 나는 빨리 친해지자고 강요할 생각이 전혀 없었으므로 바미가 필요한 만큼 충분한 시간을 주기로 했다.

그리고 한 달쯤 후 놀라운 일이 벌어졌다. 나는 마당에서 사샤와 공놀이를 하고 있었다. 사샤는 내가 던진 공을 물어오는 놀이에 신이 나 있었는데 어느 순간 바미가 고무링을 입에 물고 불쑥 나타난 것이다. 바미는 우리와 함께 놀기로 결정한 모양이었다. 바미는 자기가 링을 물고 나타나자 사샤가 관심을 보이기 시작했음을 느끼고 있는 눈치였다. 나는 바미에게 링을 내려놓으라고 한 뒤 링을 멀리 던졌다. 그런데 바미는 링을 쫓아가 물더니 집으로 들어가 침대 밑에 숨기는 것이 아닌가.

나는 이때가 굉장히 중요한 순간임을 알았다. 그래서 바미를 쫓아가지 않고, 아무 일 없었다는 듯 사샤와 좀 전처럼 놀기를 계속했다. 그러자 몇 분 후 바미가 링을 입에 물고 다시 나타났다. 나는 무심하게 링을 잡고 다시 던졌고 달려가 링을 문 바미는 이번에는 집으로 들어가지 않고 내게로 왔다.

"잘했어!"

나는 우리 규칙에 따라준 바미를 칭찬했고 다시 링을 던지자 이번에도 링을 물고 내게 왔다.

사람과 마찬가지로 개들도 자신의 학습 능력에 맞는 속도로 배운다. 바미처럼 상처를 치유해 가는 동물인 경우에는 더 오랜 시간이 걸린다. 바미는 결국 스스로의 힘으로 눈부신 발전을 이루어 냈고, 자신감 넘치는 반려견이 되었다. 아무도 자신을 해치지 않을 것이고 우리집이 안전한 곳이라는 믿음이 생기자 나타난 변화이다.

나는 바미와 함께 성장했다. 나는 바미에게 함께 놀 수는 있지만 놀이의 주도권은 내게 있다는 것, 내가 부를 때는 와야 한다는 것을 자연스럽게 가르쳤다. 개와 인간의 가장 큰 공통점은 두 종 모두 선천적으로 이기적이라는 데 있다. 살아남기 위한 생존본능일 수도 있고 단순히 재미를 위한 것일 수도 있는데, 개들은 인간과 마찬가지로 항상 '내가 왜 이것을 해야 하는데?'라는 질문을 갖고 있다. 그러므로 개가 갖는 의문에 적절히 대답해 주면 굳이 강압적인 방법을 사용하지 않고도 소통이 가능하다.

급소도 내보일 수 있는 우두머리에 대한 신뢰

내 교육의 기본은 행동학자인 스키너에게서 배운 자극과 칭찬, 늑대 무리에서 배운 기본 행동 원리에 근간을 두고 있다. 무리의 우두머리는 모든 것을 결정할 권한을 갖지만 무리에게 필요한 것을 제공해 줄 책임도 갖고 있다. 그러므로 반려인 역시 두 역할을 모두 해야 한다.

나는 바미를 부를 때 언제나 손에 간식을 쥐고 있는 것을 잊지 않았다. 바미는 정말 잘 해 나갔고, 어느 순간 나는 바미를 쓰다듬을 수 있게 되었다. 처음 입양했을 때만 해도 과연 바미를 쓰다듬는 일이 가능할까 의심했지만 마침내 이루어진 것이다. 바미가 내 관심과 애정에 반응해 주었을 때의 그 벅참은 오랫동안 마음속에 남았다.

그런데 바미를 쓰다듬기 시작하면서 바미가 쓰다듬을 때마다 고개를 숙인다는 사실을 깨달았다. 그리고 유기동물 보호소에서 만난 개들도 쓰다듬을 때 하나같이 바미처럼 고개를 숙였다는 것이 떠올랐다. 집의 반려견과 달리 바미와 보호소의 개는 왜 이런 식으로 행동하는 것일까?

나는 이 의문을 풀기 위해 많은 자료와 정보를 동원했고 마침내 목 뒤쪽이 모든 생명체의 가장 연약한 부위라는 사실을 알게 되었다. 그래서 모든 생명체는 타인이 자신의 머리와 목을 만지게 놔두지 않고, 믿는 사람들에게만 이를 허락한다. 다툼을 하는 개들이 공격적으로 돌변하는 이유는 다른 개가 자신의 목에 머리를 얹어놓으려고 하기 때문이다.

이때 몬티 로버츠가 했던 말이 생각났다. 말이 사람을 신뢰하게 되면 자신의 급소를 사람이 만지도록 허락한다고 했다. 이는 다시 말해 동물이 사람을 우두머리로 인정했음을 의미한다. 이를 깨닫자 쓰다듬을 때 머리를 낮추는 바미를 보며 바미에게 자신의 목숨을 걸 수 있을 정도로 신뢰받는 우두머리가 된 것에 감동했다.

나의 오랜 반려견인 사샤와 도나로부터도 많은 것을 배웠지만 내게 가장 많은 영감을 준 개는 바미였고, 내게 최고의 스승이 되어 주었다. 바미는 나를 믿고 따르며 스스로 노력했고, 나 역시 끈기를 가지고 포기하지 않고 바미에게 다가가려고 노력했다.

그 과정에서 바미가 마음이 평온하지 않다면 아무 의미가 없었다. 그래서 우리의 교육과정에는 고통이나 두려움 따위는 없었고, 바미가 먼저 믿고 의지할 때까지 아무것도 하지 않았다. 또한 바미는 내 교육방법의 기본 원리를 동시에 진행하는 것이 좋고, 지속적으로 교육되어야 한다는 것도 알려 주었다.

강압적이지 않은 새로운 교육법

그 몇 달 동안 내가 겪은 일들은 짜릿하고 값진 경험이었다. 강압적이지 않고 침착하게 다가서는 것이 반려견들의 행동 교정에 얼마나 중요한 요소인가를 다시 한 번 확인했다. 점점 더 많은 문제를 해결해 나가면서 나는 개들을 쉽게 통제할 수 있게 되었는데 전통적인 복종훈련의 강압성 없이도 가능했다는 점이 가장 소중했다.

나는 내가 오랫동안 불편하게 느꼈던 전통적 복종훈련이 틀렸고 내 교육 방법이 옳다는 것을 증명할 수 있었다. 개들이 내 말을 잘 듣는 이유는 내가 한 명령에 강제로 반응하는 것이 아니라 그들 스스로가 원하고 따랐기 때문이다. 바로 이 점이 전통적인 훈련법과 다른 점이다.

내 교육 방법에 대한 사람들의 반응은 엇갈렸다. 어떤 사람은 고개를 젓고, 가끔은 내가 정신이 나가 버린 것이 아닌지 우려하는 사람도 있었다. '말도 안 되는 방법!'이라고 간단히 무시해 버리는 사람도 있었다. 내 교육 방법에 대한 확신이 있었지만 솔직히 사람들의 이런 반응에 상처도 받았다.

'나는 왜 이런 문제를 자초했을까?'

스스로에게 되묻기도 했다. 그러나 몬티 로버츠 역시 그의 훈련법 때문에 40여 년 동안 사람들의 조롱과 비난을 참고 견뎠다는 사실을 상기했다. 아버지도 외면했던 몬티 로버츠와는 달리 나는 웬디라는 든든한 친구가 있었다. 몬티 로버츠를 내게 소개해 준 웬디는 내가 하는 일을 이해해 주고 내 교육법을 자기 반려견들에게 적용해 놀라운 결과를 경험하고 있었다.

변화는 느리지만 의미 있게 진행되었다. 내 교육법은 차츰 소문이 났고, 행동 교정이 필요한 개와 사는 반려인들이 나를 찾기 시작했다. 개의 삶이 자유롭고 행복하려면 개 스스로의 의지로 행동이 바뀌어야 한다는 원칙으로 개를 대하자 놀랄 만한 결과들이 얻어졌다.

그동안 나는 많은 개를 만났고, 나만의 평화로운 방법으로 많은 개의 행동을 교정했다. 이런 과정의 경험을 통해 나는 내 원칙을 더욱 공고히 확립했고, 이후 내가 하는 일의 튼튼한 토대가 되었다. 그래서 이제는 감히 내 제안대로 따르기만 하면 반려인이 원하는 대로 모든 것을 해 나가는 반려견과 행복하게 살 수 있다고 자신있게 말할 수 있다.

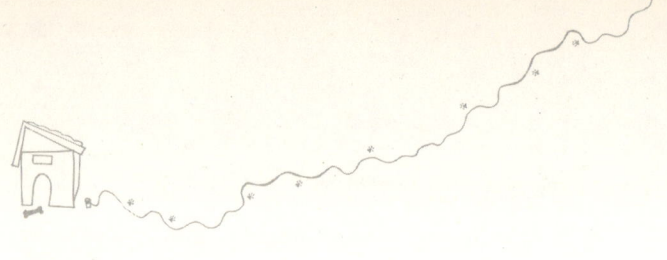

6장
아미시엥 본딩(Amichien Bonding) 교육법

개의 의사소통 방식 배우기

개가 얼마나 영리하고 똑똑한지 나만큼 아는 사람이 있을까? 나는 가끔 개가 인간보다 더 현명한 생명체일지도 모른다고 생각한다. 물론 개가 인간의 언어를 배울 수는 없지만, 인간이 마음을 열고 개라는 생명체를 하등한 동물로 취급하지 않고 존중해 주면 언어를 사용하지 않고도 인간과 개는 원활히 소통할 수 있다. 그러므로 개와 소통할 수 있느냐 없느냐는 전적으로 우리에게 달렸다.

대신 개와 원활하게 의사소통을 하고 싶다면 우리가 개의 의사소통 방식을 배워야 한다. 다행히도 다양한 언어 체계를 가진 인간과는 달리 개는 오직 하나의 언어를 사용한다. 개의 언어는 침묵에 근거한 강력한 언어로 개의 행동방식에 영향을 끼치는 중요하고도 간단한 원칙으로 이루어져 있다.

우선 개의 언어 원리를 이해하려면 개가 생각하는 그들의 사회를 이해해야 하는데 개 사회의 모델은 늑대 사회라고 할 수 있다. 오늘날 개의 모습이나 삶의 방식은 선조들이 살았던 시대와는 상당히 달라졌지만 수십 세기에 걸친 진화에도 불구하고 기본적인 본능 자체는 남아있다. 개가 늑대 사회에서 떨어져 나온 지 오래되었다 해도 본능까지 변하지는 않았기 때문이다.

늑대 무리를 이끄는 주된 동력은 두 가지이다. 하나는 생존 본능이고 다른 하나는 번식 본능인데 두 가지 본능을 바탕으로 위계질서를 갖추고 있다. 각각의 늑대 무리는 우두머리와 일반 늑대로 이루어지는데, 각 무리의 위계질서는 우두머리 부부를 중심으로 이루어진다. 식사 시간에 무리에서 가장 먼저 먹는 늑대가 궁극적인 리더로, 바로 우두머리 부부이다.

강하고 건강하고 영리하면서도 경험이 많은 늑대만이 무리의 우두머리가 될 수 있다. 우두머리의 임무는 오로지 무리의 생존이다. 이를 위해 우두머리가 모든 것을 지배하고 통제한다. 우두머리는 권위를 지속적으로 표출함으로써 자신의 위치를 공고히 하는데 그중 하나가 오직 우두머리 부부만이 새끼를 낳을 수 있다는 것이다.

반면 인간은 이와는 다른 길을 걸어왔다. 우두머리 중심인 늑대 무리의 생활방식과 달리 인간은 좀 더 민주적인 방식을 택했다. 나는 종종 이런 이유 때문에 인간이 잘못된 길로 빠지는 것이 아닐까라는 부질없는 생각을 하기도 한다.

인간은 무리의 지도자를 얼마만큼 신뢰할까? 얼마나 많은 사람들이 우두머리를 직접 만나 봤을까? 이런 의구심은 늑대 무리에게는 존재하지 않는다. 우두머리 늑대는 사회구성원들의 삶에 직접적으로 관여하고, 그들이 규율을 성실히 수행해 나가도록 자신이 우두머리임을 지속적으로 상기시키기 때문이다.

늑대는 먹이를 먹는 순서에 따른 자신들의 위치와 역할을 잘 알고 있다. 개개의 늑대는 각자에게 맡겨진 임무를 잘 수행해야만 무리가 순조롭게 지속된다는 사실을 안다. 그래서 그들의 삶은 행복하다.

서열과 관련된 네 가지 상황

무리의 서열은 정형화된 의식으로 끊임없이 확인되고 강화된다. 우두머리든 구성원이든 다른 무리와 싸우다가 죽임을 당하거나 늙어서 교체되는 일이 허다한 무리 생활의 특성상 이 과정은 필수이다. 그래서 오늘날 늑대의 후손인 개도 서열과 관련된 네 가지 상황에서의 중요 본능을 유지해 나가고 있다.

먼저 사냥할 때와 먹이를 먹을 때이다. 이 두 가지 상황에서 우두머리는 그의 우월성을 가장 많이 드러낸다. 음식은 무리의 생사를 결정지을 만큼 중요한 요소이다. 강하고 영리하고 경험이 풍부한 우두머리 부부는 새로운 사냥 지역을 탐색할 때 무리를 이끌고 나간다. 먹잇감을 발견하면 우두머리 부부가 쫓아가 죽이기도 하는데 이때 그것을 결정하고 실행하는 의사결정권을 우두머리 부부가 갖는다.

늑대는 작은 쥐에서부터 거대한 버팔로, 엘크, 무스까지 먹이로 삼는다. 80킬로미터나 떨어진 곳까지 사냥을 나가기도 하는데, 여러 시간에 걸쳐 먹잇감을 탐색하고 끈질기게 쫓고 궁지로 몰아 잡는다. 사냥을 성공적으로 이끌기 위한 의지와 기술과 통제력은 필수 항목이다. 이것이 우두머리가 떠맡은 통솔력이고, 다른 늑대들은 우두머리를 따르고 지원해 나가는 임무를 맡는다.

사냥에 성공하면 우두머리는 먹잇감에 관해 절대적인 우선권을 갖는다. 무리의 생사가 우두머리 부부의 건강한 신체에 달려 있기 때문이다. 우두머리 부부가 먹은 후에야 나머지 늑대들의 식사가 허용되는데 철저히 서열에 따라 진행되며, 연장자로부터 어린 늑대순으로 먹는다. 보금자리에서는 새끼와 새끼를 돌보는 늑대들이 사냥에서 돌아온 늑대가 토해 낸 음식을 나눠 먹는데 이 또한 정해진 순서가 있다. 만약 새치기를 하거나 먹는 순서를 어길 경우에는 피를 나눈 가족이라도 공격당하며 우두머리의 징벌을 피할 수 없다.

우두머리는 무리에게 받는 복종과 권위만큼 무리가 위험에 빠졌을 때 이를 지킬 책임이 있다. 무리에게 위협이 닥치면 우두머리는 위협에 맞서 싸워 무리를 보호해야 하는데 이 순간이 무리의 서열이 확인되는 세 번째 경우이다.

싸움이 시작되면 우두머리 부부는 일체의 동요 없이 통솔력을 발휘한다. 위협에 대응하는 방법은 싸우기, 무시하기, 도망가기의 세 가지이다. 어떤 싸움 방식을 선택할지는 전적으로 우두머리 부부에 의해

결정되며 나머지 늑대들은 어떤 경우에라도 우두머리를 철저히 보호한다.

무리의 서열이 드러나는 네 번째 순간은 무리가 헤어졌다 다시 만나는 때이다. 우두머리 부부는 다른 늑대들과 재회할 때 자신들만의 신호를 뚜렷이 내세워 자신의 우월한 위치를 재차 확인시키고 나머지 늑대들도 서열을 재확인한다.

우두머리 부부는 자신들만의 개인적인 공간을 갖고 있는데 우두머리의 허용 없이 그 어떤 늑대도 그 공간을 침범할 수 없다. 물론 우두머리 부부가 다른 늑대들을 상대로 자신의 권위를 입증하는 과정에서 학대나 폭력은 전혀 발생하지 않는다.

문제견의 공통점은 서열 문제

인간은 개에 친숙해진 나머지 개를 동반자라고 생각하지만 사실 개는 선조들이 살았던 늑대 집단의 생존 본능을 다 버리지 않았다. 사람, 고양이, 오리 등 몇 종이 같이 살든 상관없이 개는 자신이 무리의 일원이며 먹이를 먹는 순서는 그 위계에 따라 이루어져야 한다고 믿고 있다. 이처럼 개에게는 서열 의식이 본능적으로 자리 잡고 있다.

문제가 있다고 내게 데려온 수많은 개들을 접하면서 파악한 공통점은 바로 서열 문제였다. 모든 갈등의 원인은 개가 인간을 자신의 우두머리가 아닌 자신이 이끄는 무리의 구성원이라고 생각했기 때문이다. 즉, 개는 자신이 무리의 우두머리라고 믿는 것이다.

현대 사회에서 개는 사냥을 할 필요도, 스스로 무리를 지어 살 필요도 없는 동물이 되었다. 인간이 개에게 먹이를 주고 돌봐 주기 때문에 개는 더 이상 자신의 삶을 혼자 꾸려 갈 필요가 없다. 그러므로 개에게 우두머리의 책임감을 부여하지 않는 것이 중요하다. 현대 사회에서 반려견으로 살면서 개는 어떤 문제도 스스로 결정해서 행동할 수 없기 때문이다.

우두머리에게 부여된 책임감은 엄청난 스트레스를 주기 때문에 개에게 문제적인 행동을 하게 만드는 원인이 된다. 오랜 시간 동안 나는 끊임없이 짖고 물고 자전거를 쫓아가는 등 여러 가지 문제가 있는 개들과 함께 일해 왔는데 개가 어떤 문제로 고통을 겪든 나는 항상 동일한 방법으로 치료에 나서고는 했다.

아미시엥 본딩(Amichien Bonding, 아미시엥은 프랑스어로 개(chien)의 친구(ami)라는 의미이다. 즉, 개를 친구로 바라보며 유대감을 형성해 나가는 교육 방법을 뜻한다./옮긴이)이 바로 그것으로, 어떤 문제든 이 방법이 적용되지 않은 적이 없다.

아미시엥 본딩은 네 가지 주요 방법으로 이루어지며 각각은 앞에서 언급한 무리의 서열이 명백하게 드러나는 네 가지 상황과 긴밀하게 연결되어 있다. 매 상황마다 같은 질문에 봉착하게 되는데 이때 인간은 반드시 개의 편에서 답을 제시할 수 있어야 하고, 정답은 늘 '우두머리는 인간' 이어야 한다는 것이다.

- 헤어졌다 다시 만났을 때 누가 우두머리인가?
- 공격을 받거나 위험에 빠졌을 때 누가 보호할 것인가?
- 사냥을 나갈 때 누가 이끌 것인가?

- 음식을 먹을 때 어떤 순서로 먹을 것인가?

위의 네 가지 질문에 근거한 교육 방법은 동시에 이루어져야 하며 꾸준히 반복되어야 한다. 이런 과정이 반복적으로 이루어지면 개는 가족과 집을 돌보는 책임이 자신이 아닌 인간에게 있고, 자기는 느긋하게 삶을 즐기면 된다는 사실을 성공적으로 배우게 된다. 메시지를 반복적이고 지속적으로 전하면 개는 결국 이를 받아들이고, 책임에서 벗어나면서 자제력을 키워 나가게 된다. 이 과정이 성공적으로 이루어지면 다른 여러 소소한 문제를 교정하는 일은 훨씬 수월해지므로 아미시엥 본딩 교육의 네 가지 기본 교육을 실천하는 것이 매우 중요하다.

❶ 아미시엥 본딩 교육 첫 번째, 재회할 때 5분 규칙

아미시엥 본딩 교육을 확립하는 데 가장 중요한 것은 일상생활에서 우두머리의 위상을 쌓아야 한다는 점이다. 아침에 출근하면서 개와 헤어졌다가 저녁에 다시 만나는 그 순간도 예외가 아니다. 반려견과 함께 생활하는 사람이라면 하루에도 수십 번씩 이별과 만남의 순간을 갖는다. 회사에 가거나 장을 보러 가고, 잠시 쓰레기를 버리고 들어오는 일 등 개와 사람이 헤어졌다가 만나게 되는 순간은 하루에도 수십 차례 반복된다.

그런데 어떤 개는 이 모든 상황을 늑대 무리의 우두머리 입장에서 이해한다. 즉, 무리를 보호하고 이끌어야 하는 충실한 우두머리의 입장에서 상황을 해석해서 사람이 집을 나서거나 방을 잠깐 나가는 순간 또는 화장실을 가는 순간에도 자신이 사람을 보호해야 하는 순간으로 판단한다. 개의 눈에는 외출하는 사람이 마치 어른의 보호 없이 아이 혼자 외출하는 것처럼 보이는 것이다.

사람은 자신이 얼마 동안 집을 비울지 알지만 개는 그 사실을 모르기 때문에 개는 자신이 책임져야 하는 가족의 일원을 다시는 만나지 못할지도 모른다고 걱정한다. 그러므로 긴 외출이든 잠깐 화장실을 가든 상관없이 개와 재회하는 순간에는 서열을 재정립하는 의식을 치르면서 자연스럽게 사람이 우두머리임을 보여 줘야 한다.

긴 시간이든 짧은 시간이든 헤어졌다 만나는 과정에서 가장 먼저 해야 할 일은 개의 호들갑스러운 행동을 무시하는 것이다. 모든 개는 재회할 때 각자의 방식으로 환영 의식을 치른다. 점프를 하기도 하고 짖거나 핥기도 하며 부리나케 달려가 장난감을 가져오는 개도 있다. 그런데 문제 있는 개의 행동 교정을 원한다면 이런 행동을 무시할 수 있어야 한다.

이때 무시하지 못하고 예쁘다고 쓰다듬어 주거나 안아 주거나 귀찮다고 저리가라는 몸짓을 하면 개는 사람의 관심을 끌려는 자신의 목적을 성취한 셈이다. 개가 원하는 것은 사람의 관심을 끄는 것이다. 그러므로 "그만해!"라고 야단치는 것은 아무 효과도 없다. 개를 나무라는 것은 개가 원하는 것을 충족시켜 줄 뿐이다. 그러므로 반려인은 개가 관심을 얻기 위해 시도하는 그 어떤 방법에도 반응을 보이지 않는 '무시하기'를 잘 해야 한다.

무시하기를 시도하면 처음에는 더 흥분하거나 더 공격적이 되는 개도 있지만 결국에는 자신만의 재회 의식을 치르려는 시도 자체를 포기하는 순간이 온다. 우두머리 자리를 포기하는 것이다.

하지만 쉽게 포기하지 않는 개도 있다. 사람이 자신의 행동을 계속 무시하면 개는 뭔가 변화를 감지하는데, 개에 따라서는 새롭게 우두머리가 되려는 사람의 약점을 찾으려는 시도를 맹렬히 하기도 한다. 나는 무려 열두 번 이상 똑같은 의식을 반복하는 끈질긴 개를 본 적이 있다. 하지만 무시하기 원칙을 지키면 개의 재회 의식은 점점 약해져 결국 짖는 소리도 거의 내지 않게 된다.

여기서 반드시 기억할 것은 이 시도가 완전히 성공하기까지 절대로 마음을 놓아서는 안 된다는 것이다. 개가 뛰거나 짖는 재회 의식을 완전히 포기하기까지는 쓰다듬는 등의 어떤 반응도 보여서는 안 된다. 마음이 약해지면 모든 노력이 물거품이 된다.

자신만의 재회 의식을 포기한 개는 멀찍이 가서 눕거나 편하게 휴식을 취하는 모습을 보인다. 이때가 바로 반려인과 반려견 관계에 새로운 장이 열리는 순간이다. 만일 이때 개가 떨어져 있는 상태에서 반려인을 한동안 바라본다면 그것은 새로운 관계가 시작될 첫 번째 신호라고 해도 좋다. 개의 이런 반응은 반려인의 공간을 존중한다는 의미로 아직 가야 할 길이 멀지만 중요한 고비는 넘긴 셈이다.

여기서 명심할 사항은 5분 동안은 개와 함께 아무것도 하지 않는 것이다. 원한다면 더 많은 시간을 사용해도 되지만 적어도 5분 동안은 개와 어떤 것도 해서는 안 된다. 내가 '타임아웃'이라고 부르는 이 시간 동안 반려인은 자신의 일상적인 일을 그냥 하면 된다. 가끔 어떤 사람은 그 상황에 조바심을 내기도 하는데, 이 시간 동안 할 일이 떠오르지 않는다면 부엌으로 가서 차라도 끓여라.

개에게 5분은 무언의 과정이 시작된다는 사실을 알려 주는 신호이다. 이 시간을 통해 개에게 지금 발생한 일의 의미가 무엇인지를 생각할 시간을 주는 것이다. 개는 이 시간을 통해 두 가지를 알게 된다. 자신의 행동이 어떤 종류의 반응도 얻어내지 못했다는 것과 자신이 속한 무리 집단의 서열 관계에 변화가 생겼다는 것을 말이다.

물론 금세 이해하는 개도 있고, 시간이 좀 더 걸리는 개도 있다. 개마다 깨닫는 데 걸리는 시간은 다르다. 하지만 내 경험으로 보았을 때 5분이면 충분하다. 5분 동안은 무슨 일이 있어도 개를 철저히 무시해야 한다.

5분이 지나기 전에 부르지도 않았는데 개가 반려인에게 다가와도 무시해야 한다. 개가 무릎에 올라 앉으면 아무 말 없이 밀어낸다. 5분 동안은 개가 반려인에게 요구하는 것을 무엇이든 무시해야 한다는 것을 기억하자.

덩치가 큰 개를 다루려면 아무래도 조금 더 많이 노력해야 하지만 꿋꿋해야 한다. 대형견이 반려인이 가는 길을 몸으로 막고 있다면 돌파하는 대신에 뒤돌아서서 개에게서 멀어져야 한다. 만약 개가 뛰어오르면 아무 말 없이 부드럽게 밀어내고 개가 자기 발을 반려인의 무릎에 올려놓으면 차분하게 발을 바닥에 내려놓는다.

이때 개를 거칠게 밀어젖히거나 말을 해서는 안 된다. 개에게 "저리 가!"라고 말하는 것은 개의 입장에서는 자신이 원하는 것을 할 수 있다는 허락을 받은 셈이나 마찬가지이기 때문이다. 힘들겠지만 5분 동안은 꾹 참아야 한다.

5분이라는 시간이 얼마나 중요한지는 아무리 강조해도 지나치지 않다. 5분의 침묵이 끝나면 새로운 방법으로 개를 교육할 수 있는 소중한 기회를 얻을 수 있다. 이런 행동은 개에게 서열이 새롭게 정립되고 있음을 알리는 신호이다.
　개를 무시하는 내 방식이 가혹하다는 사람들이 종종 있다. 하지만 그렇지 않다. 이런 방식으로 반려견과 서열을 재정립하는 것은 올바른 방법에 근거한 것이고, 잠시만 참으면 앞으로 반려견과 보다 값진 시간을 많이 보낼 수 있으니 충분히 감내할 수 있다. 무시하는 행동은 평생 하는 것이 아니라 개에게 문제가 발생했을 경우에 서열을 재정립하는 동안에만 필요하다.
　아미시엥 본딩 교육법은 개의 습성을 바탕으로 개의 시각으로 만든 교육법이므로 개가 기계적이지 않고 자발적으로 동참할 수 있다는 것이 장점이다. 가혹하다기보다는 오히려 기존의 교육법과 비교하면 평화적이고 긍정적이다.
　밖에서 일하는 시간이 많은 나는 집에서만큼은 반려견과 즐겁고 행복한 시간을 가지려고 노력한다. 하지만 모든 반려인이 처음부터 이런 시간을 갖기란 쉽지 않다. 기본적인 교육이 되어 있어야 이런 시간을 가질 수 있음을 알아야 한다. 나는 개를 완전히 무시하라고 말하는 것이 아니다. 원하는 만큼 사랑하되 그 표현 방법은 개들의 방식이어야 한다는 것이다. 개는 누가 누구를 지키고 돌봐야 하는지에 대한 혼란에서 벗어난 뒤에야 인간과 더욱 행복하게 지낼 수 있다.

'이리 와'

5분 규칙을 성공했다면 이제 새로운 과제로 개와 호흡할 차례이다. 이번 과제는 반려인이 원할 때 개를 오게 하는 '이리 와'를 가르치는 것이다. 기본 원리는 '요청하기'와 '칭찬하기'이다. '명령하기'가 아니라 '요청하기'라고 표현한 이유는 두 가지 모두 비슷한 결과를 낳는 것처럼 보이지만 사실은 전혀 다르기 때문이다.

    반려인은 개가 자신의 의지에 의해 선택할 수 있는 상황을 만들어야 한다는 점을 항상 기억해야 한다. 내 교육법은 강압이나 폭력이 아니라 개가 자신의 의지로 인간을 우두머리로 선출하는 것이다.

    반려인이 개의 이름을 부르며 "이리 와."라고 했을 때 개가 즉각 오는 것은 기본적인 교육이고, 사회 속에서 살아가는 데 꼭 필요한 교육이다. 특히 개를 오게 하기 위해 이름을 부를 때 개의 눈을 바라보는 것은 잊지 말아야 할 중요한 요소이다.

    개가 반려인의 요청에 반응하여 다가오면 칭찬과 보상을 해 주어야 한다. 무엇으로 보상할지는 각자의 취향에 따라 선택하면 된다. 치즈, 삶아서 자른 간, 가느다랗게 자른 육포 등 개가 좋아하는 것이라면 어떤 것이든 상관없다. 누군가가 보상으로 고기 캔 한 통을 다 줘도 괜찮을지 물은 적이 있다. 하지만 비만을 일으킬 정도의 보상은 자제하는 것이 좋다.

    다음은 보상과 함께 칭찬을 하는 것이다. 음식을 주면서 '착하다', '예쁘다'라고 칭찬하고, 부드럽게 머리와 목덜미를 쓰다듬어 준다. 개가 자신이 요구받은 행동을 제대로 수행하는 것이 자신에게도 이익이라는 사실을 알게 하는 것이 중요하다. 개가 좋아하는 음식 보상과 칭찬의 말, 급소 부위를 부드럽게 쓰다듬는 것은 매우 중요한 과정이다. 우두머리가 호출할 때 달려가면 충분한 보상을 받을 수 있다는 것이 각인되는 강력한 메시지 전달 과정이기 때문이다.

　서열을 재정립하는 이런 교육을 실시할 때 유의할 점은 개가 잘 해낼 때까지 충분히 반복해야 한다는 것이다. 또 교육 중에 만일 개가 예전의 습관으로 돌아가려고 한다면 개를 한 시간 정도 그냥 놔두었다가 교육을 다시 시작할 필요가 있다. 착한 행동을 하면 보상을 받지만, 나쁜 행동을 하면 사람이 별로 달가워하지 않는다는 사실을 배워야 한다. 멋대로 행동하면 사람의 관심을 잃게 된다는 것을 상기시킬 필요가 있다.

　개가 바람직하게 행동하지 않을 때마다 관심을 끊는 것으로 개에게 잘못했다는 것을 지속적으로 알려 주어야 한다. 이때 절대로 조바심을 내거나 화를 내서는 안 된다. 어떤 상황에서든 절대 화내지 않고 항상 차분하게 개를 대해야 한다는 것을 잊어서는 안 된다. 개가 내 마음대로 따라주지 않아 화가 날 때면 앞에서 언급한 키플링의 시를 떠올려라. 개는 고요하고 침착한 우두머리를 원한다.

　이 단계에서 추가 가능한 교육은 집 안에서 '가지 말아야 하는 공간'을 알려 주는 교육이다. 집안의 우두머리는 개가 아니라 인간이며 우두머리에게는 자신만의 공간이 있음을 보여 주어야 한다. 개들은 본능적으로 이 원칙을 알아챌 능력이 있으므로 그렇게 어려운 과제는 아니다. 늑대 무리에서 우두머리의 공간은 항상 존중되며, 다른 늑대들이 그 공간에 들어갈 때는 우두머리가 이들을 초대했을 때뿐이다. 그러므로 반려인이 우두머리 위치를 확고히 다졌다면 '안 돼'라는 말과 함께 들어오는 것을 막는 조용한 몸짓 몇 번이면 집 안에서 가지 말아야 하는 공간은 금방 가르칠 수 있다.

교육을 시작하고 개가 사람이 원하는 방향으로 반응을 보이면 며칠 동안 그 과정을 반복한다. 시간이 지나면서 개는 반려인의 요청에 침착하게 반응하기 시작한다. 자신의 이름을 불러도 황급히 달려오지 않고 여유 있게 다가온다. 이는 사람이 원하는 방향으로 상황이 바뀌고 있다는 좋은 징조이다.

개가 새로운 원리를 이해해 행동하는 방식은 아이들이 학교 선생님의 요청에 반응하는 것과 유사한 측면이 있다. 선생님이 아이 이름을 부르면 아이는 선생님이 자기에게 무엇을 요구할지 가만히 기다린다. 개도 이런 아이처럼 행동할 것이다. 서 있든 앉아 있든 개는 우리와 눈을 맞추고 우리가 어떤 요청을 할지 조용히 기다리는 것이다.

개는 좋은 점을 많이 가지고 있는 생명체이지만 사람의 구체적인 마음을 읽을 수는 없다. 개는 우리가 원하는 바를 정확히 모른다. 그래서 사람이 원하는 것이 뭔지 알아내느라 스트레스에 빠진다. 하지만 내 교육법에 따라 서열을 재정립하고 개와 새로운 관계를 만들면 개는 사람의 요청을 수용하고 협력할 자세를 갖추고 요청을 기다린다. 사람이 원하는 것이 뭔지 추측하느라 스트레스에 빠지지 않게 되면서 개들도 이제야 비로소 느긋하게 삶을 즐길 수 있게 되는 것이다.

❷ 아미시엥 본딩 교육 두 번째, 손님이 왔을 때

모든 것들이 그렇듯 아미시엥 본딩 교육법도 각 단계가 서로 연결되어 있다. 첫 번째 단계를 잘 마쳤다면 다음 단계로 진입해야 한다. 두 번째 단계는 사람들이 일상생활에서 반려견에게 위협을 느끼는 순간에 대한 대처법이다.

낯선 사람이 집을 방문했을 때가 대표적인 경우로 초인종이 울리거나 문을 두드리는 소리가 들리면 개는 미친 듯 짖고 날뛰고는 한다. 택배 기사나 우편 배달부 등이 가장 곤혹스러워하는 경우로 실제로 개에게 물리는 등의 공격을 당하는 경우가 있다.

이때 개들을 야단치는 대신에 행동의 원인을 찾아봐야 한다. 무리의 관점에서 이해해 보면 이런 행동은 자신을 우두머리라고 생각한 개가 위협으로부터 무리를 수호해야 한다고 생각하는 행동일 것이다. 무리를 지키기 위해 알 수 없는 위협을 향해 짖는 것은 우두머리로서 당연한 행동이다. 자신의 영역에 침입자가 들어서면 개들은 바짝 긴장하게 되고, 누가 접근하는지 모르기 때문에 침입자를 처리해야 한다는 책임감에 불타게 된다.

이런 상황에서 필요한 것은 두 가지로 반려인과 손님 모두 각각의 역할이 있다. 먼저 현관에 누가 왔다고 개가 짖고 점프하기 시작하면 반려인은 일단 개에게 가볍게 고맙다고 표현한다. 이 순간이야말로 인간이 무리의 우두머리로서 책임을 수행한다는 것을 개에게 보여 줄 수 있는 기회이다. 개는 위험이 발생했다는 사실을 깨달으면 이를 행동 결정권자인 우두머리에게 알리는데 이는 아이가 부모에게 하는 행동과 유사하다. 아이가 부모에게 누군가가 우리집에 왔다는 사실을 알리면 부모는 대부분 아이에게 알려 줘서 고맙다고 칭찬한다. 이처럼 개에게도 고맙다고 말함으로써 개의 책임을 덜어 주고, 손님을 받아들일지 말지의 결정권이 반려인에게 있다는 것을 확인시킬 수 있다.

그다음에는 개와 함께 문으로 걸어간다. 그리고 손님에게 개를 무시하라고 부탁한다. 손님이 집에 들어오면서 절대 개를 쓰다듬거나 아는 척해서는 안 된다. 동물을 좋아하는 사람들에게는 이런 요구가 힘들게 느껴지겠지만 무슨 일이 있어도 모른 척하라고 부탁해야 한다. 여기서 중요한 점은 개를 무시하란다고 개를 떠밀거나 안아서 다른 곳으로 밀치거나 던지라는 것은 아니다. 개의 관심을 무시하는 과정이 개를 배척하거나 벌을 내리는 것은 아니다.

사람들이 자기를 무시하고 모른 척하면 개는 관심을 받기 위해 더 노력할 텐데 이런 상황을 견디기 어렵다면 잠시 줄을 채워서 상황이 통제하기 어려워질 때 사용할 수 있도록 한다. 또 개를 다른 방으로 데리고 갈 수도 있는데 이때 흥분한 개와 함께 방으로 들어가 방문을 닫은 후 간식을 준다. 그렇게 잠시 함께 있다가 혼자 나와야 한다. 손님이 왔는데 성가시게 군다고 마당으로 내쫓거나 떠밀거나 안아올리는 방법은 절대 해서는 안 된다.

중요한 것은 개가 이런 과정을 통해서 부정적인 느낌을 받아서는 안 된다는 것이다. 개는 이런 상황을 긍정적으로 기억해야 한다. 개는 자신이 위험한 상황을 감지해서 우두머리에게 알렸고, 침입자를 집으로 들일지 말지에 대한 결정은 우두머리가 내리는 것이므로 자신은 결정을 내리는 과정에서 제외되는 것이 당연하며, 우두머리의 결정에 따르는 대가로 좋아하는 간식을 얻는 것이다.

벌어지는 상황에 대해 손님이 완전히 이해했다면 개를 다시 거실로 데려온다. 이때 누구도 개에게 말을 걸어서는 안 된다. 누군가 규칙을 깜빡 잊고 말을 걸면 개는 모든 상황이 예전과 같다고 생각해 예전과 똑같이 행동하게 된다. 특히 손님 중에 아이가 있을 경우 규칙을 지키기 어려우므로 이런 경우는 개를 계속 방에 두는 것이 최선이다.

손님을 맞는 상황은 때에 따라 모두 다르다. 하지만 나쁜 버릇이 몸에 밴 개는 확연히 다른 반응을 보일 수도 있지만 대부분 위의 방법을 따라하면 행동 교정이 가능하다.

기본적인 통제 방법

아미시엥 본딩 교육법은 운전을 처음 배우는 것과 비슷하다. 기본을 반복하다 보면 어느 순간 자신도 모르게 익숙해지고, 그렇게 습득된 지식은 대부분 잠재의식에 축적되어 개와 행복한 시간을 보내는 데 도움이 된다. 다만 브레이크, 클러치, 액셀러레이터의 위치와 작동법을 모르면 운전할 수 없듯이 개와 즐거운 시간을 보내려면 기본적인 것들을 몸에 익혀야 한다.

개와 산책할 때는 어떻게 해야 할까? 개가 집을 벗어나 넓은 세계로 발을 내딛기 전에 반드시 개와 제대로 산책하는 법을 익혀야 한다. 혈기왕성한 개와 산책을 해본 사람이라면 '세상에 집만큼 편안한 곳이 없다.'라는 말이 실감날 것이다. 그만큼 집을 벗어난 곳에서 개와 함께 운동을 하는 일은 녹록지 않다.

산책을 나가기 전부터 흥분한 개는 개줄 채우는 일에 협조하지도 않을 뿐만 아니라 일단 집을 나서면 뛰기 시작하다가 공터에서 풀어 주면 불러도 절대 오지 않는 경우가 부지기수이다. 그래서 개와 우아하게 산책을 하려면 불렀을 때 오고, 반려인 옆에서 걷고, 앉아서 기다리는 교육이 모두 완벽하게 이루어져야 한다.

산책을 위한 훈련은 집에서 시작한다. 어떤 교육도 자기가 살고 있는 친숙한 환경만큼 좋은 곳은 없기 때문이다. 산책을 위한 교육은 최소 2주는 걸린다.

개를 불렀을 때 개가 반려인 곁으로 오는 교육은 앞에서 언급한 5분 규칙을 가르치기 시작했을 때부터 이미 시작되었다고 할 수 있다. 이 과정을 통해 개는 어떤 행동을 하면 보상을 받을 수 있고, 어떤 행동을 하면 보상을 받지 못하는지를 배워서 보상을 받을 수 있는 행동을 재빨리 선택하게 된다. 이 원리는 각각의 교육 단계의 중심 원리이다.

산책을 위한 교육 중에서는 '앉아!' 훈련을 가장 먼저 하는 것이 좋다. 개와 함께 산책을 하면서 반려인이 개를 멈춰 앉을 수 있게 하는 것은 여러 면에서 중요하다. 특히 산책 시에 개를 제어하지 못해 개가 목숨을 잃는 위험한 상황을 사전에 예방할 수 있다.

아미시엥 본딩 교육법의 가장 큰 특징은 개 스스로의 의지로 선택을 하는 것이다. 특정한 상황과 행동을 긍정적으로 연계시키기 때문에 개는 반려인이 원하는 행동을 자발적으로 선택할 수 있다. 어떤 행동이 자기에게 이로운지 개에게 알려 주고 이를 바탕으로 올바르게 행동하면 보상을 받는다는 것도 알려 주는 것이다.

개에게 음식은 최고의 보상이다. 개에게 앉는 법을 가르칠 때는 간식을 개의 코에 닿을 정도로 가까이 가져갔다가 간식을 개의 머리 위로 들어올린다. 그러면 개는 음식을 향해 고개를 아치형으로 젖히게 되고 몸도 이에 따라 자연적으로 뒤로 젖혀진다. 이런 식으로 자연스럽게 개가 앉으면 손에 들고 있던 음식을 주면서 "앉아."라고 말한다.

이런 과정은 앉으라는 신호에 따라 개가 행동한 데에 대해 보상을 받은 것으로 개에게 인식되어진다.

만약 개가 음식을 따라 뒷걸음질 치면 손을 개의 등 뒤로 움직여 뒷걸음질 치지 못하게 한다. 이때 절대로 강제로 앉혀서는 안 된다. 교육 과정이 원활하게 진행되지 않으면 재차 요구하지 말고 다른 장소로 이동해서 처음부터 다시 시작하는 것이 좋다. 이런 과정을 몇 번 반복하면 빨리 익힐 수 있다. 잘하면 음식을 먹을 수 있고, 그렇지 않으면 음식을 못 먹는다는 사실을 여러 번의 반복으로 금세 터득하는 것이다.

개는 굉장히 똑똑한 생명체이다. 만약 시키지도 않았는데 개가 앉았다면 이때는 음식을 주지 말아야 한다. 이런 행동은 개가 우두머리가 되어 결정권을 가지려고 시도하는 몸짓이기 때문이다.

앉히는 훈련을 끝냈다면 반려인 옆에 붙어서 걷는 '옆에!' 교육으로 넘어갈 차례이다. 이 교육은 산책을 할 때 필수적이다.

이 교육은 개의 안전을 위해 필요한 기본 교육으로 가능하면 목줄을 하지 않고 교육하는 것이 좋다. 반려인은 "옆에!"라고 말한 후 개가 옆에 오면 칭찬과 간식 등의 보상으로 개가 자발적으로 올 수 있도록 유도한다. 이때 개를 쓰다듬으면서 차분하게 칭찬해 주면 좋은데, 개를 쓰다듬을 때는 중요 부위인 머리와 목, 어깨를 중점적으로 쓰다듬어 준다. 이런 행동은 '내가 네 우두머리며 나는 네 급소를 알고 있지만 너를 보호해 줄 것이다.'라는 메시지를 개에게 전달한다.

대부분의 경우 '앉아'나 '옆에'에 잘 반응한다면 더 이상 바랄 것이 없는데 '엎드려'도 어렵지 않게 배우는 개들이 있다. 엎드리는 자세는 개에게 가장 편안한 자세이다. 이 교육 역시 칭찬과 보상을 통해 진행하고, 다른 교육 때와 마찬가지로 차분한 분위기에서 교육하는 것이 중요하다.

먼저 개를 식탁이나 의자 또는 낮은 가구 밑으로 데리고 간다. 개 스스로 자연스럽게 엎드릴 수 있는 환경을 만들어 주고 "엎드려."라고 말하면서 칭찬한다. 앞의 교육을 문제없이 받은 개라면 간식을 주지 않아도 반려인의 요청에 쉽게 반응한다.

매번 간식을 제공할 필요는 없다. 음식은 교육의 초기 단계에 개에게 메시지를 전달하는 강력한 매개체 역할을 하지만 성공적으로 잘 되어 나갈 경우 간식 주는 횟수를 서서히 줄여 나가면 된다. 매번 간식을 주다가 점점 줄여서 두 번에 한 번, 나중에는 스무 번에 한 번 정도로만 줘도 된다. 하지만 개가 어느 정도 기대감을 가질 수 있도록 간식을 완전히 없애지는 않는다.

또한 장난감을 갖고 함께 노는 시간과 털을 손질해 주는 시간만큼 개와의 관계를 끈끈하게 할 수 있는 시간도 없다. 반려인도 개도 즐거운 시간이니 맘껏 즐기는 것이 중요한데, 또한 이 시간은 개에게 반려인이 우두머리임을 암시하는 좋은 기회이기도 하다. 보상 원리를 이용한 교육의 장으로 만들 수 있기 때문이다. 그러니 이 시간을 유용하게 잘 보내는 것도 중요한데 앞으로 차차 설명해 나갈 것이다.

내 손녀 세리는 예절 교육을 받던 어느 날 부탁할 때 써야 하는 단어인 "플리즈(please!)"를 빼먹고 마실 것을 달라고 했다가 자신의 실수를 깨닫더니 이렇게 말하며 천사의 미소를 지었다.

"깜빡했어요. 네 살이잖아요."

개들도 세리와 많이 다르지 않다. 배운 것을 완전히 소화해 자기 것으로 만들기까지는 시간이 걸린다. 그러니 인내심을 가지고 사랑으로 용기를 북돋워 주면 개는 결국 다 이해한다.

　사람들은 종종 개를 교육하는 것이 개와 함께 사는 즐거움을 반감시키는 것이 아니냐고 묻기도 한다. 자기 멋대로 짖기도 하고 달리기도 하는 그런 개의 모습이 자연스러운 모습이라고 생각하는 것이다. 하지만 실상은 정반대이다.

　내 교육법은 개가 스스로 우두머리라고 생각해서 지고 있는 책임감을 덜어 주어 오히려 그 전보다 더 행복하고 근심 없이 살 수 있도록 해 준다. 교육을 통해 개와 반려인은 더 좋은 관계를 맺을 수 있다. 교육을 통해 올바른 관계를 맺으면 함께 있을 때 즐거움과 행복의 밀도가 더 높아지기 때문이다.

❸ 아미시엥 본딩 교육 세 번째, 산책할 때

　기본 교육인 '이리 와', '앉아', '옆에'를 일주일 정도 걸려 익혔다면 다음 단계로 넘어간다. 함께 산책을 나가는 것인데, 개의 입장에서 보면 산책은 사냥과 다를 바 없다.

　반려인에 따라 개와 아침저녁으로 산책을 하는 사람도 있고, 시간에 관계없이 짧은 산책을 자주 하는 사람도 있으며, 한 번에 오랫동안 개와 함께 산책을 즐기는 사람도 있다. 산책을 어떤 식으로 하든 개와 함께 산책을 나갈 때의 기본 원칙은 똑같으므로 구분 없이 배워 두면 된다.

　산책할 때 가장 염두에 두어야 하는 것은 개가 아니라 반려인이 주체가 되어 산책을 해야 한다는 것이다. 일단 각자의 산책 모습을 돌아본다. 개와 함께 산책을 나갈 때 나도 즐거웠는지, 개를 적절하게 통제할 수 있었는지 돌아보자. 그러지 못했다면 교육이 필요하다.

가장 먼저 할 일은 개에게 줄을 하는 것이다. 가능하면 가벼운 재질의 줄이 좋다. 쇠로 된 줄은 공격적으로 느껴지므로 좋지 않다. 산책할 때 개가 줄을 끌고 앞서 나가는 이유는 자신이 우두머리라고 생각하기 때문인데, 개가 이렇게 생각한 이상 개에게 쇠로 된 줄을 한들 이미 상황은 끝난 것이다. 개의 이런 생각은 줄의 재질이 다르다고 바뀌지 않는다. 개는 오로지 자신의 의지에 의해서 서열을 재정립할 때만 자신이 우두머리가 아님을 받아들인다.

줄을 하기 전에 먼저 개를 부른다.

"이리 와."

개가 반려인의 요청에 반응해서 앞에 왔다면 칭찬을 하며 간식을 줘서 보상을 해 준다. 그다음 줄을 하는데 개가 줄을 하지 않으려는 몸짓을 하지 않는다면 어느 정도 성공한 것이다. 만약 이 과정에서 개가 불안해한다면 간식을 줘 줄을 하는 것을 긍정적인 일로 받아들이도록 돕는다. 줄을 하는 것은 개의 중요 부위인 머리와 목, 어깨에 이물질을 얹는 것을 허락했다는 뜻이기도 하므로, 이런 시도를 개가 받아들였다는 것은 반려인을 자신의 우두머리로 신뢰한다는 증거이다.

개에게 있어 산책이란 집을 벗어나 큰 세계로 나가는 것이므로 흥분하는 것은 당연하다. 개의 관점에서 본다면 사냥은 그들의 일상 중 생존과 연관된 가장 중요한 일이기 때문에 아드레날린이 생성되는 것은 자연스럽고 다행스러운 일이다. 하지만 현대 사회에서 반려견으로써 이런 의욕은 적절히 통제되어야 하니 반려인의 역할이 중요하다. 산책 시간이야말로 반려인이 개를 잘 다스리는 리더십을 발휘할 수 있는 중요한 기회이다.

출발하기 전에 이루어져야 할 교육은 기본 교육인 '옆에' 이다. 반려인이 요청한 대로 반려인의 옆에 와서 서면 보상으로 간식을 제공하지만 개가 흥분해서 천방지축으로 날뛸 때에는 아무것도 하지 말고 그 자리에 그대로 서 있어야 한다. 평화로운 산책을 위해 이 과정은 필수적이므로 포기하지 말고 계속 시도한다.

'옆에'를 제대로 수행하지 못하면 아무것도 하지 말고 서 있다가 잠시 후 자리에서 조금 뒤로 물러서서 다시 '옆에'를 외친다. 개가 반려인의 옆으로 따라오면 반려인은 다시 앞으로 움직여서 계속 옆에서 따라 걷는 교육을 시작한다.

일단 걷기 시작한 후 개가 다시 반려인보다 앞서 걸으려고 하면 개줄을 느슨하게 하고 걷는 것을 멈춘다. 이런 과정을 통해 개는 자기가 반려인보다 앞서 걸으면 더 이상 걸을 수 없다는 것, 반려인을 추월해서 걸으면 안 된다는 것을 알게 된다. 이런 과정을 통해 규칙을 무시하면 산책이 바로 중단되고 집으로 돌아가야 한다는 것을 개가 알게 된다.

다음 단계는 실제 집 밖으로 나가는 것으로 개 입장에서 보면 집을 벗어나 새로운 세계로 진입하는 순간이다. 이때 개 입장에서 보면 밖에는 수많은 위험이 도사리고 있다고 여길 수 있다. 집 밖으로 나갈 때 교육상 가장 중요한 것은 반드시 반려인이 먼저 문을 통과해야 한다는 것이다. 이 행동은 반려인이 우두머리라는 것을 개에게 확인시키는 것이며, 모든 것이 안전한지 점검을 마쳤다는 강력한 신호이기도 하다.

만약 이때 개가 반려인을 밀치고 먼저 나간다면 다시 집 안으로 돌아와 새로 시도해야 한다. 이렇게 산책 시작 시에 성립된 통솔력은 밖에서도 유지되어야 하기 때문에 산책할 때 개가 앞질러 걷게 해서는 안 된다. 앞서 걷는 것은 자신이 우두머리라는 신호이기 때문이다. 개는 앞서 걸으며 자기가 우두머리로서 무리를 이끌고 사냥에 나선 것이라 믿는다. 따라서 개는 항상 반려인 옆에서 반려인과 함께 걸어야 한다.

산책 시에 흥분해 개줄을 끌어당기며 걷는 개들을 많이 본다. 소형견도 목줄을 세게 당기며 걷는 것을 볼 수 있는데 개로 하여금 목줄 당기기 게임에서 이기고 있다는 인상을 주어서는 안 된다. 개는 반드시 규율에 따라 산책을 해야 하고, 산책은 게임이 아니라는 것을 알려 주어야 한다.

만약 개가 계속 줄을 당기면 줄을 느슨하게 해 주는 대신에 한 자리에 꼼짝도 하지 않고 서서 그렇게 해서는 어느 곳도 갈 수 없다는 사실을 알려 주어야 한다. 많은 사람들이 이 과정을 불편해하지만 이는 생각만큼 그리 긴 시간이 필요하지는 않다. 현명한 개는 줄을 당기며 앞서 걸으면 더 이상 산책을 할 수 없음을 금방 깨닫기 때문이다.

산책은 사고나 우연한 만남 등 집보다 변수가 훨씬 많은 넓은 세상으로 나가는 일이다. 그러니 상대적으로 위험성이 높은 세상으로 나서기 전에 서로를 완전히 믿을 수 있는 관계로 만드는 것이 중요하다. 그렇지 않으면 개는 자신이 미처 알지 못하는 세상에 내던져진 것이라고 생각하고, 반려인이 맡은 우두머리 역할에 대해서 믿음을 갖지 못한다.

동물 사랑이 지극한 사람들은 종종 교육 과정을 잔인하다고 생각한다. 하지만 진짜 잔인한 일은 개가 반려인을 우두머리로 인정하지 못하고 자신이 우두머리라고 생각해 책임을 잔뜩 진 채 혼란 속에서 사는 일이다. 교육을 하다 보면 분명 희생하게 되는 부분이 있지만 결과적으로는 개의 행복과 평화로운 공존을 위해 얻는 것이 많음을 알아야 한다.

'기다려!'와 다시 부르기

개와 함께 산책을 즐기는 일은 일상에서 누릴 수 있는 큰 즐거움이다. 하지만 개가 천방지축으로 이리저리 돌아다닌다면 개도 사람도 산책 시간을 즐길 수 없다. 산책 시에 제어가 안 되면 건물이 빼곡한 곳이나 도로 근처에서는 위험하므로 항상 줄을 착용해야 한다. 종종 많은 사람들이 위험한 지역에서 줄을 하지 않고 다니는데 이런 행동은 동물의 목숨을 순식간에 빼앗을 수 있는 위험한 행동이다.

산책을 위해 두 가지 정도의 교육을 더 하는 것이 좋은데 '기다려!'와 '다시 부르기'이다. '기다려'를 가르치려면 개줄을 하는 것이 도움이 된다. 우선 개를 앉힌 후 뒤로 한 발 물러서서 개와 마주한 상태로 손바닥을 개에게 보이며 말한다.

"기다려!"

꼼짝하지 않고 잘 하면 "이리 와." 하고 부른다. 이 방법을 반복하면서 조금씩 거리를 늘려 나간다. 만일 개가 조금이라도 움직이면 다시 처음으로 돌아가 이 교육을 완전히 익힐 때까지 반복한다.

'기다려'를 완전히 익혔으면 개를 자유롭게 풀어 줄 준비를 한다. 먼저 간식 등을 이용해 개가 반려인 바로 옆에서 잠시 동안 얌전히 머무르게 한다. 그런 후 지금부터 자유롭게 뛰놀 수 있다는 말을 하면서 개를 풀어 준다.

"가서 놀아!"

이때 중요한 것은 줄 없이 신나게 놀던 개를 잠시 후 다시 반려인에게 돌아오도록 하는 것이다. 바로 '다시 부르기'이다. 개가 반려인으로부터 3미터 이상 멀어진다 싶으면 개를 불러서 다시 옆에 앉힐 수 있어야 한다. 개가 돌아오면 간식을 주어 보상하고 칭찬한다. 이런 교육이 잘된 개들은 공원 등에서 잠시 줄을 풀어 주고 함께 놀 수 있다. 개는 이런 과정을 통해 줄을 풀 수 있는 권한이 사람에게 있다는 것을 알게 된다.

하지만 개가 불러도 돌아오지 않으면 산책 나갔다가 목줄을 풀어 줘서는 안 된다. 이런 개는 길이 조절이 가능한 줄을 사용하는 것이 좋다. 길이 조절이 가능한 줄은 반려인이 원하는 바를 개에게 인식시켜 주는데 좋은 교육 도구로 "이리 와."라고 말한 뒤 줄을 부드럽게 끌어당기면 된다. 이때 돌아온 개에게 반드시 간식으로 보상한다.

④ 아미시엥 본딩 교육 네 번째, 먹는 시늉

야생의 우두머리 늑대가 무리를 통제하는 방법을 사람이 100퍼센트 따라하기는 힘들다. 우두머리 늑대가 서열을 확립하고 우두머리 자리를 확고히 하려고 하는 때로는 공격적이고 비범한 몸짓언어를 온전히 따라하기 힘들기 때문이다.

하지만 인간의 창의성을 조금 보태면 우두머리 늑대의 강력한 힘을 사람도 따라할 수 있는 방법이 있는데, 그것이 바로 아미시엥 본딩의 핵심인 먹이를 주는 시간을 통해 얻을 수 있는 힘이다. 그래서 아미시엥 본딩 교육법의 가장 중요한 요소를 '먹는 시늉(gesture eating)'이라고 하는 것이다.

먹는 시늉은 교육을 시작한 2주 동안 지속적으로 적용하는 것이 좋고, 가능하다면 가족 전체가 함께 참여하는 것이 가장 좋다. 그래야 집안에서의 서열을 높은 순서대로 한 번에 정할 수 있기 때문이다. 먹는 시늉 교육은 반드시 일관성과 지속성을 지녀야 한다. 여러 가지 이유로 하루에 한 번만 밥을 주는 사람들이 있는데, 적어도 교육 기간에는 하루에 두 번, 아침저녁으로 밥을 주는 것이 좋다.

방법은 아주 쉽다. 개의 밥을 준비하기 전에 과자를 식구 한 사람당 하나씩 준비한다. 준비한 과자는 개의 밥그릇 바로 옆에 놓아 둔다. 개의 밥이 다 준비되어 개가 집중하고 있을 때 개에게 말을 걸거나 바라보지 말고 가족들이 모두가 개의 밥그릇 옆에 놓아 두었던 과자를 한 명씩 집어서 먹는다. 가족 한 명 한 명이 이 과정을 중요한 의식처럼 행동한다. 사람이 과자를 다 먹은 후 개의 밥이 든 밥그릇을 바닥에 내려놓고 먹도록 한다. 이때 사람은 멀찍이 떨어져서 개가 조용히 먹을 수 있도록 한다.

이 의식이 전달하는 메시지는 강력하고 확실하다. 늑대 무리에서 서열이 가장 잘 드러나는 때는 먹이를 먹는 시간이다. 우두머리가 배부르게 먹고 난 다음에야 다른 구성원이 식사를 할 수 있다. 그러므로 먹는 시늉은 사람이 우두머리라는 것을 알리는 상징적인 몸짓이다.

만일 개가 음식을 먹지 않고 가 버리면 그 음식을 바로 치워야 한다. 우두머리만이 음식의 선택과 배분을 결정하고, 우두머리의 방식을 따르지 않는 개는 밥을 먹을 수 없다는 것을 알리는 것이다.

밥을 치웠다가 개가 배를 곯지나 않을까 걱정하지 않아도 된다. 개는 식사 시간에 관해서는 그 의미를 재빨리 눈치 채기 때문에 서열에 따라 올바로 행동하지 않으면 밥을 먹지 못한다는 것을 금방 깨우치게 된다.

무리 생활을 하는 동물에게는 그에 맞는 교육이 필요하다

지금까지 설명한 네 가지의 규칙을 개가 충분히 이해하는 데는 2주 정도의 시간이 필요하다. 개가 여러 마리라면 따로따로 교육하지 말고 한꺼번에 하는 것이 좋다. 버려지거나 학대를 받는 등 상처가 많은 개라면 아마도 더 많은 시간이 걸릴 것이다. 행동에 문제가 있는 반려견 또한 시간이 더 오래 걸릴 것이다. 하지만 인내심을 갖고 부드럽고 친절하게 개를 대하면 언젠가 원하는 모습의 개를 보는 날이 반드시 올 것이다.

개는 무리를 지어 사는 동물이므로 여럿이 같이 사는 것을 좋아한다. 그래서 한 마리를 키우는 것보다는 두 마리를 키우는 것이 함께 사는 데 더 수월하다. 여러 마리의 개는 같이 놀고, 서로를 즐겁게 해 주며, 반려인이 없을 때 서로에게 친구가 되어 준다.

개는 이렇게 서로 어울려 살며 어떤 면에서는 사람보다 더 많은 규율을 지키며 사는 동물이다. 아미시엥 본딩 교육법은 개가 무리 생활을 하며 무리의 규율에 따라 살아가는 것에 대한 이해를 전제로 하고 있다. 두려움이나 공포, 고통이 따르지 않는 아미시엥 본딩 교육법은 시간은 오래 걸리지만 꿈을 포기하지 않으면 꼭 이룰 수 있다는 희망을 주는 교육법이다.

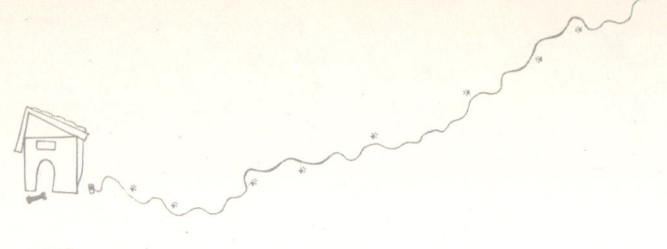

7장
분리된 삶, 분리불안에 대처하기

가족이 외출하면 난리가 나는 브루스

아미시엥 본딩 교육은 개의 강박적 행동부터 야뇨증, 물기에 이르기까지 개에 관한 모든 문제를 해결하는 첫걸음이다. 사실 모든 개는 반려인이 걱정하는 그 한 가지 문제만 가진 것이 아니라 대부분 여러 가지 문제를 동시에 갖고 있다. 그런 문제는 대부분 개가 잘못 이해하고 있는 무리 내 위치만 바로잡아 주면 해결할 수 있다. 그래서 평화롭고 행복하게 개와 살려면 교육의 중요성을 아무리 강조해도 지나치지 않다.

내가 만난 케이스 중에서 샐리와 브루스처럼 극적인 예는 드물다. 간호사인 샐리는 우리 동네의 작고 아담한 집에서 반려견 브루스와 함께 살았다. 그런데 처음 전화를 했을 때 샐리의 목소리는 많이 동요하고 있는 것이 느껴졌다.

브루스는 4살 된 혼혈견으로 여우를 연상시키는 잘생긴 개였다. 샐리와 브루스는 서로를 많이 사랑하는 사이였다. 그런데 브루스에게 문제가 있었다. 브루스는 샐리에게서 잠시라도 떨어지면 견디지 못했다. 샐리가 집에 있을 때면 그녀가 어디를 가든 그녀의 발 언저리에서 떨어지질 않았고, 샐리가 집을 나가면 문을 닫는 순간부터 난리가 났다.

브루스는 온 집 안을 돌아다니면서 샐리의 옷을 찾아내 어떤 것이든 미친 듯이 물고 늘어졌다. 그래서 샐리는 귀가하면 옷장에 가지런히 놓여 있던 그녀의 옷들이 브루스의 침대에 어지러이 널려 있는 것을 가장 먼저 발견하곤 했다. 말할 필요도 없이 그녀의 드라이클리닝 비용은 상상을 초월했고, 입을 수 없게 된 비싼 외출복의 수도 점점 늘어났다.

그러나 정작 가장 걱정스러운 점은 브루스가 현관을 공격하기 시작했다는 것이다. 처음에는 현관문의 나무로 된 틀을 씹기 시작하더니 곧 나무틀을 갉아먹기 시작해 나무틀 속이 다 드러나고 말았다. 샐리가 내게 전화를 걸었을 무렵에는 벽지를 다 갉아놓고 그 속의 미장 공사된 부분까지 망가뜨려 결국 벽돌이 드러날 정도였다. 샐리의 집은 처참했다. 샐리는 인부에게 전화해 공사를 하고 싶은 마음이 굴뚝 같았지만 브루스의 행동이 변하기 전에는 공사가 아무 소용이 없음을 알고 있었다.

브루스의 행동은 분리불안에 기인한 전형적인 행동으로 나는 여러 해 동안 브루스와 같은 증상을 보이는 수많은 개를 보아 왔다. 사랑하는 반려인이 자신을 떠나는 상황은 개 입장에서 보면 끔찍한 일이고, 개가 느끼는 심신의 고통은 결국 파괴적인 모습으로 극대화되어 나타나기 쉽다. 가구나 커튼, 옷, 때로는 신문지를 먹는 개도 있고, 어떤 개는 카세트테이프를 먹어치우기도 했다. 그 개는 결국 위에 스파게티처럼 풀어져 엉겨 있는 테이프를 제거하는 수술을 받을 수밖에 없었다.

브루스는 버려졌다고 생각하는 것이 아니다

　이렇듯 분리불안은 개에게 치명적인 상처를 입힐 수 있다. 그러나 이 분리불안이 많은 사람이 생각하듯 실제로 개가 자신이 버려졌다는 생각에서 기인한 행동일까? 여기서 개의 시선으로의 시각 전환이 필요하다. 자신이 우두머리라고 생각하는 개의 입장에서 보면 반려인을 아이로 생각하다 보니 오히려 아이가 자신의 눈앞에서 사라진 불안감 때문에 엄청난 스트레스를 받는 것이다.

　브루스가 샐리와의 헤어짐을 어떻게 느끼는지를 알아내는 데에는 그리 오랜 시간이 걸리지 않았다. 샐리와 브루스, 둘만 살고 있는 이들의 삶에서 흔히 보이는 문제점이 명확히 드러났기 때문이다. 그 집을 처음 방문했을 때 브루스는 내게 뛰어올랐다. 샐리는 손님이 왔으니 환영하는 당연한 행동이라고 생각했지만 그 작은 행동에도 개의 생각이 담겨 있다.

브루스는 샐리에게 최소한의 개인적인 공간도 허용하지 않았고, 샐리가 어디를 가든 발꿈치에 딱 붙어서 이방저방으로 쫓아다녔다. 최근 샐리가 이혼한 상태였기 때문에 브루스의 이런 행동은 애잔해 보이기까지 했지만 실제로는 문제가 많은 행동이었다.

또한 샐리의 하루 일과는 문제를 가중시켰다. 방문 간호사인 샐리는 근무 시간이 들쑥날쑥했기 때문에 불규칙한 생활을 하고 있어서 일관성이 전혀 없었다. 보통 아침에 집을 나서지만 가끔 점심 시간 때 들르기도 하고, 어떤 때는 밤늦게 귀가하기도 했다. 이런 상황이 미안한 샐리는 브루스에게 다른 것으로 보상했다. 집 안은 상상을 초월할 만큼의 장난감으로 차 있었고, 현관에는 간식이 가득 담긴 간식 그릇이 놓여 있었다.

"이 커다란 간식 그릇이 왜 여기 있나요?"

샐리는 간식 그릇이 자신의 하루 일과의 한 부분이라고 설명했다. 매일 아침 샐리는 브루스에게 미안한 마음에 그릇에 간식을 듬뿍 주고 나갔던 것이다. 샐리의 마음은 이해할 수 있지만 샐리의 브루스 사랑에는 문제가 많았다. 샐리는 개를 제대로 사랑하는 법을 전혀 모르고 있던 터라 이를 변화시키는 것이 급선무였다. 문제는 브루스가 아니라 샐리에게 있었다.

샐리의 이런 행동으로 말미암아 브루스는 샐리를 자신이 보호해야 할 새끼로 여기고 큰 책임감을 느끼고 있었다. 그래서 부모들이 하듯 샐리를 졸졸 쫓아다니면서 자신의 새끼가 괜찮은지를 계속 확인하고 있었던 것이다.

브루스가 집 앞의 현관을 지속적으로 물어뜯은 것도 같은 맥락에서 이해하면 된다. 현관은 샐리와 브루스가 매일 헤어져야 하는 장소로, 그가 문을 계속 물어뜯은 이유는 문을 부수어 다시 새끼인 샐리와 재회하고 싶은 공황 상태의 표현인 셈이다. 새끼가 엄마와 떨어져 혼자 집 밖으로 나가 버렸으니 걱정하는 것은 당연하다. 그 상황에서 브루스는 자신이 할 수 있는 것이라면 무엇이든 할 수밖에 없었다(과학적으로 개들이 무엇인가에 열중해서 움직이면 엔돌핀 양이 빠르게 증가하여 그들이 느끼는 고통을 경감시켜 준다는 사실이 증명되었다).

샐리는 귀가한 후 집 안이 엉망이 된 것을 발견하고는 브루스를 혼내기도 했지만 브루스 생각에는 자신이 혼나는 이유가 샐리가 나가 있는 동안 그녀가 겪은 일과 관련 있다고 생각했을 것이다. 밖에서 샐리에게 무슨 일이 일어났다고 생각한 브루스는 샐리가 나가든 집에 돌아오든 항상 긴장하는 것이다.

게다가 현관에 간식을 잔뜩 놔두는 행동은 상황을 더 악화시켰다. 음식은 우두머리가 제공하는 것이다. 그런데 브루스는 아무때나 배부르게 먹을 수 있었으므로 스스로를 우두머리라고 생각하게 된 것이다.

이런 경우를 접할 때마다 소설 《피터팬》 속의 개 나나가 떠오른다. 팅커벨의 요정 가루가 나나의 콧등에 떨어지면서 나나는 공중으로 떠오르는데 개줄 때문에 더 이상 떠오를 수 없자 슬픔과 공포가 뒤섞인 표정으로 얼굴이 일그러진다. 나나는 자기가 더 이상 가족을 보호할 수 없게 된 상황 때문에 안절부절 못하는 것인데, 그 장면을 볼 때마다 나는 브루스와 같은 상황에 처한 수많은 개가 떠오른다.

새끼와 떨어지는 일은 힘들어

브루스처럼 분리불안에 처한 개들은 자신이 우두머리로서, 어미로서 가족을 책임지고 있다는 무거운 책임감에 갇혀 있다. 무리의 보존이 최우선인 개 사회에서는 새끼에게 무슨 일이 벌어진다는 것이 가장 절망스럽기 때문에 새끼와 떨어지는 일을 받아들이기 힘든 것이다.

상황이 파악되자 내가 할 일은 명확해졌다. 샐리와 브루스, 둘이 맡고 있는 임무가 바뀌어야만 했다. 내가 브루스의 마음과 현재의 상황을 샐리에게 상세하게 설명하자 그녀는 쉽게 이해하고 공감해 주었다.

곧바로 아미시엥 본딩 교육을 시작했다. 아미시엥 본딩의 네 가지 중요 교육을 통해 브루스가 짊어진 책임과 스트레스를 제거해야 균형 잡힌 관계를 세울 수 있는 상황이었다. 교육이 시작되자 샐리는 브루스를 무시하는 행동을 어려워했다. 브루스를 외면하는 것이 마음의 상처가 되지는 않을까 걱정하는 것이었다. 최근에도 이렇게 말하는 사람들이 있다.

"아무래도 이 방법은 개에게 우리가 자기를 사랑하지 않는다고 느끼게 할 것 같습니다."

하지만 그런 우려는 사람들이 사랑의 개념을 인간 중심적으로 이해한 데서 비롯된다. 진심으로 반려견을 아낀다면 올바른 사랑에 근거하고 판단해서 행동해야 한다. 지금 반려인들에게 필요한 것은 자신이 원하는 것을 개에게 강요하는 것이 아니라 개의 입장에서 그들에게 필요한 것이 무엇인지를 파악하는 것이다. 사실 교육을 통해 확실하게 서열을 잡고 반려인이 우두머리로 제대로 서면 그때는 원하는 만큼의 애정을 충분히 표현해도 된다.

브루스는 4살이었고 나쁜 생활 방식으로 오랫동안 살아왔기 때문에 행동 교정이 반드시 필요했다. 우선 샐리에게 집을 나설 때 급하게 환경을 바꾸지 말라고 당부했다. 샐리는 집에 있을 때 항상 라디오나 텔레비전을 켜두는 습관이 있었다. 그런데 집을 나설 때는 스위치를 껐기 때문에 집 안이 일순간에 조용해졌다. 브루스는 그 침묵이 낯설고 견딜 수 없었을 것 같았다. 집에 이런저런 소음과 움직임이 있다가 갑자기 침묵으로 전환되어 버렸기 때문이다. 환경의 급격한 변화는 브루스에게는 샐리가 집을 나설 것이라는 단서를 제공했다.

두 번째는 간식을 잔뜩 쌓아둔 채 출근하지 말라고 부탁했다. 이런 행동이 브루스에게 우두머리라고 느낄 수 있는 소지를 제공한 셈이다. 게다가 브루스는 샐리가 주고 간 간식을 먹지 않았다. 새끼가 어미를 두고 나간 상황이었으니 이런 애타는 상황에 편안하게 간식을 먹을 어미가 누가 있겠는가. 브루스가 스스로 우두머리라고 느끼는 책임감을 샐리에게 넘겨 줘야 했다. 샐리는 우두머리가 되기 위해 2주 동안 브루스의 식사 시간에 브루스 앞에서 먹는 시늉을 했다.

떠나는 시늉

또한 샐리가 집을 나서고 돌아오는 것이 그저 일상적인 일임을 브루스에게 알려 주어야 했다. 그래서 내가 샐리에게 부탁한 것은 '떠나는 시늉'을 하라는 것이었다. 중요한 것은 브루스의 마음을 뒤흔들어 놓지 않고 샐리가 집을 나설 수 있어야 했다. 그런데 문제가 있었다. 이 집에는 문이 정문 하나밖에 없었다. 정문은 브루스의 걱정이 가득한 곳이므로 다른 문을 이용하는 것이 좋은데 불행히도 이 집에는 문이 하나뿐이었다. 궁여지책으로 샐리는 창문을 이용하는 수밖에 없었다.

샐리는 밖으로 나가기 전에 코트를 입고 신발을 신은 모습을 브루스에게 보여 줬다. 또 라디오를 계속 틀어놓아 환경의 변화가 없도록 했다. 그런 다음 샐리는 창문을 통해 밖으로 나갔다. 다시 돌아올 때는 정문을 통해 들어오는데 이때 중요한 것은 브루스를 외면해야 한다는 것이다.

이런 행동을 통해 샐리가 브루스에게 전하는 메시지는 내가 우두머리이고, 우두머리가 원할 때는 언제든지 나가고 들어올 수 있다는 것이다. 또한 우두머리는 브루스의 허락을 받고 집을 나설 필요가 전혀 없다는 것도 알린다.

처음 시도했을 때 브루스는 샐리가 나갔다가 다시 돌아온 것을 보고 무슨 일이 벌어진 것인지 어리둥절한 모습이었을 뿐 새로운 상황을 두려워하는 모습은 아니었다. 이어서 샐리가 창문을 통해 밖으로 나갔다가 5분 후에 문을 통해 들어왔을 때도 마찬가지로 브루스를 외면했다. 그러자 이 두 번의 과정을 통해 브루스는 샐리가 나가고 들어오는 것에 대해 덜 예민하게 반응하기 시작했고, 그 사이 현관을 물어뜯지도 않았다.

사람들은 왜 귀가할 때마다 서열 정립을 해야 하는지 묻는다. 해답은 야생 늑대 사회에서 찾을 수 있다. 늑대 무리의 구성은 끊임없이 변화한다. 사냥을 나선 모든 늑대가 전원 무사히 집으로 귀환하리라는 보장이 없기 때문이다. 우두머리 부부든 일반 늑대든 상처를 입거나 죽거나 다시 나타날 수 없는 상황을 맞을 수 있다. 그래서 매번 재회의 순간마다 서열이 재정립되고, 권력의 구조가 표출되며, 누가 무리를 이끌고 수호할 것인지를 정하고, 어떤 순서대로 책임을 수행해 갈 것인지를 결정한다. 재회의 순간마다 자신의 지위를 확인하는 방식이다.

  샐리는 이를 마음에 새기고 한동안 같은 방법을 지속해 나갔다. 샐리가 밖으로 나갔다가 돌아오는 시간을 5분씩 늘려 갔고, 일주일 뒤에는 브루스가 혼자 남겨져 있음에도 불구하고 눈에 띄게 편안해졌다는 사실을 확인할 수 있었다. 이웃들이 샐리가 창문을 끊임없이 넘나드는 모습을 보며 어떻게 생각했을지 모르겠지만.

  샐리는 일하러 갈 때도 계속 이 같은 행동을 반복했고, 얼마 지나지 않아 샐리가 저녁에 집에 돌아오면 브루스는 샐리에게 달려드는 대신에 그 자리에 서서 꼬리를 흔들게 되었다. 이렇게 관계가 변하자 샐리와 브루스는 서로를 더욱더 사랑하게 되었고 곧바로 목수에게 전화를 걸어 현관을 고칠 수 있었다.

8장 사람을 무는 공격적인 개

안락사 직전의 맥

아미시엥 본딩 교육법이 알려지기 시작하면서 방송에 출연해 문제가 있는 개의 행동 교정을 하곤 했다. 1999년 봄에도 요크셔 TV에 초청 받아 문제가 있는 개 6마리와 만나게 되었다. 이들은 600통의 사연 중에서 선발된 경우로 그중에 성질 급한 골든 코커 스패니얼인 맥이 있었다.

반려인인 스티브와 데비는 맥의 공격성 때문에 힘들어하고 있었다.

맥은 낯선 사람의 기척만 느껴져도 맹렬하게 짖어댔고, 집배원이 배달한 편지는 모두 물어뜯어 엉망으로 만들었다. 하지만 더 큰 문제는 사람을 무는 것이었다. 맥은 친구의 어린 딸을 문 적이 있을 정도였다. 아이 셋을 키우는 스티브와 데비는 걱정이 태산이었다.

맥은 기분이 순식간에 변하는 것이 큰 문제였다. 걱정하는 스티브와 데비에게 주위 사람들은 안락사를 시키라고 조언했다. 인명 사고를 내기 전에 안락사를 시키는 편이 좋다고 조언한 것이다.

나는 맥을 만나기 전부터 맥이 신경증적 공격성의 전형적인 사례임을 확신했다. 신경증적 공격성이 있는 개의 주된 증상은 짖거나 물기, 손님에게 달려드는 행동 등이다. 이런 성향의 개 때문에 흔히 피해를 보는 사람은 집배원, 택배 기사, 우유 배달부, 신문 배달부 등이다.

이런 유의 개의 공격성은 기본적으로 한 가지만 변화시키면 치료될 수 있다. 즉, 개들이 흔히 오해하는 사항, 자신이 집안의 우두머리라고 생각하는 믿음만 바꾸어 주면 된다.

자신의 의지로 우두머리가 되기로 결정한 개는 없다. 개는 본능적으로 자신의 무리가 생존하려면 우두머리가 있어야 한다고 생각하는데, 스티브와 데비는 자신들도 모르게 맥이 우두머리임을 인정하는 신호를 보냈을 것이다. 무리가 인정을 해 줘서 우두머리가 되었으니 맥은 자신에게 주어진 임무를 충실히 수행하려고 노력했을 뿐이다. 맥의 공격성은 갑자기 주어진 상황에서 나름대로 상황을 통제하려고 한 행동이었다.

맥이 낯선 사람들에게 사납게 군 것은 자신의 집단이 침입자로부터 해를 입을지도 모른다는 생각 때문이었다. 또한 상황이 계속 악화된 이유는 맥이 유일한 개였기 때문에 마치 혼자서 집안을 책임져야 하는 부모처럼 극심한 스트레스를 받았던 것이다. 사람도 감당하기 어려운 스트레스임을 짐작할 수 있다.

맥의 반려인인 스티브와 데비는 이런 상황을 눈치 채고 있었지만 맥을 도울 방법을 알지 못했다. 교육을 통해 행동 교정을 할 수 있다고 생각하지 못한 것이다. 게다가 이 상태에서의 개는 이미 사람의 조언을 구하지 않는다. 자기가 최고의 지위에 있고, 다른 어떤 집안 구성원보다 더 강하고 많은 경험을 가지고 있다고 믿기 때문에 스티브와 데비에게 도움을 받을 생각이 없는 것이다. 그래서 스티브와 데비를 무시하고, 자기가 우두머리임을 보여 주기 위해 지속적으로 공격적이 되었다. 그러다 보니 집안 분위기는 맥에 따라 좌지우지되어 가고 있었다.

스티브와 데비는 맥을 너무나 사랑했고, 맥을 도와주고 싶어했다. 안락사를 시키라는 말을 들을 정도로 상황이 점점 나빠지고 있었는데도 맥을 위해서 자신들이 우두머리가 되어야 한다는 사실을 모르고 있었다. 자신들이 맥을 통제해야만 맥이 책임감과 압박감에서 해방될 수 있음을 전혀 몰랐다.

눈빛이 부드러워지다

나는 왜 사람이 우두머리가 되어야 하고, 우두머리가 되면 어떤 변화가 있는지 보여 줘야 했다. 일단 처음 그들의 집을 방문한 날 나는 거실로 들어서면서 맥을 무시했다. 맥의 눈을 쳐다보지도 쓰다듬어 주지도 않았다. 맥에게 내 서열이 높다는 것을 보여 주는 몸짓을 보낸 것이다.

내가 이런 행동을 취하자 맥은 다른 손님에게 하듯 짖거나 공격성을 보이는 등 평소의 행동을 하는 대신에 나를 그냥 무시하는 반응을 보였다. 이런 간단한 제스처가 그토록 큰 힘을 발휘할 수 있다는 사실에 가족은 깜짝 놀랐다.

이제는 스티브와 데비가 나와 같은 권위를 가질 차례였다. 나는 스티브와 데비를 거실에서 조용히 데리고 나온 뒤 다시 거실로 들어가되 맥이 어떤 행동을 하든 무시해야 한다고 당부했다. 다른 사람들처럼 스티브와 데비도 맥을 무시하는 것을 무척 어색해했고, 자신들의 행동에 맥이 어떻게 반응할지 의문스러워했다. 하지만 스티브와 데비가 맥을 아는 척할 때마다 맥은 자신이 우두머리임을 재확인하는 셈이므로 이 행동은 꼭 고쳐야 했다.

스티브와 데비의 변화된 행동에 맥은 굉장히 혼란스러워했다. 맥은 나를 뚫어지게 바라보다가 나지막이 으르렁대며 왔다갔다 서성댔고, 눈에 띌 정도로 떨었다. 맥이 조금 진정되자 스티브와 데비는 맥을 조용히 불렀다. 맥이 부부의 요청에 반응하면 맥에게 줄 맛있는 간식을 들고서. 이런 과정을 통해 채 한 시간도 지나지 않아 스티브와 데비와 맥은 어느 때보다 평화로운 시간을 함께 보냈다.

이글이글 타오르던 맥의 눈빛이 다정다감한 눈빛으로 바뀐 것은 정말 중요한 변화였다. 오랜 경험을 통해 나는 개의 눈빛이 부드러워졌다는 것은 개와 사람이 제대로 소통했다는 증거임을 알았다. 부드러워진 맥의 눈은 이 가족이 큰 고비를 넘겼음을 알려 주었다.

그날부터 스티브, 데비는 2주 동안 확실하게 우두머리가 되려고 노력했다. 부부는 아미시엥 본딩 교육의 원리를 확실히 이해하고 있었다. 부르지 않았는데 맥이 그들 가까이 오면 완전히 무시했고, 어떤 식으로든 가족의 주의를 끌고 싶어하는 맥에게 전혀 반응하지 않았다. 대신에 맥이 반려인의 요청에 응할 때는 즉각 음식으로 보상했다. 맥이 집배원이나 택배 기사를 향해 짖으면 가족 중 한 명이 맥에게 간단히 "잘했어."라고 말하는 것으로 끝냈다. 맥은 할 일을 했고 나머지는 전적으로 우두머리가 맡아서 처리하겠다는 메시지였다.

우두머리의 책임에서 해방되다

사람이 그렇듯 개도 오랜 습관을 고치는 것은 쉽지 않다. 한동안 맥은 손님이 거실에 들어오면 계속해서 으르렁거렸다. 나는 스티브와 데비에게 이럴 때에는 모든 사람이 곧바로 일어나 거실에서 나가라고 조언했다.

이런 행동은 맥에게 두 가지 의미를 전달한다. 첫 번째는 사람들이 거실을 나가는 것은 맥의 행동 때문이라는 것이며, 두 번째는 집에 온 손님을 환영할지 말지를 결정하는 것은 맥의 책임이 아니라는 의미였다. 한마디로 더 이상 맥이 우두머리의 책임을 질 필요가 없다는 메시지였다.

그리고 2주 동안 모든 식구가 '먹는 시늉'을 하라는 것이었다. 맥이 밥을 먹기 전에 모든 식구는 맥이 보고 있는 상태에서 과자를 먹고, 그런 다음에야 맥의 밥그릇을 바닥에 내려놓고 먹도록 했다. 사람이 먹은 다음에 맥에게 밥을 주는 것은 '자, 이제 우리 식사는 끝났어. 이제 남은 음식은 네 몫이야.'라는 신호이다. 누누이 말하지만 '먹는 시늉'

교육은 먹는 서열이 중요시되는 무리에서 개가 가지지 않아도 될 우두머리의 책임감에서 해방시키는 좋은 방법이다.

몇 주 후 맥의 성격은 완전히 변했고, 이에 따라 집안 분위기도 바뀌었다. 더 이상 아침에 배달되는 신문과 우편물이 찢겨 나가는 일도 없었다. 맥의 공격적인 행동은 모두 과거사가 되었고, 손님들은 맥을 두려워할 필요 없이 자유롭게 집을 오갔다. 간혹 아직도 맥이 불편한 심기를 드러내는 행동을 할 때면 짧은 몇 마디 말로 맥을 안심시키면 되었다.

TV 프로그램에서는 내 교육법의 효과를 교육 전과 후의 변화를 대조하는 형식을 통해 시청자에게 공개했다. 스티브와 데비는 맥이 완전히 변화한 사실이 너무 놀랍다는 것을 방송을 통해 고백했다. 그러고는 예전의 공격적일 때의 맥이라면 상상도 하지 못할 일이었던 맥을 꼭 껴안는 장면을 보여 주었다. 안락사 시키라는 말까지 들은 맥이 이렇게 변한 것에 대해 데비는 눈물을 감추지 못했고, 나도 귀한 생명을 구했다는 생각에 뿌듯했다.

9장 무는 개

강한 우두머리 수컷 스파이크

문제가 있는 개를 내게 의뢰하는 케이스 중에 무는 경우는 가장 위험하고 어려운 문제이다. 나는 프루디로 인해 개가 실제로 사람을 공격할 수 있다는 끔찍하고 무서운 사실을 기억하고 있다. 많은 사람들이 푸르디의 안락사를 강권했던 내 아버지와 마찬가지로 개가 사람을 무는 것은 넘지 말아야 할 선을 넘은 것이며, 절대 용납할 수 없는 행동으로 간주한다. 나는 이런 개들을 교육시켜야 할지 안락사를 시켜야 할지를 결정해야 하는 상황에 여러 차례 개입했고, 다행스럽게도 대부분의 개를 구할 수 있었다.

무는 문제만큼은 그 어느 때보다 현실적인 접근이 필요하다. 개는 본능적으로 무는 법을 알고 있다. 개가 가지고 있는 자기 보호 본능은 인간을 비롯한 모든 생명체가 그렇듯 당연한 것이다. 개는 위협적인 상황에 놓이면 도망치거나, 그 자리에서 꼼짝하지 않거나, 싸우는 세 가지 방법 중 하나를 선택한다. 어쩔 수 없이 싸워야 한다면 개는 가차 없이 정당 방위권을 발휘한다. 간단한 법칙인 셈이다.

무는 개는 각자 다른 성향을 지녔다. 무는 행동을 하게 된 근본적인 원인은 같지만 개가 가진 본능적인 공격 성향은 개에 따라 다르기 때문이다. 소개하는 세 사례를 봐도 다른 성향을 뚜렷하게 알 수 있다.

형제인 스티브와 폴은 흰색 저먼 셰퍼드 스파이크와 함께 맨체스터 근교에 살고 있었다. 그런데 집을 찾은 사람들은 예외 없이 다 스파이크에게 물리는 상황이어서 형제는 내게 도움을 요청했다. 스파이크의 공격은 손님이 집을 나서려고 하면 우격다짐으로 무조건적으로 시작되었다. 스파이크는 손님은 물론 스티브와 폴도 손잡이에 손을 갖다대기만 해도 점프를 하며 물려고 했다. 더 이상 형제를 찾는 손님은 없었고, 행동이 바뀌지 않는다면 스파이크를 다른 곳으로 보낼 수밖에 없는 상황이었다.

나는 집에 들어가기도 전에 스파이크가 공격성이 매우 강한 개라는 사실을 직감했다. 골목 어귀에서부터 강하면서도 성난 목소리로 우렁차게 짖어대는 소리를 들었기 때문이다. 그 소리만으로도 스파이크가 얼마나 자신감에 충만해 있는 '우두머리'인지 알 수 있었다.

그리고 집 안에 들어서자마자 골목 어귀에서 받은 인상이 사실임을 확인할 수 있었다. 스파이크의 위력이 어찌나 강력한지 스파이크가 발산하는 기는 실로 대단했다. 집 안을 활보하는 스파이크가 온몸으로 발산하는 몸짓언어가 굉장히 강렬했다.

스파이크는 자신이 얼마나 강하고 튼튼한지 스스로 잘 알고 있었다. 모든 사람이 집안의 우두머리 수컷으로 자기를 인정하기를 원했다. 내가 집 안으로 걸어 들어간 순간부터 스파이크는 1미터 남짓 떨어진 곳에서 계속 나를 응시하며 짖어댔다. 명백하게 위협의 의미였다.

개를 존중하는 태도는 개와 좋은 관계를 형성하는 데 매우 중요한 요소이다. 존중을 보여 주면 개도 이에 상응하는 존중을 돌려준다. 강한 우두머리 스타일의 스파이크의 경우는 존중하는 마음을 보여 주는 것이 문제를 푸는 데 특히 중요한 관건으로 작용할 것임을 알고 있었다.

스파이크에게 나 역시 우두머리라는 사실을 인식시킬 필요가 있었다. 하지만 더불어 내가 위협적인 존재가 아님을 알려 줘야 했다. 나는 스파이크를 무시하기 방식으로 대하기 시작했는데 스파이크가 위협을 느끼거나 스트레스를 받으면 안 되므로 갑자기 움직이는 등의 돌발적인 행동은 하지 않았다.

강하고 사나운 개에게는 다리를 꼬는 사소한 행동조차 도발로 비치기 쉽다. 또한 사람이 하는 사소한 행동도 큰 차이를 불러일으킬 수 있으므로 조심해야 했다. 약해 보여서도 안 되지만 동시에 적개심을 표현해서도 안 된다. 항상 그랬듯 늑대 무리가 살아가는 방식에서 해답을 찾아야 했고, 각자의 공간을 존중해 줄 수 있는 환경을 조성하는 것으로 해답을 찾아갔다.

폭력적인 방법은 보복을 부른다

스티브와 폴은 내게 오기 전에 많은 전문가들에게 조언을 구했다. 전문가들은 스파이크를 호되게 때리라고도 했고, 복종하는 방법을 주입시켜야 하니 심한 체벌이 좋다고도 했다. 또 어떤 사람은 기선제압을 위해 개를 노려보라고 조언했다. 내가 보기에는 모두 충격적이고 폭력적인 방법뿐이었다.

개에게 이런 식으로 폭력적으로 맞서면 보복이 뒤따르게 마련이다. 특히 보복은 물리적 공격, 즉 무는 것이 되기 쉽다. 특히 때리거나 노려보는 행동은 스파이크와 같은 개에게는 직접적인 도전으로밖에 비치지 않는다. 스파이크는 여느 때와 다름없이 자신을 방어하려고 할 테고 그러면 더 큰 비극이 일어날 것이다. 다행스럽게도 형제는 전문가들의 조언을 따르지 않았다. 만약 전문가의 조언을 따랐다면 어떤 일이 벌어졌을까를 생각하면 지금도 몸서리가 쳐진다.

스파이크는 자기가 이 집과 가족을 책임져야 한다고 생각하고 있었다. 스파이크가 문 앞에서 보여 준 공격적인 행동은 자신의 무리를 보호하려는 태도였다. 집 밖에서 무슨 일이 벌어지고 있는지를 스파이크가 알 도리가 없는데도 불구하고, 스파이크는 어떤 위협이든 그에 맞서 자신의 집과 가족을 보호해야겠다는 투철한 사명감에 불타고 있었다.

스티브 형제와 많은 대화를 나눠 보니 스파이크는 사람을 문다기보다는 살짝 물었다 놓는 수준이었다. 이는 놀랄 일이 아니라 당연한 일이다. 개는 대부분 사람을 해치지 않는다. 저먼 셰퍼드인 스파이크와 같은 반려견이 실제로 공격 의도를 갖고 문다면 상상하기도 힘든 보통 심각한 문제가 아닐 수 없을 텐데 다행히 정말 극소수의 개만이 사람에게 해를 끼친다.

　스파이크의 보호 본능은 양치기개인 콜리나 셸티(셔틀랜드 시프도그)에서 쉽게 확인할 수 있는 특성이다. 이들은 돌보는 임무를 수행하도록 품종 개량된 종으로 어떤 환경에서도 자신들의 임무를 굳건히 수행하도록 길러졌다. 이런 상황에서 형제는 아무도 스파이크의 우두머리 지위에 대항하지 않았기 때문에 스파이크의 지위는 더욱 굳건해졌고 공격적인 성향은 눈에 띄게 강화되고 있었다.

　이런 집안 분위기는 스파이크로 하여금 모든 것을 판단하라는 신호를 주고 있었다. 스파이크의 변화를 이끌어 내려면 이 상황이 반전되어야 했다. 나는 스티브와 폴에게 '파워 매니지먼트(power management)'라 불리는 방법을 통해 스파이크의 권력을 통제해서 형제가 무리 내 서열에서 우위에 올라서야 한다고 주문했다.

　이 방법을 사용하려면 우선 차분하고 위협적이지 않은 환경 조성이 필요한데, 뜻밖에도 이 집의 가사도우미에게서 큰 도움을 받았다. 간혹 인간이 잊어버린 태고적 몸짓언어를 몸에 내재하고 있는 사람을 만나면 경이로움을 느끼는데 그녀가 딱 그랬다. 그녀는 내가 스파이크에 대한 이야기를 하며 가족들과 이야기하는 동안에도 청소하고 빨래하고 가구에 윤을 내는 일을 쉼 없이 하며 개에게는 관심조차 보이지 않았다. 다른 사람들이 그렇게 무서워한다는 스파이크인데도 말이다.

　이와 반대로 정말 끔찍할 정도로 개를 두려워하는 사람도 있다. 개를 만나면 두려움에 떨며 거의 벽에 붙어 발끝으로 걸어가는 사람 말이다. 개들은 이런 긴장감을 금세 눈치 챈다. 사실 누구도 개를 두려워할 이유는 없다. 올바른 방식으로 대한다면 개는 누구도 해치지 않는 평화로운 생명체이다.

  스파이크 또한 가사도우미에게 그 어떤 관심도 표명하지 않았다. 심지어 그녀가 바구니를 가지고 움직이면 스파이크는 그녀가 지나가도록 비켜주기까지 했다. 나는 그녀의 행동방식을 예로 들어 형제에게 설명했다. 스파이크를 전혀 불편하게 하지 않고도 자신의 할 일을 자유롭게 하는 그녀는 스파이크에게 존중감을 표현하지는 않았지만 스파이크보다 서열에서 우위에 있다는 사실을 행동으로 확인시키고 있었다. 그녀는 형제들이 해야 할 행동을 이미 완벽하게 해내고 있었다.

  스파이크의 공격성은 10을 기준으로 했을 때 굉장히 높은 8에 해당되기 때문에 형제가 맞닥뜨린 상황은 만만치 않았다. 일반적으로 4~5 정도의 공격성도 문제가 되는데 8이라니. 이 집의 경우는 변화가 오기까지 몇 달이 걸릴 것임을 알 수 있었다. 다행히 형제는 스파이크의 행동을 고쳐 함께 살고자 하는 의지가 굳건해서 아미시엥 본딩 교육을 열심히 실천해 나갔다. 어려움이 생기면 전화를 걸어 물을 정도로 교육 기간 동안 교육 방법을 훌륭하게 실천하고 있었다.

  4개월 후 형제의 집을 방문해서 스파이크의 변화된 모습을 보았다. 스티브와 폴은 집 안에서 일어나는 어떤 상황도 제압할 수 있을 정도로 스파이크를 제어할 수 있게 되었고, 무엇보다 반가운 일은 다시 이 집에 손님이 찾아오게 되었다는 것이다. 더 이상 스파이크는 손님들에게 두려움의 대상이 아니었다.

우두머리가 되고 싶지 않은 재지

공격적인 모든 개들이 스파이크처럼 충만한 자신감과 힘을 표출하지는 않는다. 공격적이지만 그다지 위험하지 않은 사연 있는 개들도 있다. 1996년 11월 BBC 라디오 프로그램에서 행동 교정이 필요한 개를 돕는 전화상담을 하면서 젠과 스티브를 만났다. 그들은 6개월 전에 3살 된 코커 스패니얼 재지를 입양했는데 전 주인으로부터 제대로 교육을 받지 못해 많은 문제를 안고 있었지만 둘은 재지의 행동을 고칠 수 있다는 자신감이 있었다고 했다. 하지만 뜻대로 되지 않았다. 재지의 행동은 좋아지기는커녕 점점 더 나빠졌고, 설상가상으로 두 사람을 물기 시작했다.

재지를 만나러 가는 날 현관에 들어서자마자 사납게 짖어대는 소리를 들을 수 있었다. 그 소리는 스파이크의 자신감에 가득 차서 짖는 소리와는 전혀 달랐다. 스타카토로 딱딱 떨어지는 짖는소리로 거의 공포에 질려서 내는 소리였다. 나의 이런 의심은 집 안으로 들어서자마자 확연하게 드러났는데 젠과 스티브가 나를 반기자 재지는 우리 사이를 비집고 들어와 더 공격적으로 짖어대기 시작했다.

재지의 행동은 내게 대립하는 것처럼 보일 수 있으나 그것과는 왠지 좀 달랐다. 스파이크가 내 면상에서 짖어댔다면 재지는 최소 2미터 정도 멀찍이 떨어져서 짖고 있었다. 재지는 사람과의 접촉을 극도로 두려워하고 있었다. 재지는 반려인의 잘못으로 어쩔 수 없이 우두머리 노릇을 하고 있기는 했지만 우두머리로서의 자질은 전혀 없었고 그것을 원치도 않았다. 재지의 무거운 책임감을 내려놓을 수 있게 도와줘야 했다.

모든 개는 사람이 보내는 신호에 자신의 능력과 자신만의 방법으로 반응한다. 스파이크같이 책임감이 강하고 자신이 최고 위치에 있는 것을 포기할 수 없는 개는 그런 굳건한 의지를 담아 반응한다. 자신에게 남겨진 권력이 얼마 남지 않았음에도 불구하고 그 권력에 집착하는 어리석은 인간 사회의 지도자처럼 말이다.

그러나 어떤 개는 자신에게 주어진 권력이 사라졌을 때 큰 안도감을 느낀다. 재지가 그런 경우이다. 재지는 우리가 이야기를 나누는 방 한쪽 구석에서 계속 짖고 으르렁대고 있었다. 나는 이렇게 지속되는 방해공작에 익숙했지만 의뢰인들은 재지를 다른 방에 가둬 두고 이야기를 나누려고 했다. 하지만 나는 그 상태에서 재지의 행동을 무시하라고 했다.

그리고 30분 후, 우리의 인내심은 빛을 보게 되었다. 30분이 지나자 재지는 더 이상 짖지 않고 뒤돌아서 우리를 훤히 볼 수 있는 계단의 맨 꼭대기로 올라가서는 쿵 하고 엎드리더니 우리를 등지고 누워 버렸다.

만약 어린 아이가 이렇게 행동했다면 우리는 자기를 무시한 것에 화가 나서 뽀로통해졌다고 생각했을 수도 있지만 개는 그렇지 않다. 개에게는 어떤 경우에서든 그 상황을 떠날 수 있는 선택권이 있어야 한다. 사람이 저지르는 최악의 잘못 중 하나는 개에게 그 상황을 피할 수 있는 길을 만들어 주지 않고 구석으로 모는 것이다. 이렇게 되면 개는 두 가지 선택, 즉 항복하거나 싸울 태세를 갖추게 되므로 더 심각한 문제가 발생할 수 있다.

무는 개는 궁지로 몰지 말아라

우리는 재지를 그곳에 앉아 있도록 계속 내버려 두었다. 젠과 스티브는 재지를 안아서 어디로 옮겨야 하는 것이 아닌지 궁금해했지만 나는 재지가 자신이 해야 할 일을 정확히 하고 있는 것이라고 안심시켰다. 재지는 새로운 환경에 대처함과 동시에 변화된 상황을 스스로 판단하고 있었던 것이다.

나는 젠과 스티브에게 재지에게 먼저 다가가지 말고 재지가 오도록 해야 한다는 점을 강조했다. 이는 무는 습관이 있는 개를 변화시키기 위한 가장 중요한 사항이다. 절대 개를 궁지로 몰아넣어 자기 방어를 하기 위해 남을 공격하게 만들어서는 안 된다. 재지는 족히 30분은 계단에 앉아 있다가 일어나 총총걸음으로 내려오더니 카펫에 누웠다. 이때 거실로 내려앉은 따뜻한 햇살처럼 이 가족의 삶에 드리웠던 어두운 그림자도 걷히고 있었다. 채 한 시간도 지나지 않아 집의 서열이 변화하기 시작한 것이다.

그 순간 재지는 방안에 있는 그 누구에게도 책임감을 느끼지 않았고, 무엇에도 신경 쓰지 않는 것처럼 편안해 보였다. 대신에 새 우두머리에게 경의를 표할 기회를 기다리고 있었다. 드디어 젠과 스티브는 재지와 함께 새로운 삶을 시작할 수 있게 되었다.

나중에 알게 된 사실이지만 재지는 공격적인 성격 탓에 며칠 안에 안락사를 당할 위기에 처해 있었다고 한다. 내가 마지막 기회였던 셈이다. 나는 한 생명을 살렸다는 생각에 무엇보다 기뻤다.

재지를 성공적으로 변화시킨 뒤 잊고 있었는데 2년 뒤 젠의 전화를 받았다. 재지가 또다시 손님들을 향해 짖고 으르렁거리기 시작했고,

자기의 장난감을 치우려고 하자 살짝 물기까지 했다는 것이었다. 나는 5분 규칙을 지키고 있는지를 물었다. 돌아온 답변은 그렇지 않다는 것이었다. 재지의 행동이 많이 좋아지다 보니 모든 것이 느슨해져 지켜야 할 원칙을 지키고 있지 않았던 것이다.

나는 이런 연락을 받을 때마다 똑같은 조언을 그대로 다시 한 번 반복한다. 아미시엥 본딩 교육법은 쉽고 빠르게 한 번에 해결되는 기적의 방법이 아니라는 것을 말이다. 가장 좋은 것은 일상생활로 굳어지는 것이다. 개의 교육은 지속적으로 반복되어야 하며 그런 과정을 통해 제2의 천성으로 거듭나야 한다. 스티브와 젠은 상황을 다시 잡을 수 있는 능력도 의지도 있는 반려인이었으므로 걱정할 것은 없었다. 나는 2년 전처럼 재지에게 냉담하게 대하기 시작하라는 조언을 다시 상기시켰다.

다음 날 나는 궁금한 마음에 젠에게 전화를 걸어 상황이 어떻게 진행되어 가고 있는지를 물었다. 그녀는 마냥 웃음을 터뜨리며 다시 착한 재지로 돌아왔다고 알려 주었다. 재지의 행동을 교정하는 시간은 겨우 4시간이었다고 했다.

 **개는 아이와 어른을 구분한다**

공격적이고 무는 개를 다룰 때마다 나는 푸르디를 떠올린다. 상담을 할 때마다 30년 전의 끔찍한 상황으로 되돌아가는 것이다. 푸르디의 당시 행동은 지금 내가 만나는 다른 개와 크게 다를 바가 없었다. 푸르디는 재지와 스파이크처럼 자신이 해야 한다고 믿고 있었던 일을 해

나갔을 뿐이었다. 이는 절대로 푸르디의 잘못이 아니라 제대로 교육하고 행동하지 못한 내 잘못이었다.

푸르디가 아들 토니를 덮치고 마구 짖었던 것은 토니가 자신의 서열 밑에 있다고 생각했기 때문이다. 그러던 중 토니는 무심코 푸르디의 우두머리 권위에 반기를 들었을 테고, 푸르디는 자신이 옳다고 믿는 방법으로 토니를 제압하려 했던 것이다.

다시 그 상황으로 돌아갈 수만 있다면 나는 그때처럼 행동하지 않을 것이다. 푸르디를 혼내지도 않을 것이고, 푸르디가 온 동네를 누비고 다니는 행동이 사냥을 하러 나가는 것과 마찬가지임을 이해했을 것이다. 내가 지금 알고 있는 것을 그때도 알았더라면 푸르디를 오랫동안 짓눌렀던 그 무거운 우두머리의 책임감에서 해방시켜 줬을 것이다. 그랬다면 상황이 안락사라는 파국으로 치닫는 것만은 막을 수 있었을 것이다. 지금 알고 있는 것을 그때는 몰랐던 것이 불행이었다.

푸르디에게 일어난 일을 되돌릴 수는 없다. 하지만 푸르디는 다른 수많은 동료를 구한 것이나 다름없다. 푸르디의 경험이 내 영감을 자극해 내가 만나게 될 각각의 푸르디를 구할 수 있는 밑거름이 되었다. 푸르디와의 아픈 경험은 공격적인 개의 행동이 아이들과 연관되어 있을 때 더 깊은 통찰력을 부여해 주었다.

개는 아이들을 어른과 구분해서 생각한다. 두 가지 측면에서 두 존재는 많이 다르기 때문에 그렇다.

첫째로 아이들이 어른보다 더 많은 혼란을 일으키니 개 입장에서는 다른 존재로 보일 수밖에 없다. 개의 시선으로 보면 아이들은 굉장히 혼란스러운 존재이다. 아이들은 빨리 말하고 빨리 움직이며, 어른들과는 다르게 예상치 못한 일들을 저지르기 때문이다. 차분함과 지속성이 개와의 관계를 성립해 나가는 데 가장 중요한 요소임을 상기하면 아이는 개에게 혼란을 가져오는 존재일 뿐이다. 침착함과 지속성이 없다는 것에서 아이들은 어른과 구분된다.

두 번째로 아이는 개와 비슷한 수준의 존재이다. 이런 이유로 개는 아이를 자신에게 위협적인 존재로 보거나 아니면 자신이 보호해야 하는 존재로 취급한다.

그렇기 때문에 침착함도 일관성도 없으며, 개와 비슷한 수준의 아이들을 개와 함께 지내게 하는 것은 좋지 않다. 그러므로 아주 어린 아기는 개와 가능한 한 다른 공간에 따로 떨어뜨려 놓는 것이 좋다. 부모가 곁에 있어서 상황을 항상 지켜볼 수 있을 때에만 같이 있게 해야 한다. 어린 아이와 개는 성장하는 과정에서 각자의 공간을 가져야만 한다.

개가 아이를 보호하는 것을 아름답다고 여기는 경우가 많다. 하지만 그러기 전에 그 이면을 부모가 정확히 알고 있어야 한다. 개가 아이를 보호하는 이유를 개들의 행동방식을 바탕으로 이해해야 한다는 말이다. 사람들이 믿고 싶듯 아이와 개 사이에 마법 같은 애착이 존재하는 것이 아니기 때문이다. 물론 나도 예전에 함께했던 반려견 도나를 통해 도나와 아이 사이에 굉장히 강한 연대감이 있을 수 있음을 경험하기는 했다.

아이를 보호하는 개 벤

아이에게 강한 애착을 보이는 개 벤이 그랬다. 캐럴과 존 부부, 아들인

9살 대니, 위풍당당한 혼혈견 벤은 한 가족이다. 벤은 대니를 무척 사랑했으며, 대니를 맹목적으로 보호했다. 이렇게 대니를 보호하다 보면 다른 사람에게 공격적이 되기 쉬운데, 벤은 대니의 아버지와 할아버지에게 특히 공격적이었다.

벤이 공격적인 이유는 분명했다. 할아버지는 120킬로미터나 떨어진 곳에 살고 있어서 자주 만날 수 없는 상황이었다. 가끔 아들의 집에 들를 때마다 손자인 대니를 안아주는 등 애정 표현을 하는데 벤은 이런 행동을 이해할 수 없었다. 할아버지라는 개념이 없기 때문에 할아버지를 대니에게 위험한 대상으로 단정짓고 공격을 감행한 것이다. 상황은 갈수록 악화되었고 할아버지는 안락의자에서 조금만 움직이려고 해도 벤이 짖거나 노려보며 으르렁거려서 꼼짝없이 안락의자에만 앉아 있어야 했다.

벤의 이런 충성심은 할아버지뿐만 아니라 모든 사람들에게 표출됐고, 친척들로부터 사람보다 개를 더 사랑한다는 비난을 받고 있었다. 문제가 있는 반려견을 감싸는 반려인들이 흔히 듣는 쓰라린 비난이다. 가족은 내게 도움을 요청했고 부부는 아미시엥 본딩 교육과정을 잘 이해하고 소화해 냈지만 진짜로 이 상황을 풀 열쇠를 지니고 있는 사람은 아들 대니였다. 하지만 어린 아이가 아미시엥 본딩 교육과정을 따라오기는 쉽지 않다. 많이 시도해 봤지만 시도 자체가 좌절되어 무산되고는 했다.

일단 개와 아이들이 서로에게 난폭하게 굴면 서로 떼어놓는 것이 좋다. 그리고 아이가 4~5살 정도 되었다면 어떤 일이 진행되고 있는지, 어떻게 참여할 수 있는지 등을 이해할 수 있으므로 교육을 시작해 본다. 놀이 형식으로 가르치면 아이들도 교육과정을 잘 따라온다. 특히 개를 무시하는 상황은 아이들도 어렵지 않게 배울 수 있다. 놀이로 가르쳐도 지루해한다면 다른 놀이로 넘어가는 식으로 변화를 줄 수 있지만 지속할지는 부모가 판단해야 한다.

대니는 벤의 문제를 해결하는 데 가장 중요한 사람이었기 때문에 주저하지 않고 교육과정에 포함시켰다. 대니에게 벤을 쓰다듬어서는 안 된다고 하자 대니는 친한 친구를 무시하는 일은 너무 힘들다고 했다. 대니의 마음을 충분히 이해하지만 당장은 힘들어도 참을 수밖에 없었다.

나는 힘들어하는 대니에게 만약 이번에 벤의 행동이 고쳐지지 않으면 어떤 일이 일어날지 설명해 주었다. 대니에게 충격이 될 만한 이야기여서 부모의 허락을 받은 다음 자세히 설명했다. 대니를 겁주기 위한 것이 아니라 상황을 알려 주기 위해서였다. 실제로 이번 교육을 통해서도 벤의 행동이 고쳐지지 않으면 벤은 더 이상 대니의 친구도 가족도 될 수 없는, 미래가 불명확한 상황이었다. 다행히 대니는 내 말을 이해했고, 벤 옆에 있으면서도 손을 주머니에 쑤셔 넣고는 벤을 더 이상 쓰다듬지 않았다.

교육은 2시간 정도 지속되었다. 벤은 그 시간 내내 가족의 관심을 끌려고 노력했지만 아무 반응이 없자 이런저런 시도에 지쳐 자신이 좋아하는 난로 앞자리에 가서 누워 버렸다. 벤은 더 이상 시간과 노력을 들여봤자 낭비라는 것을 깨달은 것이다.

벤이 이렇게 행동하자 그동안 팽팽했던 집안 분위기는 자연스럽게 편안해졌다. 그때 대니 할아버지가 의자에서 일어나 방을 가로질러서 손자 곁을 지나면서 자연스럽게 손자의 어깨에 손을 올렸다. 그런데 그런 모습을 보면서도 벤은 난롯가의 카펫에 그대로 앉아 아무런 반응도 하지 않았다. 이 날의 교육이 끝나갈 무렵 혹시 벤이 또 무슨 행동을 할지 몰라 최고조에 달했던 긴장감은 현저하게 완화되었다.

몇 주 후 대니의 가족에게서 전화가 왔다. 그 후 한 번도 벤이 사람들에게 공격성을 드러내지 않았다고 즐겁게 말했다. 당연히 할아버지도 아무 부담 없이 손자를 보러올 수 있게 되었다.

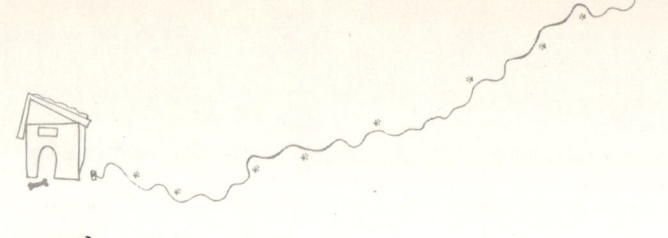

10장
가족을 과잉보호하는 개

개 때문에 함께 잠자리에 들지 못하는 부부

개는 인간의 절친한 친구이다. 보기만 해도 즐겁고 인생의 동반자 역할도 톡톡히 해낸다. 특히 사랑하는 가족이 위험에 처하면 기꺼이 보호자가 되어 준다. 평소 온순한 성격의 개도 사랑하는 가족이 위험에 처하면 보호 본능을 발휘해 침입자를 만난 난폭한 경비견으로 돌변할 수 있다.

하지만 이런 개의 성향은 문제가 되기도 하는데 특히 과잉보호 행동을 보이면 문제가 된다. 특정한 가족 한 사람에게 애정을 쏟아내는 것 때문에 행동 교정이 필요한 개는 숱하게 많다. 짐과 데비 부부는 스프링어 토비와 함께 사는데 토비는 부인 데비를 과잉보호했다. 특히 잠자리에 들 무렵에는 증상이 심해져 토비 때문에 부부는 함께 잠자리에 들지도 못할 정도였다. 낮에는 별문제 없이 지내는 토비가 왜 밤만 되면 돌변할까?

짐과 데비 부부가 집 안의 불을 모두 끄고 이층 침실로 향하면 토비는 으레 이들을 앞질러 계단으로 뛰어올라 가서는 부부침실에 자리를 잡았다. 토비는 침대를 차지하고는 짐을 향해 이빨을 드러내며 으르렁거렸다. 데비는 침대에 올라와도 되지만 짐은 안 된다는 신호였고, 짐은 토비가 물까 봐 두려웠다.

짐은 침대에 몰래 숨어들기도 하고, 난리법석을 떨어 마치 집에 누가 침입한 것처럼 꾸며 토비의 정신을 빼앗은 후 침대에서 내쫓는 방법까지 온갖 시도를 다 해봤다. 심지어 밖에서 현관문을 크게 두들겨 토비가 무슨 일이 있는지 체크하러 나온 틈을 이용해 다른 문으로 침실로 들어가 침대로 뛰어드는 코미디 같은 행동까지 연출했다. 처음에는 이런 상황이 우습기도 하고 장난 같기도 했지만 시간이 지나자 더 이상 재미있는 상황이 아니었다. 결국 내게 도움을 요청했다.

토비의 행동은 일반적인 보호 행동과는 동떨어져 보였다. 토비는 짐의 라이벌인 양 행동하면서 질투를 표출하고 있었다. 대부분의 문제가 그렇듯 이 문제도 개가 원래는 우두머리 부부를 중심으로 무리 생활을 했다는 데서 실마리를 찾아야 했다.

개의 선조라 할 수 있는 늑대 집단에서 우두머리는 불가침의 권위를 지닌 존재이며 권위는 절대적이다. 오직 우두머리 부부만이 새끼를 낳을 수 있는 권리가 있다는 점만 보아도 막강한 권한을 쉽게 짐작할 수 있다. 토비의 행동을 이 관점에서 바라보아야 했다.

짐과 데비 부부에게는 반려동물이 토비뿐이었으므로 토비는 개 동료는 없고 오직 인간만이 그의 동료, 정확히 말하면 부하인 셈이었다. 스스로를 수컷 우두머리라고 생각하는 토비의 짝은 당연히 데비였으니, 자신의 파트너인 데비가 수하인 짐과 함께 침대를 공유하는 것은 상상할 수도 없는 일이었다. 짐이 남성이고 데비가 여성이라는 사실을 토비는 본능적으로 알았다. 토비가 보기에 짐은 낮은 지위의 수하일 뿐이기 때문에 짐이 데비와 함께 있는 것은 토비의 모든 것을 위협하는 행동이었다. 그러니 토비의 입장에서는 데비를 지키고 보호해야 했다.

짐과 데비는 토비가 질투에 사로잡힌 애인처럼 행동하는 것을 받아들이기 힘들어했다. 하지만 설명을 듣자 그들도 토비의 행동을 이해했고, 앞으로는 무슨 일이 있어도 토비를 부부침실에 들이면 안 된다는 내 제안을 받아들였다. 만약 토비가 몰래 먼저 들어가 있을 경우 음식 등을 이용해 토비를 방에서 내보내고, 침대에 올라오면 침대를 마구 움직여 불편하게 느끼도록 만들라고 했다.

하지만 절대로 강압적으로 침대에서 내려보내서는 안 된다. 어떤 식으로든 대결 상태가 되면 이는 토비에게 싸움을 거는 행동이 되기 때문이다. 문제를 해결하고자 하는 것이지 싸움을 하자는 것이 아니므로 절대 그런 상황을 만들어서는 안 된다. 가장 좋은 해결 방법은 토비 스스로 침대에서 내려오는 상황을 만드는 것이다. 아미시엥 본딩 교육을 시작하자 토비의 행동은 빠르게 좋아졌고 짐과 데비 부부는 금방 평화로운 일상을 되찾았다.

놀라울 정도로 총명한 생명체인 개는 자신이 우두머리임을 알리기 위해 수많은 레퍼토리를 선보여 왔는데 토비의 행동이 그중 하나이다. 그러므로 다른 문제와 마찬가지로 사람이 우두머리라는 사실만 알려주면 문제는 저절로 해결된다.

개인적으로 볼 때 사람과 개가 같은 침실에서 자는 것은 전혀 문제가 되지 않는다. 함께 자는 것은 반려인과 반려견 모두에게 행복감을 선사하기 때문이다. 하지만 가능하다면 침대에서는 좀 떨어져 재우는 것이 좋다.

살짝 저항하는 영리한 개 잭

토비와 달리 사람에게 살짝살짝 저항하는 버릇이 있는 개도 있다. 굉장히 영리한 책략인데 조금씩 반항해 봄으로써 반려인의 대응에 효과적으로 대처할 수 있는 힘을 기르는 것이다. 사람의 행동에 대처해 보다가 자신의 의지로 다시 한 번 자신이 우두머리임을 각인시킨다는 것이 흥미롭다. 의외로 이런 나쁜 습관이 있는 반려견이 많다는 것을 교육을 시작하면서 알게 되었다. 그중에서도 저먼 셰퍼드 잭이 가장 기억에 남는다.

잭의 반려인인 수지는 잭과 바닥에 함께 앉아 있는 것을 굉장히 좋아했다. 누가 봐도 평화로운 모습이다. 그런데 문제는 잭이 이 상황을 이용해 상황을 극대화한다는 점이었다. 잭은 수지가 옆에 앉으면 자기의 다리를 수지에게 걸쳐 수지를 꼼짝 못하게 했다.

내가 방문한 날에도 여지없이 그런 모습을 연출했다. 수지가 바닥에 앉자마자 잭은 자신의 몸을 기울여 수지에게 기대앉았다. 수지가 무릎을 구부리려고 하면 잭은 힘을 줘서 그녀의 다리를 바닥에 쭉 뻗게 만들고는 다리 위에 자기의 큰 몸을 얹었다. 수지는 졸지에 대형견 잭에게 갇힌 죄수 신세가 되었다. 잭의 허락 없이는 어느 곳에도 갈 수 없는 처지가 된 것이다. 잭은 자신의 지위를 더욱 강조라도 하듯 벌러덩 누워 자기의 배를 보여 주고는 수지에게 쓰다듬도록 했다.

이것은 이 집의 일상적인 모습이었다. 잭이 일상을 정하고 수지가 받아들이는 상황이었다. 나는 수지에게 더 이상 바닥에 앉아 잭의 배를 쓰다듬지 말라고 충고했다.

"그럼 잭이 화를 낼 텐데요. 으르렁거릴지도 몰라요."

수지의 걱정대로 수지가 자기의 배를 쓰다듬지 않자 잭은 으르렁거리기 시작했다. 하지만 수지는 교육받은 대로 잭의 행동에 신경 쓰지 않고 잭 아래에 눌려 있던 다리를 빼낸 다음 일어나 걸어가 버렸다. 아미시엥 본딩 교육은 이때부터 시작되었다.

특히 잭이 자신의 몸을 그녀에게 강제로 기대려고 하는 상황을 피하도록 했다. 잭이 기대고 난 다음에는 수지가 신체적으로 자유로워지기가 어려웠기 때문이다. 잭은 영리하게도 이런 변화를 곧 직시했고, 얼마 지나지 않아 수지는 잭 옆에 편안히 누울 수 있게 되었다.

영역 보존 본능과 담장 달리기

개와 함께 살고 있으면 누구든 과잉보호하는 상황을 한 번쯤은 경험했을 것이다. 지나가는 사람들의 냄새를 맡거나 소리를 듣고는 짖고, 펄쩍펄쩍 뛰고, 때로는 벽 주위나 자기 경계 구역을 왔다갔다하는 것이 과잉보호 행동의 일반적인 모습이다. 이 행동이 말하는 바는 명확하다.

'내 영역에 침입한 당신, 좋게 말할 때 꺼져!'

특히 덩치가 크고 사납고 목청이 큰 개가 하는 행동은 더 큰 위협으로 느껴진다. 그래서 이런 개와 마주칠 것 같으면 건너편 쪽으로 건너가거나 멀리 돌아가는 사람들이 있다. 특히 아이들의 경우는 무서운 개를 보면 겁에 질린다. 그런데 개를 키우는 사람 중에는 이런 위협적인 상황을 즐기는 사람도 종종 있고, 반면 조용히 걷다가 이런 개를 만나 불쾌감을 느낀 사람이 의도적으로 개를 약올린 후 극도로 흥분하는 모습을 재미있다고 느끼기도 해서 문제를 더 복잡하게 만든다.

이 문제의 근원은 내가 '담장 달리기'라고 부르는 개의 자기 영역 보존 본능과 연관되어 있다. 개는 자신이 우두머리라고 믿으면 우두머리로서의 책임감 때문에 자기 구역을 엄습하는 모든 위협 가능성에 예민하게 반응하는데 이 책임감에 짓눌려 심한 스트레스를 받는 개가 수도 없이 많다.

심각한 우두머리 스트레스 사례 중 하나가 집 마당 주변을 달리던 개 테스이다. 이 녀석은 마당을 둥글게 돌다가 불안이 커지면 점점 더 오래 마당 주변을 달렸다.

보더콜리 테스는 반려인인 메리와 동네의 코너에 살고 있었다. 집의 위치상 집마당의 경계선을 따라 사람들이 오가는 것은 일상이었다. 낯선 이들이 자주 지나 다녔고, 무엇보다 옆집 부인이 다른 보더콜리를 데리고 매일 아침 이 집 앞을 산책했다. 다른 개가 지나가는 모습을 보면 테스는 담장을 따라가면서 짖고 으르렁거렸다. 그런데 문제는 이런 테스의 행동을 산책하던 부인이 자꾸만 부추긴다는 것이었다. 그러면 산책하던 개도 사납게 뛰어올라 테스를 더 흥분하게 만드는 것은 시간 문제였다.

메리는 테스에게 "그만!"이라고 소리 지르는 것이 버릇으로 굳어져 있었다. 하지만 테스는 그녀가 아무리 소리쳐도 청개구리처럼 반대 행동만 계속했다. 메리는 지푸라기라도 잡는 심정으로 내게 연락을 했고, 나는 메리에게 처음 자세로 돌아가 아미시엥 본딩 교육을 할 것을 권했다. 그러는 동안 테스를 마당에 내보내지 말라고 했다. 교육이 잘 마무리되어야 흥분한 상태에서도 메리의 말을 잘 따를 것이기 때문이다.

교육이 시작된 며칠 뒤 메리는 테스를 마당에 내보냈다. 여느 때와 마찬가지로 테스의 적수가 나타나자 테스는 또 담장을 따라 짖고 뛰기 시작했다. 이제 메리가 할 일은 테스 대신 집의 경계를 순찰하는 책임을 맡는 것이었다. 무거운 책임으로 스트레스를 받고 있던 테스를 편안하게 해 주어야 했다.

이를 위해 집 안에서 하던 교육대로 테스에게 보상을 해 주었다. 테스는 흥분해서 메리가 다가오는 것조차 인식하지 못하고 있는 상황이었지만 메리는 테스에게 다가가 개줄을 가볍게 만져 테스가 관심을 보이면 간식을 주었다. 이 상황을 이제 메리가 감당하고 있다는 걸 보여 주는 것이 중요했다. 올바른 행동에 따른 보상으로 간식을 선택하는 것은 괜찮다. 개가 많이 좋아하지만 평소에는 먹기 힘든 간식을 주는 것이 좋은데, 이런 특별한 보상을 주는 이유는 긍정적인 경험과 우리가 주고자 하는 메시지를 긴밀하게 연계시키기 위해서이다.

메리는 같은 행동을 다음 날도, 그 다음 날도 똑같이 해 나가면서 테스가 이 상황에서 천천히 벗어날 수 있도록 유도해 나갔다. 이런 문제는 결코 단시간에 해결할 수 있는 일이 아니어서 시간이 필요하다.

메리가 인내심을 갖고 시도한 지 나흘째 되던 날 테스의 불안 상태는 눈에 띄게 줄었다. 메리는 담장 옆에 서 있는 대신에 담장에서 좀 떨어져 정원 안에 서 있었는데 테스는 보상으로 주어지는 음식을 먹기 위해 담장에서 떨어지는 것을 감수했다. 테스는 메리가 주는 메시지를 제대로 이해하고 있었다.

일주일 후 상황은 더 진전되었다. 여전히 테스는 다른 개를 향해 짖었지만 격렬하게 짖지는 않았다. 메리가 담장에서 5미터나 떨어진 현관에 서 있으면 테스는 현관에 있는 메리를 향해 돌아왔다. 그리고 며칠 뒤 테스는 담장 근처에는 얼씬대지도 않고, 집 밖에서는 들리지도 않을 정도로 조용하게 몇 번 짖었을 뿐이다. 결국 테스와 다른 개의 삶은 평화로워졌다. 매일 아침마다 맞닥뜨려야 했던 그 요란한 의식이 더 이상 필요없어진 것이다.

이웃에게 민폐를 끼치는 캐시와 수지

최근에는 '담장 달리기'를 하는 테스와 같은 사례가 많다. 슈나우저 캐시와 수지도 그런 습관이 있는 개였다. 캐시와 수지는 넓은 경계 구역을 지키고 있었는데, 그들의 집은 스무 채가 사는 단지의 맨 뒤쪽에 있는 테라스가 있는 집이었다. 집 구조가 평범하지 않았는데, 즉 모든 이웃들의 뒤뜰이 캐시와 수지의 집 앞쪽 넓은 정원과 맞물려 있었다. 그러다 보니 이웃이 정원에 들어왔다 싶으면 캐시와 수지는 행동 태세를 갖추었다. 당연히 주위 사람들은 이를 탐탁지 않게 여겼고, 가족들도 이웃에게 폐를 끼치는 상황에 늘 노심초사했다.

문제를 해결해야 하는 상황이었지만 사실 이 가족은 아미시엥 본딩 교육을 그다지 신뢰하지 않았다. 그런데 다른 방법이 없어 내게 도움을 요청했다고 나중에 들려주었다. 문제견이 두 마리든 세 마리든 별로 달라지지 않기 때문에 나는 도착하자마자 여느 때처럼 간단하고 강력한 신호를 보내 내가 우두머리임을 캐시와 수지에게 알렸다.

내가 도착한 지 한 시간이 지날 무렵 누군가가 정원으로 들어오는 소리가 나자 두 녀석은 자신의 구역을 보호하기 위해 쏜살같이 담장으로 달려 나갔다. 나는 소리를 지르는 대신에 녀석들이 담장으로 가게 놔두고는 잠시 후 문으로 가서 이름을 불렀다.

"캐시! 수지!"

내가 부르는 소리에 두 녀석은 곧장 나를 향해 달려왔고 나는 간식을 보상으로 주었다. 가족들은 이 광경을 어안이 벙벙해서 바라보았다. 두말할 필요도 없이 이때부터 가족들은 내 방식을 아주 진지하게 받아들이기 시작했다.

물론 개를 변화시키는 것은 순식간에 일어나지 않는다. 반려인이 우두머리가 되는 것은 어느 정도 시간이 걸리기 때문이다. 아미시엥 본딩 교육이 성공할 때까지는 어떤 변화도 나타나지 않는다. 성공의 열쇠는 지속성과 인내심이다.

캐시와 수지의 행동을 교정하려면 이웃의 도움이 필요했다. 이웃이 개들의 행동을 완전히 무시하면 일이 훨씬 쉽게 해결될 수 있기 때문이다. 다행히 이웃들은 이해심이 넓었고 부탁대로 수선을 떨며 짖어대는 캐시와 수지를 무시하고 자신의 할 일을 수행했다. 이런 과정을 통해 느리지만 확실하게 캐시와 수지는 담장에서 벌이던 정면 대결에서 점점 멀어져 갔다. 일주일도 채 안 되어 캐시와 수지는 이웃이 오고가는 것에 신경 쓰지 않게 되어서 가족도 이웃도 평화를 되찾았다.

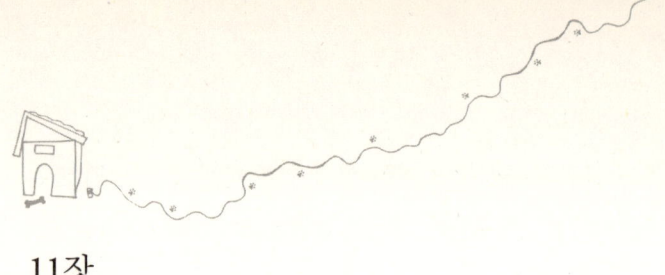

11장
뛰어오르는
개

얼굴까지 뛰어오르는 개 시미

개가 뛰어오르는 모습을 바라보는 사람들의 시선은 제각각이다. 소형 견과 사는 사람들은 그 모습이 사랑스럽다고 말하지만 대부분은 성가 시다고 생각한다. 뛰어오르며 달려드는 개 때문에 장봐 온 물건들이 바닥에 흩어지고 옷이 엉망이 되기 때문이다.

개와 인간이 서로를 잘 이해하지 못하면 이런 일이 발생한다. 그래 서 나는 인간과 개, 두 종의 대화를 위해 통역사로 긴급 투입되고는 했다. 그중에서도 위펫(whippet, 토끼 사냥에 이용되던 종으로 주력이 뛰어나다/옮긴이)과 테리어의 혼혈종인 시미는 특별한 기억으로 남아 있다. 애교만점의 시미는 반려인인 앨런, 캐시와 함께 살았는데 손님에게 뛰어오르는 문제가 심해 더 이상 애교로 봐줄 수 없는 지경에 이르렀다. 개의 뛰어오르는 버릇은 반려인은 물론 초대한 손님에게도 미안한 일이기 때문이다.

내가 집에 들어서자마자 시미는 뒷다리를 이용해 점프를 하면서 내 눈높이까지 뛰어올랐다. 나는 뛰어오르는 개를 수도 없이 봐왔지만 시미는 다른 개와는 확연하게 달랐다. 정말 타고난 체력이었다. 키는 겨우 35센티미터에 불과한 녀석이 바닥에서 내 눈높이까지 뛰어오르는 행동을 지칠 줄 모르고 반복했다. 위펫의 탄력성과 테리어의 집요함이 최상으로 조합된 혼혈견의 완벽한 사례였다. 시미는 꼬리를 이용해 뛰는 것이 특기인 푸 친구 티거처럼 뛰는 것이 특기여서 손님이 앉아 있거나 서 있거나 상관없이 계속 점프를 했다. 앨런과 캐시는 이런 시미가 창피했다.

몸짓언어는 개의 가장 강력하고도 효과적인 의사소통 수단이다. 뛰어오르는 행위 역시 몸으로 표현하는 확실한 신호이다. 개가 점프를 통해 우리에게 말하고 있는 것이 무엇인지 해답을 알려면 늑대를 살펴볼 필요가 있다.

개는 자신의 당당한 풍채를 내세워 우월성을 과시하는데 이런 성향은 사람에게도 있다. 두 명의 권투선수가 링에서 시합을 할 때 둘은 실제 시합이 시작되기 전부터 으스대거나 몸을 과시함으로써 눈빛과 몸짓으로 기선을 제압하려고 한다. 이를 통해 보내는 메시지는 간단하다.

'내가 이곳을 지배할 것이며, 내가 강자다.'

늑대는 어릴 때부터 몸짓언어를 이용한다. 새끼들은 다소 거칠다 싶을 정도로 서로 뒹굴면서 노는데 이를 통해 다른 늑대의 중요 부위인 머리, 목, 어깨에 자신의 상체를 얹으면서 만족감을 느낀다. 이 신호는 자신의 위치를 정립해 나가는 굉장히 중요한 과정으로 서열을 정할 뿐 아니라 우두머리로서의 권위를 도모하는 과정이기도 하다. 이런 행위는 늑대의 전 생애를 통해서 반복된다.

성장한 늑대 사이에서 우두머리는 자신의 권위를 신체적 우월성을 이용해 재확인한다. 사냥에서 돌아온 늑대들은 무리와 재회하면서 서로의 관계를 재확인하는데, 이때 우두머리는 몸짓언어를 통해 메시지를 전한다. 우두머리는 목과 머리 등을 위로 길게 빼서 몸을 아치형으로 만들어 낮은 서열들에게 자신이 지닌 사랑과 힘을 동시에 보여 준다. 이때 우두머리가 전하는 메시지는 명백하다. 나는 너희들을 어떻게 복종하게 만들지 알고 있으며, 필요할 경우에는 죽음에 이르게 할 수도 있으니 내가 우두머리임을 명심해야 한다는 것이다.

이와 비슷한 우두머리의 강력한 몸짓언어를 시미에게 보여 줄 필요가 있었다. 그것만 성공한다면 뛰어오르는 행동은 교정하기 가장 쉬운 것 중 하나이다. 중요한 것은 점프할 수 있는 상황 자체를 차단하는 데 있었다. 따라서 만약 개가 심하게 뛰어오르면 뒤로 물러나 그 상황 자체를 피하는 것이 가장 현명했다. 공간에 제약이 있거나 개가 심하게 흥분했다 싶으면 손을 이용해 개를 부드럽게 밀어내면 된다. 이 과정에서 개에게 눈빛을 주거나 말을 건네서는 안 된다. 개가 스스로 우두머리라고 생각하고 있으므로 어떤 식으로든 존경을 표해서는 안 된다.

사실 시미의 점프 실력은 다른 개에게서는 한 번도 본 적이 없을 정도로 특출해서 나도 놀랐다. 시미는 자기의 얼굴을 내 얼굴에 갖다댈 정도로 높게 도약할 수 있는 개였다. 시미가 정신없이 뛰어오르자 더 이상 참지 못한 앨런은 목줄을 잡고 시미를 힘으로 바닥에 끌어내리려고 했다. 하지만 이런 방법은 아무 효과도 없다. 개 교육은 개 스스로 자신을 통제할 수 있게 만드는 것이 가장 중요하다.

시미가 자신의 의지로 점프를 멈춰야지 반려인의 힘에 의해 제압당하면 교육은 아무런 의미가 없다고 하자 고맙게도 앨런은 행동을 멈추었다. 그 와중에도 시미는 점프를 계속했다.

똑똑한 개일수록 교정이 힘들다

나는 펄펄 뛰는 시미를 피해 고개를 쭉 빼고 몸을 이리저리 피하면서 앨런과 캐시에게 앞으로의 교육 방법에 대해 설명했다. 가장 중요한 것은 시미가 점프를 하든 말든 무시하는 것이었다. 그동안 앨런과 캐시는 시미가 뛸 때마다 그만하라고 야단을 쳤는데 그것을 멈춰야 했다. 우리가 거실로 이동했는데도 시미는 뛰어오르기를 멈추지 않았다. 정말 시미의 뛰어오르기에 대한 탁월함과 지구력은 세계 최고라고 인증해 주고 싶을 정도였다.

솔직히 나는 시미가 뛰어오르기를 계속 하기를 바랐다. 그런데 역시 시미는 뛰어오르기를 멈추고 다른 방법을 찾기 시작했다. 똑똑한 개일수록 행동 교정이 힘든 이유는 그들은 왜 사람이 원하는 대로 변해야 하는지, 왜 지금껏 해왔던 것처럼 행복한 점프를 지속해서는 안 되는지 항상 자문하고 대처 방법을 찾기 때문이다.

시미는 똑똑한 녀석이었다. 그래서 자신의 뛰어오르기가 아무런 반응을 얻지 못하자 방법을 바꿔 나를 향해 우렁차게 짖어대기 시작했다. 앨런과 캐시는 시미의 변화에 깜짝 놀랐지만 나는 여전히 시미의 행동을 무시하면서 상황에 휘말리지 않으려고 애썼다.

15분 정도 지나자 시미의 힘이 떨어지기 시작했다. 시미는 관심 끌기에 실패하자 슬며시 다른 곳으로 사라졌다. 그 순간 나는 마치 제2차 세계대전 때 노르망디 상륙작전에 참여해 결정적인 전투에서는 승리했지만 아직 마무리를 못한 군인이 된 듯한 느낌이었다.

시미는 정확히 10분 후 다시 돌아왔다. 잠시 휴식을 취한 뒤 나름의 결심을 굳히고 온 것이다. 시미는 뛰어오르고 짖는 한판 승부를 다시 한 번 해보려고 결심하고 왔는데 이번에는 싱겁게 끝나고 말았다. 뛰어오르기를 시작해 30초 만에 그만두고 짖기를 시작했는데 그것도 1분 내에 마무리된 것이다. 여전히 사람들이 자기에게 관심을 보이지 않자 자기도 그 상황을 그만 외면하고 싶은 듯했다.

사실 시미 같은 경우는 많고, 시미는 전형적인 과정을 거쳤다. 지금껏 자기가 살던 환경의 변화를 직감한 개는 자신의 우두머리 자리를 지키기 위해 지푸라기라도 잡는 심정으로 반려인 앞에서 예전의 방식을 시도하고는 한다. 하지만 이런 시도는 몇 번 반복되다가 결국은 그치고 만다. 반복할 때마다 힘과 활기가 조금씩 떨어지게 마련이기 때문에 결국에는 저항의 의미로 몇 번 낑낑대는 것으로 마무리된다. 이 시점에서 5분 규칙을 적용해 아미시엥 본딩 교육을 시작하면 된다.

개가 사람의 말을 따르게 하고 싶다면 우선 그들의 행동을 무시해야 한다. 앨런과 캐시는 교육을 시작했고, 아미시엥 본딩 교육의 네 가지 방식을 이용해 시미를 통제할 수 있는 우두머리가 될 수 있었다.

교육이 성공한다면 사람이 편할 뿐만 아니라 무엇보다 손님이 올 때마다 졌던 책임감이 사라지므로 시미에게도 도움이 될 터였다. 개의 부산스러움을 견디기 힘들어하는 나이 든 손님이 올 때는 시미를 잠시 방에 가둬 두었지만, 그 외의 손님이 왔을 때는 현관에서 손님과 만나게 그냥 두었다. 시미는 예전처럼 뛰어올랐지만 그럴 때마다 반려인도 손님도 무시하고 혼자 뛰게 내버려 두었다. 뛰어오르는 의식에 어느 누구도 관심을 두지 않자 똑똑한 시미는 이 상황이 의미하는 바를 금세 알아챘다.

시미는 자기에게 전달되는 메시지를 정확히 이해했다. 우두머리로서의 짐을 내려놓고 더 이상 이 상황을 혼자 책임질 필요가 없다는 신호에 시미는 반응했다. 시미는 스스로 편해졌고, 자신의 삶을 즐기게 되었다. 더 이상 힘들게 점프를 할 필요가 없어졌으니 시미 입장에서도 감사할 일이다. 앨런과 캐시 또한 손님들의 방문을 편하게 즐길 수 있게 되었다.

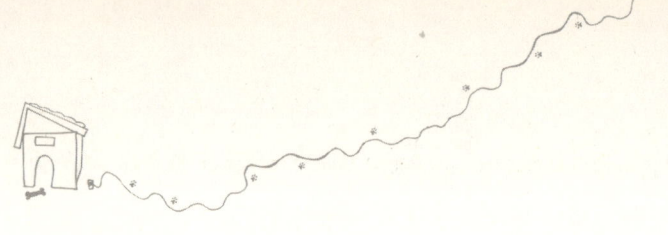

12장
줄을 풀면 달아나는 개

개를 쫓지 말아라

줄이 풀린 상태에서도 반려인이 부르면 오는 것은 개가 갖춰야 할 중요한 태도 중 하나이다. 부를 때 돌아오는 것이 중요한 이유는 개의 삶과 죽음을 가를 수 있기 때문이다. 개가 불렀을 때 오면 혹시 모를 사고를 예방하고 긴박한 사고에서 개의 목숨을 구할 수 있다. 반려인이 부를 때 개가 온다는 것은 개가 주인을 우두머리로 본다는 의미이다. 자신이 속한 무리에서 가장 경험이 많고 현명한 우두머리가 내린 중요한 결정이므로 따른다는 의미이다.

하지만 반려인의 통제력이 부족하면 치명적인 사고로 이어질 수 있다. 어느 날 아침의 일이다. 혼잡한 도로변에 있는 병원 근처에서 나는 병원문이 열리기를 기다리고 있었다. 그런데 갑자기 근처 주택가에서 요크셔 테리어 한 마리가 튀어나와 번잡한 도로를 향해 질주하는 것이 아닌가. 달리는 개 뒤로 세 아이가 쫓아오고 있었다. 아이들은 목청껏 개 이름을 부르며 손을 흔들었지만 개는 그때마다 잠시 멈춰 아이들을 뒤돌아볼 뿐 아이들이 가까이 온다 싶으면 다시 달아났다.

도로는 출근을 서두르는 차들로 여느 때처럼 혼잡하기 그지없었다. 나는 미친 듯 아이들을 향해 고함을 지르며 손을 흔들었다. 아이들은 처음에는 의아해했지만 자신들의 힘으로 어쩔 수 없는 상황에 처했고 도움이 필요하다는 사실을 아는지 내가 말하는 대로 따랐다.

나는 아이들에게 일단 멈추라고 했다. 그러고는 돌아서서 골목을 향해 달리라고 아이들에게 말하는 사이 요크셔 테리어는 멈춰 서서 이 상황을 지켜보고 있었다. 그리고 아이들이 돌아서서 달리자 개 역시 돌아서서 아이들을 쫓아가기 시작했다. 정말 가슴 철렁한 순간이었다. 만약 아이들이 계속 개를 뒤쫓았다면 이 개는 분명 도로 위에서 비명횡사했을 것이다.

개를 쫓아가는 행동은 개에게 착각을 불러일으킨다. 개는 자신이 사람들을 리드하고 있고, 사람들이 자신의 게임에 동참하고 있다고 생각한다. 이를 바로잡으려면 절대 개가 주도하고 있는 게임에 휘말려서는 안 된다. 현실적으로 이런 상황에서 개를 불러 돌아오게 하는 것은 그리 어렵지 않다. 평상시에 사람이 부르면 개가 오도록 우두머리로서의 지위를 견고히 하면 된다.

불러도 오지 않는 개 보

세인트 버나드 보는 TV의 개 행동 교정 프로그램을 진행하면서 만났다. 잘 알려진 대로 세인트 버나드는 산악 구조견으로 유명하다. 산악 구조견은 상징물로 잘 알려진 나무로 된 브랜디통을 목에 걸고 알프스 산악인들의 위치를 이동 경로를 통해 파악하고 이들을 수색해 안전하게 돌아올 수 있도록 인도하는 막중한 임무를 수행한다. 하지만 보는 산악 구조견으로 일하기에는 뭔가 좀 부족한 특이한 세인트 버나드였다.

보의 반려인 하이디는 공원에서 보를 쫓아다니는 것이 일이었다. 하이디가 어떤 방법을 써도 보가 절대로 하이디에게 스스로 오지 않았기 때문이다. 온갖 방법을 시도해 보았는데도 실패하자 하이디는 결국 보를 공원에서 풀어 주는 일을 포기하고 늘 굵은 줄을 묶어서 산책을 나갔다. 다른 개처럼 자유롭게 뛰어다니게 하고 싶었지만 일단 풀어 주면 다시 줄을 할 방법이 없었으므로 어쩔 수 없었다.

그러면서도 하이디는 이런 방식이 보의 건강에 도움이 되지 않는다는 것에 죄책감을 느꼈다. 그래서 다른 개처럼 자유롭게 뛰놀게 해 주고 싶은 마음에 내게 도움을 청했다. 나는 하이디에게 목줄을 놓아보라고 했다. 그러자 보는 거대한 탱크마냥 공원을 사방팔방 가로지르며 뛰어다녔다. 하이디에게 보를 불러보라고 하자 보는 돌아오기는커녕 마냥 신나서 뛰어다녔다. 하이디는 여러 방법을 동원해 보에게 돌아오라고 외쳤지만 소용없었다.

내가 관찰한 바에 따르면 하이디는 일상생활 속에서 꽤 많은 실수를 저지르고 있었다. 집에는 보의 밥그릇이 이곳저곳에 있어서 언제든지 먹을 수 있게 되어 있었다. 또한 산책 시에도 보를 뒤쫓아 다니고 있었다. 이런 행동은 보가 우두머리임을 인정하고 경의를 표현하는 것과 마찬가지였다.

하이디는 기선을 잡기 위해 아미시엥 본딩 교육과정의 중요한 네 가지 요소를 실천하기 시작했다. 교육은 집에서 진행되지만 일단 서열이 잡히면 집에서든 야외에서든 어디에서든 효과가 나타난다. 보는 본성이 착했고, 눈치도 아주 빨랐다. 교육을 받는 대부분의 사람들에게 개가 새로운 서열을 완전히 파악하기 전까지는 집 밖으로 나가지 말라고 당부하는데 보는 2주도 되기 전에 집마당에서 하이디가 부르면 그녀에게로 달려왔다.

보는 교육을 통해 올바른 행동을 하면 칭찬을 받는다는 긍정적인 연계성을 이해한 것이다. 이제 집에서 연습했던 대로 산책을 나가서도 제대로 행동하는지가 중요했다. 하이디는 보에게 자신이 사냥을 이끄는 우두머리임을 재확인시켜야 했는데, 보는 그 사실에 굉장히 많이 동요하고 있는 것이 보였다.

보가 동요하고 있었으므로 이 상황을 먼저 진정시켜야 했다. 내 조언대로 하이디는 탁자로 걸어가 그곳에 보의 산책용 개줄을 올려놓고는 그냥 걸어가 버렸다. 이는 분명한 신호였다. 보는 사냥을 갈 기회를 놓쳐 버렸으며 사냥이 취소되었다는 메시지였다. 보는 자신의 행동 때문에 이런 결과가 생겼음을 알아차렸다. 결국 보는 진정되었고 하이디는 다시 줄을 가져와 보에게 연결한 다음 보를 데리고 현관으로 나갔다.

　다음 단계에서는 즉각적인 통제력을 획득해야 했다. 그래서 보가 급한 마음에 목줄을 끌어당기면 하이디는 모든 행동을 즉시 멈춘 다음 돌아서서 집으로 걸어갔다. 보가 우두머리가 되어 앞장서서 걷고자 하면 바로 산책이 취소되는 것이다. 결국 보는 이 메시지를 받아들였고 4일이 지나서야 줄을 매고 제대로 산책을 나갈 수 있었다.

　다음으로 확인해야 할 것은 보를 하이디에게 오게 만드는 일이었다. 일단 보의 목줄에 다른 줄을 덧붙여 더 길게 만든 후 하이디와 보가 2미터 남짓 떨어진 거리에 서게 했다. 그런 다음 간식을 보여 주며 보를 부른 뒤 보가 오면 간식을 줘서 보상하게 했다. 매번 보는 하이디가 부르면 어김없이 왔고, 조금씩 더 줄을 늘려 먼 곳에서 불러도 보는 하이디에게 왔다. 보는 줄이 거의 9미터로 연장될 때까지 정확하게 하이디가 부르는 소리에 반응했다.

　그래서 이번에는 줄을 풀어 준 뒤 지금까지 연습한 것과 똑같이 반복하라고 조언했다. 드디어 지금까지 그녀가 보와 함께 연습했던 노력이 빛을 발할 때가 온 것이다. 줄을 풀어 준 뒤에도 똑같이 음식을 이용해 보를 불렀고, 그 거리를 조금씩 늘려 나갔다. 얼마 지나지 않아 보는 50미터 떨어져 있는 거리에서도 하이디가 부르면 오게 되었다.

　한 달도 안 되어 하이디는 그녀의 소원대로 보와 함께 즐거운 산책을 즐길 수 있게 되었다. 산책 시간 내내 보를 뒤쫓아 다녀야 했던 시간은 막을 내렸다. 보는 하이디가 부르면 언제 어디서든 달려왔다. 하이디도 기뻤지만 보도 보다 원기 왕성하고 행복한 개가 되었다.

개를 버리고 떠나다

아미시엥 본딩 교육법은 고정된 교육법이 아니다. 새로운 것을 알게 되면 추가해서 교육법을 수정해 나갔다. 그러다 보니 아미시엥 본딩 교육법의 최대 특징은 유연성으로, 어떤 상황이든 맞춰 변형시키고 교육하면서 발견한 방법을 다른 상황에 맞게 변화시키기도 했다.

경험을 해보니 똑똑한 개일수록 아미시엥 본딩 교육에 즐겁게 참여하는 것을 알 수 있었다. 그 원인을 찾아보니 똑똑한 개일수록 변화를 거부하고, 자기가 내리는 결정에 대해 지속적으로 의문을 갖기 때문인 것 같다. 어떤 행동을 할 때 왜 그것을 해야 하는지에 대해 자기가 알기를 원하기 때문이다. 그래서 개에게 스스로 행동을 선택하는 자율권을 주는 아미시엥 본딩 교육을 영리한 개들이 좋아한다.

개인적으로 저먼 셰퍼드는 꽤 영리한 개라고 생각한다. 내가 키웠던 저먼 셰퍼드 데이지 메이는 힘도 세고 함께 있는 것 자체가 행복한 개였다. 아미시엥 본딩을 시작하자 정말 빠르게 반응했다. 데이지를 교육시키는 것은 쉬웠고, 입양 후 다른 개와도 완벽하게 잘 적응했다. 그러던 데이지가 어느 날 느닷없이 나를 시험하기 시작했다.

나는 개와 함께 드라이브하기를 즐긴다. 야외에 나가면 줄 없이도 함께 마음껏 뛰놀 수 있기 때문이다. 그런데 그날은 집으로 돌아갈 시간이 되었는데도 데이지가 나를 똑바로 쳐다보기를 거부하면서 차로 돌아오려고 하지 않았다. 차 옆에서 이름을 불러도 데이지는 줄기차게 뛰어다니기만 했다. 물론 데이지를 잡아서 들어올려 차에 태울 수도 있었지만 데이지가 자신의 의지로 차에 타기를 바랐다. 개는 긍정적인 기억을 연결시켜 행동할 때 더 행복하다고 생각하기 때문이다. 예를 들어 즐거운 산책 후에 자발적인 차타기는 긍정적인 연계성이다. 하지만 데이지를 차에 밀어넣는 행동은 즐거운 산책을 부정적인 기억과 연결시키는 행동이라 하고 싶지 않았다. 그래서 다른 방법을 쓰기로 했다.

나는 뛰놀고 있는 데이지를 내버려 둔 채 차에 올라탄 후 천천히 그곳을 떠났다. 데이지에게 선택권을 준 것이다. 데이지의 생존은 무리에 달려 있는데, 과연 데이지는 무리를 떠나는 길을 선택할까?

나는 20미터쯤 달린 후 차를 세우고 다시 데이지를 불렀다. 데이지는 차로 달려오는가 싶더니 다시 신이 나 까불거렸다. 데이지는 내게 오기를 거부한 채 계속해서 나와 게임을 하고 싶어했다. 나는 다시 차에 탄 후 이번에는 속도를 내 한참을 더 달렸다.

데이지에게 정말 혼자 있고 싶은지를 묻는 내 몸짓언어에 데이지는 즉각 반응했다. 백미러로 보니 데이지가 황급히 쫓아오는 모습이 보였다. 내가 차를 멈추자 데이지는 곧바로 차에 뛰어올라 다른 개와 합류했다. 나는 올라탄 데이지를 잔뜩 칭찬해 주었다.

데이지가 내가 불렀을 때 오지 않는 일이 발생했으니 수습이 필요했다. 이런 상황은 빠른 시간 안에 정정을 해야 한다. 데이지에게 우두머리가 불렀을 때 지시를 따르는 일의 중요성을 다시 확인시키려고 나는 다음 날 데이지와 어제 놀던 공원으로 향했다. 그런데 이번에도 전날과 마찬가지로 실컷 놀았는데도 불러도 오지 않았다. 차에 올라타기를 거부하는 데이지에게 나는 이런 게임에 말려들 생각이 전혀 없음을 보여 줘야 했다.

우두머리의 명령을 거부했을 때 어떤 결과가 생기는지를 보여 주기로 했다. 내가 차를 몰아 200미터 정도 떨어진 외곽 지역에 차를 세우자 데이지는 맹렬히 뒤쫓아 오더니 차문을 열자마자 차 안으로 점프해 들어갔다. 아무리 교육이 잘된 개라도 간혹 잘못된 행동을 할 때 강화하는 교육이 반드시 필요하다는 사실을 데이지가 온몸으로 보여 준 것이다. 이후로 데이지는 항상 차에 제일 먼저 올라타는 개가 되었다.

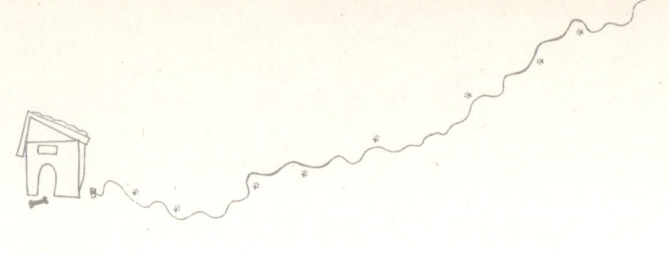

13장
개 vs 개,
개끼리의 혈투

새로운 우두머리의 탄생

몇 년 전 옐로스톤 국립공원에 살고 있는 야생 늑대의 생활을 보여 주는 다큐멘터리를 봤다. 북아메리카는 회색늑대의 본거지나 다름없는 곳이지만 옐로스톤 국립공원에서는 60년 이상 종적을 감추었다. 다큐멘터리는 야생 늑대를 복원하기 위하여 다른 곳에서 데려온 야생 늑대가 환경에 정착해 나가는 과정을 그렸다.

　다큐멘터리 속 늑대의 모습은 내 교육법에도 영향을 끼쳤는데 특히 새로운 우두머리 수컷을 찾는 늑대들의 노력이 인상 깊었다. 그런 상황은 수컷 우두머리가 사냥꾼의 총에 희생되면서 발생했다. 암컷이 무리를 이끄는 상황이 되자 얼마 후 다른 무리의 수컷이 이 무리의 우두머리를 차지할 수 있는지를 시험하기 시작했다. 다가오는 낯선 늑대와 자신의 무리를 지키려는 늑대들의 반응이 매우 인상적이었다. 낯선 늑대는 무리의 집단 울음소리 중에서 죽은 수컷 우두머리가 내던 울음소리가 없자 수컷 우두머리의 부재를 확인하고 무리의 주위를 배회하기 시작했다.

낯선 늑대의 배회에 무리의 늑대들은 차례대로 침입자를 위협했다. 다가오는 낯선 늑대를 위협하다가 이내 행동을 멈추는 모습은 마치 전투태세를 갖추는 것 같았다. 창을 적의 발 앞에 던지는 아메리칸인디언의 전투 의례처럼! 무리의 늑대들은 침입자에게 도전했다가 적이 극도로 흥분하기 직전에 후퇴했다. 이 과정에서 무리 늑대들은 저마다의 서열을 정립하는 수많은 몸짓언어를 표출했다.

침입한 늑대는 약함을 드러내지 않으면서도 무리를 위협하지 않고 자기 자리에서 꼬리만 흔들었다. 6시간 30분 동안이나 계속된 긴장된 대치는 결국 무리의 늑대들이 갑자기 위협적인 행동을 멈추고 한 마리씩 침입자 늑대에게 다가가면서 깨지기 시작했다. 침입자는 모든 것을 얻거나 모든 것을 잃어야 하는 상황에 직면한 것이다. 만약 이 게임에서 진다면 늑대 무리는 이 늑대를 죽일 것이다. 다행히 침입자는 승리했고 모든 것을 얻었다.

새롭게 우두머리가 된 늑대에게 다른 늑대들이 경의를 표하자 암컷 우두머리가 새로운 수컷에게 다가갔다. 새로운 우두머리는 그의 앞다리를 암컷의 어깨에 올리고 자신의 머리를 그 암컷의 목에 올려놓았다. 이 자세는 불과 30초도 지속되지 않았지만 새 우두머리가 탄생했다는 신호를 보내는 데 충분한 시간이었다.

외부에서 침입한 늑대가 무리의 새로운 우두머리 수컷으로 자리매김하는 순간이다. 이런 과정은 야생에서 행해지는 매우 자연스러운 광경이다. 늑대 무리는 주위를 뛰면서 새로운 우두머리에게 인사를 했는데, 이것은 확고한 서열 체계가 다시 성립된 것을 자축하는 동시에 새로운 우두머리를 받아들였음을 의식화하는 행동이다.

감히 로트와일러에게 대드는 콜리

오래 전 개는 늑대 무리에서 분리되었지만 본능까지 완전히 잃은 것은 아니다. 때문에 반려견도 일상 속에서 늑대의 행동 양식과 비슷한 행동을 많이 보여 주는데 가장 흔하게 접하는 경우가 개가 다른 개에게 도전장을 내미는 상황이다. 반려인에게 다른 개가 자신의 개를 공격하는 것만큼 끔찍한 일은 없다. 개의 공격은 치명적인 상처를 입힐 수 있고 경우에 따라서는 죽음에 이를 수도 있다. 또한 싸우다가 개가 부상을 입으면 반려인도 그만큼 마음에 상처를 입는다.

TV 프로그램을 통해 만난 크리스틴이 그런 경우였다. 크리스틴은 밝은 털이 매력적인 보더콜리 혼혈견 베즐과 덩치가 작은 잡종개 테스를 데리고 시골로 이사를 갔다. 그런데 이사한 농장에는 주인의 개인 레기라는 큰 갈색 로트와일러 혼혈견이 있어서 크리스틴은 레기와 함께 살아야 하는 상황이었다.

많은 사람들이 로트와일러를 무시무시한 개라고 알고 있는데, 로트와일러 입장에서는 억울할 노릇이다. 나는 아름답고 멋진 로트와일러를 많이 봐 왔다. 로트와일러는 독일과 스위스에서 가축을 키우는 농부들을 돕기 위해 길러진 개로 레기는 자신의 선대들이 해왔던 역할을 농가에서 잘 수행하고 있었다. 기둥에 묶여 있기는 했지만 달릴 수 있을 만큼의 여유 공간이 있었고, 덕분에 공간적 제약에도 불구하고 레기는 원치 않는 방문객을 위협할 정도의 힘도 있었다. 사실 레기는 큰 덩치와 편견만으로도 사람들에게 충분히 두려움을 느끼게 했다.

그런데 베즐이 레기를 전혀 두려워하지 않고 자꾸만 집을 빠져나가 레기의 영역인 정원으로 가 레기에게 싸움을 걸었다. 이 모습은 쉽게 말해 조그만 요크셔 테리어가 저먼 셰퍼드에게 덤비는 형국이다. 크기의 차이를 인식하는 인간과 달리 개는 자신이 작다는 개념 자체가 없다. 크고 작음에 따라 구분하는 것은 인간의 관점인 셈이다. 사실 모든 견종은 다섯 세대만 거치면 모두 연관되어 있기 때문에 신체적으로 서로 동등하다고 느끼는 것은 어쩌면 자연스러운 일이다. 이 경우는 베즐이 자신도 로트와일러라고 알고 있는 셈이다.

불행히도 현실에서는 덩치 크고 힘이 세면 우위를 차지하는데 레기는 베즐보다 적어도 두 배 이상 컸다. 게다가 레기는 묶여 있어서 자신을 방어해야 하는 입장이었기 때문에 자기 방어 차원에서 대항하다 보니 베즐의 귀, 다리, 몸에 더 큰 상처를 입혔다. 베즐은 상처 자국 때문에 조각조각 이어붙인 퀼트 조각보처럼 보이기 시작했다. 물론 레기도 이 전쟁에서 상처를 입었다.

이런 상태에서 내가 교육을 한다고 해도 개가 지닌 공격적 성향을 완전히 제거할 수는 없다. 무는 행위 자체가 이미 개의 한 부분이 되어서 무는 습관이 들면 완전히 되돌리는 것은 불가능하다. 나는 때때로 이런 개들을 람보에 비유하는데 람보가 평화로운 상황에서는 보통의 사람과 같은 삶을 영위하다가 자신을 방어해야 하는 상황이 되면 자기 스스로를 공격적인 인간으로 변모시키는 것과 마찬가지이다.

정면 대결을 벌인다면 인간에게 큰 상처를 입힐 수 있는 개는 많다. 예를 들어 핏불과 같은 경우는 투견용으로 길러지는 과정에서 잔인한 본성을 끌어내게 된다. 이런 상태에서는 아무리 교육을 해도 개가 지니고 있는 본능 자체를 제거할 수 없다. 그러나 아미시엥 본딩 교육법은 개들이 정면 대결을 벌일 때 자신의 잠재적인 공격 본능을 제재하는 데 도움을 줄 수 있다.

둘이 함께 있는 것이 좋다는 기억

나와 크리스틴은 레기를 교육에 함께 참여시키고 싶었지만 불행히도 레기의 주인이 허락하지 않았다. 농장 주인은 24시간 농장을 지켜줄 사나운 개가 필요했기 때문이다. 결국 교육은 베즐만 시킬 수 있었다. 베즐은 첫만남에서 이미 목줄을 잡아당기고 뛰어오르고 짖는 등 선택 받지 못한 우두머리의 전형적인 모습을 보였다. 베즐은 자신이 이 집의 우두머리라고 굳게 믿고 있었는데 심지어 부엌 싱크대에 올라가 부엌 창문을 통해 밖을 보는 습관까지 있었다.

크리스틴은 베즐과 함께 교육을 시작했는데 일단 베즐을 레기가 묶여 있는 마당에 나가지 못하게 했다. 또한 심적 동요를 극심하게 느낀 베즐이 줄을 빼고 달아나는 상황에 대비해 목줄 뿐만 아니라 가슴줄(harness, 목줄과 달리 개의 어깨와 가슴 부분을 매는 줄/옮긴이)까지 착용했다.

그렇게 조심하던 어느 날 베즐이 오래된 적수인 레기와 맞닥뜨렸다. 베즐이 줄을 하고는 있었지만 만일의 사태에 대비해 일단 레기를 헛간 뒤쪽으로 나가게 한 후 나는 베즐을 끌어안고 마음을 가라앉히려고 노력했다. 오랜만에 마주한 둘은 큰 소리로 짖으며 달려들 기세였다. 베즐은 기다렸던 정면 대결을 놓치고 싶지 않아 점점 더 흥분했고 그럴수록 나는 베즐을 더 단단히 잡았다. 서로 부딪쳤다 가는 피를 볼 것이 뻔했다.

둘이 달려들려고 힘을 쓸 때마다 신체적인 접촉이 절대로 일어나지 않도록 잡고 있는 것이 최우선이었다. 결국 둘의 아드레날린은 차츰 감소했고 신경전만으로도 베즐과 레기는 지쳐 갔다. 6시간 30분 동안이나 지속되던 야생 늑대와 달리 15분 남짓한 시간이 흘렀다. 둘의 공격적인 행동이 수그러드는 순간 나와 크리스틴은 각각 레기와 베즐에게 준비해 둔 음식을 건넸다.

우리의 행동은 두 가지 의미를 개에게 전달했다. 하나는 서로 같은 공간에 머무르는 것이 좋다는 것과 또 하나는 둘이 평화를 유지할 때만 맛있는 음식을 먹을 수 있다는 긍정적인 연관성을 기억하게 하는 것이다. 물론 둘은 오랜 기간 동안 싸워 왔기 때문에 한 번의 기억으로 상황이 완전히 해결되었다고는 볼 수 없었다.

서로에게 공격적인 개가 있을 때 빠른 해결책이란 없다. 다행히 베즐은 교육에 긍정적으로 반응해서 우두머리의 지위를 내려놓자 레기와 맞닥뜨려도 점차 차분해져 갔다. 덕분에 베즐은 한동안 병원 신세를 질 일이 줄어들었다. 만약 레기도 함께 교육시켰다면 둘은 영원토록 평화롭게 공존할 수 있었을 텐데 농장 주인의 거부로 그러지 못한 것이 아쉬웠다. 베즐이 동물병원을 낯설어할 정도로 그곳 출입이 뜸해지는 것이 나와 크리스틴의 바람이다.

개는 싸움을 즐기지 않는다

운전을 하다 보면 내 운전 실력과는 상관없이 형편없는 운전자를 만나 위험에 처할 때가 있다. 개와 함께 산책을 나가는 것도 마찬가지이다. 산책을 하려고 집을 나선다는 것은 안전한 곳에서 위험을 만날 수도 있는 곳으로의 이동이다. 개와 산책을 가는 일이 기쁘고 산책 중에 만나는 사람과의 인사도 즐겁지만 반갑지 않은 공격적인 개를 만나면 상황은 바뀌고 만다.

모든 반려인이 개에게 교육을 시키는 것도 아니고, 모든 반려인이 자신의 개를 자유롭게 통제할 수 있는 것도 아니다. 따라서 선량한 개와 반려인이 몰지각한 반려인의 희생양이 되는 경우가 언제든 일어날 수 있다. 길을 가다가 교육이 안 된 공격적인 개와 정면 대결을 하게 된다면 우리 개도 본능적인 자기 방어 행동을 보일 테고 그럴 때 개의 행동을 제어하기란 쉽지 않다. 상황을 모면하려면 그저 피하는 수밖에 없다.

개는 절대로 싸움을 즐기지 않는다. 이것은 늑대도 마찬가지이다. 야생 늑대도 가능하다면 다른 늑대 무리를 피해서 활동한다. 각자의 영역이 확실하고, 사냥을 나설 때도 자신들의 한정된 영역 안에서만 행동하며, 무리가 머무를 수 있는 확실한 경로를 따라서만 움직인다. 때문에 정면 대결은 아주 드물게 일어난다.

이런 사실을 염두에 둔다면 우리 개가 다른 집 개와 접촉하는 것이 얼마나 부자연스러운 일인지를 알 수 있다. 개에게 무리란 꼭 다수일 필요가 없기 때문에 낯선 한 사람이나 한 마리의 개도 상대 무리가 될 수 있다. 때문에 만일 자신이 무리의 우두머리라고 생각하는 개라면 다른 개나 사람과 대면하는 순간을 무리에 위험이 닥치는 순간으로 간주할 수 있다.

정면 대결을 피할 수 없다고 생각하면 우두머리는 온갖 수단을 동원해서 자신의 무리를 수호하려고 할 것이다. 특히 익숙한 산책로에서 정면 대결 상황에 놓이면 불안이 극에 달한다. 스스로 우두머리라고 생각하는 개의 입장에서 보면 자신의 영역에 누군가가 침입한 것이기 때문이다.

이런 상황을 극복하는 방안은 '무리 가로지르기'이다. 이 방법은 개와 함께 산책을 나섰다가 다른 개와 맞닥뜨렸을 때 아무 사고 없이 산책을 계속하는 방법으로, 서로에게 피해를 주지 않는 방법이다. 이 방법의 특징은 산책의 책임감을 사람이 진다는 것이다.

이 방법은 단순하다. 산책 중에 만일 다른 개와 만나면 일단 그 개를 무시한다. 또한 우리 개가 다른 개를 지나칠 때 어떤 공격적인 반응도 보이지 않으면 음식으로 긍정적인 행동을 보상한다. 이런 보상은 산책의 책임을 사람이 져야 한다는 의미이기도 하다. 이것이 바로 '무리 가로지르기' 방법이다.

이 과정의 핵심은 집에서 배운 원리에 기초를 두고 있는데 가장 중요한 것은 반려인이 개가 신뢰할 수 있는 우두머리임을 보여 줘야 한다는 것이다. 상대방 개까지 책임질 수는 없지만 적어도 우리 개는 완벽하게 통제할 수 있어야 한다. 물론 반려인의 능력과 상관없이 상대방이 교육받지 못해 통제가 되지 않는 개라면 피할 수 없는 상황을 맞을 수도 있다.

다른 개가 싸움을 걸어 피할 수 없는 상황에 부닥치면 어떻게 대처해야 할까? 옆으로 지나가는 개에게 으르렁거리며 싸움을 거는 이유는 무엇이고, 이를 촉발하는 원인은 무엇일까? 내 답변은 항상 같다. 이런 경우에는 그 개의 반려인을 유심히 살펴봐야지 개를 볼 필요가 절대 없다는 것이다. 개는 개 자체로 이해하면 된다.

만약 상대 개의 반려인이 여유 있고 행복해 보이면 개 역시 그럴 확률이 높다. 반면 상대 반려인이 스트레스에 시달린 모습으로 개를 잡고 있는 것조차 힘겨워 보인다면 개도 비슷한 모습을 갖게 된다. 공격적인 사람과 함께 사는 개들이 공격적일 확률이 높은 것은 분명하다.

개에게 우두머리로서 제대로 인정받고 있는지는 다른 개의 공격을 받는 상황이 되면 그대로 드러난다. 그러므로 정면 대결만큼은 피하는 것이 좋고, 상대 반려인과 말다툼을 벌여 상황을 악화시키는 것도 좋지 않다. 상대방이 흥분해도 차분하게 대응해야 한다. 늘 그렇듯 이 순간에도 침착하라는 키플링의 시구를 항상 마음에 품고 있어야 한다.

개들끼리의 대치 상황에서 개를 안아 올려 상황을 모면하는 것은 나쁜 해결 방법이다. 이런 행동은 개에게 혼란스런 신호를 보내기 때문이다. 이런 행동은 개 사이에 존재했던 동등한 위치를 빼앗는 작용을 하므로 개 스스로 상황을 파악할 수 있도록 그대로 두어야 한다. 또 이런 방법이 나쁜 이유는 이 과정에서 사람이 물릴 수도 있기 때문이다. 이런 경우에는 반려인이 강한 우두머리의 모습을 보여 주면서 그 상황에 대처하는 것이 가장 중요하다. 상대방을 무시하고 개와 함께 차분히 지나칠 수 있도록 우두머리 역할을 확실하게 하면 된다. 그러므로 산책 시에 공격적인 개를 만나면 '무리 가로지르기'를 기억한다.

새벽에 산책을 나가다

개 사이에서 벌어지는 폭력적인 상황 때문에 개와 함께 사는 일이 힘들 수도 있다. 은퇴한 간호사인 아틀리가 그런 경우로 아틀리는 해변가에 있는 아름다운 별장에서 올드 잉글리시 시프도그인 벤, 대니와 함께 살았다. 셋은 매일 산책을 나갔는데 불행히도 대니와 벤이 다른 개에게 굉장히 공격적이었다. 벤은 몸무게가 50킬로그램에 달하는 덩치이고 아틀리는 45킬로그램의 체형이었다. 그러니 벤과 대니를 줄로 통제하는 것은 힘에 부치는 일이었고 개를 들어올리는 것은 상상도 못할 일이었다. 그래서 아틀리는 자신의 반려견들이 다른 개를 공격하는 것을 말릴 힘이 없었다.

내게 전화를 했을 때에는 이미 상황이 악화된 상태였다. 아틀리는 다른 개들과 만나지 않기 위해 밤 12시와 새벽 5시에 산책을 나가면서도 가슴을 졸여야 했다. 그녀의 집은 잘 꾸며져 있었는데, 내가 방문했을 때 벤과 대니의 넘치는 에너지가 그녀의 소중한 물건들을 망가뜨린 것이 곳곳에서 눈에 띄었다.

나는 벤과 대니를 만난 지 5분 만에 둘을 얌전하게 만드는 데 성공했다. 여느 때와 다름없이 그녀의 집으로 들어서면서 무시하는 방법을 통해 벤과 대니에게 내가 우두머리임을 강하게 표현했다. 덕분에 너무 설쳐서 정원에만 있었던 두 녀석은 6년 만에 다시 실내로 들어올 수 있었다. 아틀리는 둘과 함께 거실에 누워 있을 수 있게 된 것을 기뻐했다.

가장 큰 문제는 산책 시 두 녀석의 행동이었는데 나는 다른 개와 만나게 되는 상황을 차단하는 것이 좋겠다고 생각했다. 그래서 다른 개와 만나게 될 경우에는 음식을 이용하여 다른 개에게서 멀어지게 하라고 조언했다. 산책하다가 다른 개가 다가오는 모습이 보이면 길을 가로질러 다른 쪽 길로 가는 방법도 있었다. 안전하게 건너면 벤과 대니에게 간식을 주었다. 이 방법은 간단해 보이지만 개들이 맞닥뜨릴 정면 대결을 피하게 해 줄 뿐 아니라 아틀리가 자신의 무리를 수호하는 결정권자라는 사실을 개들에게 알려 주는 강력한 효과도 있다. 더불어 이런 상황에서는 반려인이 차분함을 유지하는 것이 중요하다.

물론 이것이 순식간에 해결할 수 있는 문제는 아니기 때문에 산책을 시도하기 전에 아미시엥 본딩 교육과정을 통해 반려인이 절대적인 우두머리의 위치를 얻는 것이 중요하다. 정면 대결은 스스로 우두머리라고 생각하는 개가 자신의 무리가 공격받을 것 같은 위협을 느낄 때 무리를 보호하겠다는 책임감을 발휘하면서 촉발되기 때문이다. 하지만 무리에서의 위치가 낮아지면 우두머리의 명령에 보다 쉽게 따르므로 반려인이 무리의 우두머리가 되는 것이 무엇보다 중요하다.

아틀리가 아미시엥 본딩 교육을 성실히 받고 배운 바를 확고하게 지켜 나가자 2주 뒤에는 낮에 산책을 나갈 수 있게 되었다. 1년 후 그녀는 전화를 통해 그녀의 삶 자체가 완전히 변했다는 소식을 전했다. 벤과 대니가 다른 개와 함께 해변에서 뛰놀다가 방금 돌아왔다는 이야기였다. 덕분에 아틀리는 두 반려견과 함께 해변의 별장에서 아름다운 은퇴 후 생활을 즐기고 있다.

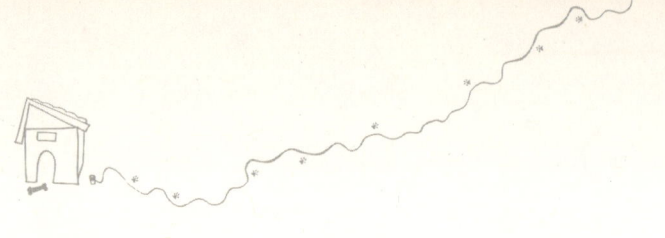

14장
천둥, 불꽃놀이……,
소음에 대한 두려움

인간 중심 사회에서 개는 우두머리가 되면 안 된다

사람들은 개가 스스로 우두머리라고 믿는 것이 왜 잘못된 것인지를 묻곤 한다. 인간의 관점으로 본다면 자부심은 중요한 미덕이며, 자존심 또한 세상을 살아가는 중요한 힘이라고 여기기 때문이다. 그래서 반려견을 우두머리 자리에서 내려오게 하고 서열을 낮추는 교육방식이 개의 자부심과 자존심을 뭉개는 것이 아닌지 우려한다.

만일 세상이 개를 위해 만들어져 있다면 물론 이런 걱정은 의미가 있다. 하지만 지금 개가 살고 있는 세상은 인간의 필요에 따라 인간 중심으로 만들어진 세상이고 개는 반려견이라는 이름으로 인간과 함께 살고 있다. 따라서 사람들의 걱정은 의미가 없다.

개에게 무리 체계는 필수불가결한 것이다. 개가 스스로를 우두머리라고 믿으면 자기가 무리의 어떤 구성원보다 더 많이 알고 있다고 확신하고 있음을 의미한다. 그래서 개 스스로 우두머리 지위를 차지하고 있다고 믿는 한 접하는 상황마다 결정을 내려야 하는 무거운 책임감을 갖게 되고, 문제는 거기서 비롯된다. 인간 위주로 돌아가는 세상이기 때문이다.

현실적으로 개가 우두머리의 책임감을 갖게 되면 위험한 상황에 빠질 수 있다. 복잡한 인간 중심의 현대 사회에서 만나게 되는 예상치 못한 상황에 개는 자신의 방식대로 대처하려 하기 때문이다. 어린 아이를 상상해 보자. 아무리 똑똑하고 자신감에 차 있어도 아이는 아이이다. 어떤 부모가 아이에게 차를 몰게 하거나 대형 마트에서 혼자 쇼핑하게 내버려 둘 수 있을까? 어린 아이는 어른들이 만들어 놓은 복잡한 세상에서 상황에 제대로 대처할 수 없다. 이것이 개에게 우두머리를 맡기면 안 되는 이유이다.

물론 개와 아이는 다르다. 아이는 자라면 성인이 되어 독립하고 스스로 자신의 문제를 책임지며 살아간다. 하지만 개는 평생 반려인의 보호 아래 살아가기 때문에 개에게 책임을 떠넘길 이유가 없다. 일단 개가 스스로 우두머리라고 여겨 책임감이라는 무거운 짐을 지게 되면 평생 개는 짐을 내리지 못하고 힘든 삶을 살게 된다.

특히 개가 자신이 우두머리라고 믿게 되면 무리를 보호해야 한다는 책임감 때문에 작은 소음이나 소리에도 민감하게 반응하게 된다. 이런 생활 속의 자극을 위협으로 느끼기 때문이다. 지나가는 차 소리에 광분해 쫓아가거나, 폭죽 터지는 소리나 소음, 천둥·번개 소리에 기겁하거나 울부짖는 경우가 이런 이유에서 하는 행동이다. 스스로 우두머리라고 생각하는 개는 이런 경우를 무리에게 가해지는 큰 위협으로 받아들여 엄청난 스트레스에 시달리게 된다.

나는 지나가는 차 소리, 폭죽 소리나 천둥·번개 등으로 극심한 스트레스를 겪는 개들을 많이 봐왔고, 차 소리에 놀라 도로로 뛰어들어 차에 치여 죽은 개 이야기도 많이 들었다. 그런데 이런 사고의 공통점은 개가 우두머리로서의 책임감을 감당하지 못해서 벌어진 일이라는 것이다. 개는 스스로 감당할 수 없는 책임감에 짓눌려 있다가 알 수 없는 상황에 놓여 극도로 당황한 상태에서 이처럼 목숨을 빼앗기는 것이다.

소리에 놀란 개를 안고 달래지 마라

몇 해 전 나는 매년 열리는 본파이어나이트(Bonfire Night, 영국에서 매년 11월 5일 열리는 축제로 밤새 대규모 불꽃놀이 등의 행사가 이어진다./옮긴이) 축제가 다가오는 것을 두려워하고 있었다. 자치주가 주관하는 불꽃놀이가 우리집 바로 옆 공원에서 벌어지는 까닭에 우리집은 몇 년 동안 개들의 피난처가 되고 있었다.

여지없이 불꽃놀이가 벌어지던 그날밤, 누군가 우리집 현관문을 미친 듯이 두드렸다. 나가 보니 낯선 손님이었다. 근처를 지나가는데 우리집 앞 도로 중앙에 두려움에 덜덜 떨고 있는 개를 발견하고는 우리집 개라고 생각해서 문을 두드렸다고 했다. 그는 개에게 과자를 내밀며 먹는 것으로 어떻게든 개를 진정시키려 하고 있었다. 나는 마음 착한 그 사람을 보며 웃을 수밖에 없었다. 이 세상의 어떤 음식으로도 이런 끔찍한 소음 속에서 개를 구출할 방법은 없기 때문이다. 나는 도로에서 떨고 있는 개를 조심스럽게 안아올린 후 집 안으로 들어왔다.

나중에 알게 된 개의 이름은 소피였다. 소피는 겁에 잔뜩 질려서는 부엌에 오랫동안 앉아 있었다. 나는 소피에게 음식과 마실 것을 가져다 주고서는 잠시 혼자 있게 내버려 두었는데 소피 가족은 3일 후 소피를 찾아갔다.

다음 해에는 검정색과 흰색의 보더콜리가 우리집에 피난 왔는데 이 녀석은 불꽃놀이 때문에 뛰쳐나온 것이 분명했다. 나는 보더콜리를 차에 태운 후 불꽃놀이가 끝날 때까지 라디오 볼륨을 크게 올려 개를 진정시켰다.

이런 상황이 남 이야기만은 아니다. 우리집의 비글 킴도 불꽃놀이를 무서워했다. 첫 해에는 떨고 있는 킴 옆에 앉아 가만히 안아 줬는데, 이듬해에는 킴을 포함한 개를 모두 차에 태우고 불꽃놀이가 없는 외곽으로 다녀오기도 했다. 개들의 반응은 우리집 아이들이 어릴 적 천둥·번개 소리에 놀라 자다가 깰 때랑 똑같았다. 그때도 나는 영화 〈사운드 오브 뮤직〉의 여주인공이 아이들을 자신의 주위에 앉히고는 노래를 불러 주는 것처럼 아이들을 끼고 앉아서 노래를 불러 주었다. 또 천둥소리는 천사들이 볼링을 하는 것이라고 말해 주고는 했다.

그런데 내가 저지른 실수는 이 방법을 개에게 적용한 것이었다. 나는 아이들에게 했던 대로 개들이 소음에 반응하면 안고 달래고 위로했다. 사실은 이와 정반대로 이 상황 자체를 완전히 무시하고 아무것도 아닌 일이라고 알려 줬어야 했는데 말이다. 나는 개들에게 내가 너희보다 이 상황을 더 잘 통제할 수 있으니 나를 믿으라는 우두머리의 몸짓언어를 확실히 보여 줬어야 했는데 그러지 못했다. 키플링이 이야기한 바와 같이 모든 사람들이 정신을 잃을 때도 나는 침착해야 했는데 말이다. 반려인이 소음을 무시할 때, 개도 소음을 무시할 수 있다는 것을 뒤늦게 깨달았다.

이런 원리는 차 소음을 무서워하는 개에게도 적용된다. 시끄러운 차나 트럭의 엔진 소리에 당황하거나 두려움에 떠는 개들이 있다. 그래서 개를 도로 근처에도 못 데려오는 사람들이 많은데 이런 상황은 개에게도 사람에게도 일종의 감옥 상태나 다름없다.

차 소리만 들리면 겁에 질리는 민티

한 노신사가 외국에 거주하고 있는 아들을 대신해 보더콜리 민티를 도와달라는 요청을 해왔다. 매일 점심과 저녁 무렵 부인이 머무르는 양로원을 방문하는 것을 낙으로 여기며 살고 있는데 민티가 차를 보거나 차 소리만 들어도 겁에 질린다는 것이었다. 그래서 양로원으로 가다가 되돌아오는 일이 자꾸 발생하자 정상적인 생활을 위해 어떻게든 이 상황을 해결해야 했다.

우선 집에서 아미시엥 본딩 네 가지 교육과정을 시작했다. 훈련소 등 낯선 곳이 아니라 집에서 교육을 하는 것이 좋은 이유는 일단 개는 자신의 집에서 가장 솔직한 모습을 보여 줄 가능성이 크기 때문이다. 개를 익숙한 환경에서 떼어놓으면 완전히 다르게 행동하는 경우가 대부분이다. 평소 평온하고 자신감이 넘치던 개도 낯선 곳에서는 불안해할 수 있어 교육 효과가 떨어진다.

또 한 가지 이유는 반려인의 행동을 자세히 볼 수 있기 때문이기도 하고, 마음이 편안한 상태에서 해야 반려인의 행동 교정이 더욱 효과적이기 때문이기도 하다. 아미시엥 본딩 교육은 특별한 것이 필요하거나 이해하기 어려운 교육이 아니기 때문에 개나 사람이나 마음이 편안한 곳에서 하는 것이 가장 효과가 좋다.

노신사는 교육과정의 핵심을 확실히 이해해 순조롭게 교육을 받아 나갔다. 최종 목표는 차에 대한 두려움을 없애는 것이었기 때문에 민티가 도로에 나가는 것을 부정적인 것이 아니라 긍정적인 것으로 생각하게 만드는 교육을 해 나갔다. 때문에 우선 내가 우두머리라는 것을 민티에게 확인시킨 후 1시간가량 지나서 민티와 산책을 나갔다.

민티는 차가 많이 다니는 번잡한 도로에 익숙해져야 해서 그곳으로 데리고 나갔다. 지나가는 차에 놀라 민티가 기겁을 하면 "민티, 이리 와."라고 한 후 작게 자른 치즈를 주면서 부드러운 목소리로 칭찬했다. 차가 올 때마다 이를 반복했고, 민티가 오지 않고 짖으면 그냥 무시했다. 원치 않는 행동을 했을 때는 우두머리가 반응하지 않는 것이 중요하다. 하지만 불렀을 때 오면 간식과 칭찬으로 보상해 주었다. 나는 도로 옆을 걷는 내내 이 방법을 지속해 나갔다.

번잡한 거리였지만 민티는 어느새 차 소리가 들리면 나를 바라보면서 차에 대한 두려움을 극복하고 있었다. 그 사이 열두 대의 차가 우리를 지나쳤지만 민티는 동요하지 않았다. 나는 산책 전에 민티에게 나를 우두머리로 인식시킨 후 간식과 칭찬을 통해 차를 만나는 상황을 긍정적인 기억으로 연관시키는 교육을 한 것이다. 부정적인 기억을 긍정적인 기억으로 바꾸자 산책을 하는 20분 만에 교육은 효과를 보았고, 그 후 노신사는 민티와 함께 아내가 있는 양로원에 맘껏 갈 수 있었다.

전화벨 소리에 스트레스를 받는 보니

개를 혼란에 빠뜨리는 소리는 자동차 소리만이 아니다. 코기와 보더콜리의 혼종인 보니는 전화벨 소리 때문에 엄청난 스트레스를 받고 있었는데 반려인 패트가 그 문제로 내게 도움을 요청했다.

보니는 여러 가지 이상 행동을 한다고 했다. 보니는 다소 신경질적이고 공격적인 성향의 개로 개줄을 잡아당기고 점프를 하고 마구 짖어대는 증상을 보였는데, 특히 전화벨이 울리면 광폭해졌다. 숨을 헐떡거리고 이리저리 미친 듯 뛰어다니며, 심지어는 울기까지 했다. 게다가 가장 이해 못할 행동은 전화벨이 울리기 시작하면 카펫을 마구 핥는데, 벨이 멈춘 뒤에도 무려 15분가량이나 카펫을 핥는다고 했다.

보니를 직접 보기 위해 패트의 집을 방문한 내가 휴대전화로 패트 집으로 전화를 걸자 보니는 패트가 말한 증상을 그대로 반복했다. 그런데 문제는 보니에게만 있는 것이 아니었다. 패트는 보니를 사람 아이처럼 대하다 가도 때때로 보니에게 화를 내고 목소리를 잔뜩 높여 "그만해!"라고 소리를 쳤다. 그리고 전화벨이 울릴 때마다 전화를 받기 위해 늘 급하게 뛰어갔다. 패트의 이런 행동이 상황을 더 악화시키는 것이 분명했다.

스스로를 이 집안의 우두머리라고 생각하는 보니는 자기가 파악할 수 없는 위협인 전화벨 소리에 불안감을 보이는 것이었다. 위협을 감당할 수도 부정할 수도 없는 상황에서 보니는 알 수 없는 공포에 빠져든 것이다. 거기에 반려인인 패트의 격한 반응이 긴장을 고조시키고 있었다.

전화벨이 울리면 보니가 카펫을 심하게 핥는 행동은 절망감을 표현하는 강박증적인 행동이다. 그래서 일단 전화가 울리는 상황에서 일어나는 극적인 상황을 모두 없앤 후 보니에게 전화벨 소리는 걱정할 것이 아니라는 것을 납득시켜야 했다.

보니를 만난 후로 나는 내가 우두머리라는 신호를 지속적으로 보냈다. 5분 규칙 등 아미시엥 본딩 방법을 통해 나를 우두머리로 인정하도록 요구한 후 내 요구가 보니에게 받아들여진 것이 확실해졌다 싶을 때 보니에게 개줄을 했다. 그러고는 차분히 앉아서 휴대전화로 다시 패트 집에 전화를 했다.

집 전화벨이 울리기 시작했지만 내가 여전히 아무렇지도 않게 침착하게 있자 보니는 긴장하면서도 예전과 무엇인가가 다르다는 것을 느끼는 것 같았다. 보니가 차분히 앉아 있자 나는 칭찬과 함께 침착함에 대한 보상으로 치즈 한 조각을 건넸다. 보니가 민감하게 반응하는 상태를 다독이는 한편, 나중에도 전화벨 소리를 부정적인 기억이 아닌 긍정적인 기억과 연관시키도록 하기 위해서였다.

보니는 마음에 동요를 느끼면서도 긍정적으로 잘 반응했으며 여전히 내 옆에 얌전히 앉아 있었다. 이후 한 시간 동안 나는 15분마다 이를 반복해 나갔는데 네 번째 전화벨이 울리자 보니는 아예 미동도 하지 않았다. 당연히 카펫을 정신없이 핥는 행동도 보이지 않았고, 그 시간 이후 쭉 전화벨 소리에 어떤 반응도 보이지 않고 침착함을 유지했다.

불꽃놀이를 즐기는 개

보니를 만나고 돌아오는 길에 나와 함께 살고 있는 세 강아지 생각이 났다. 한 살 된 저먼 셰퍼드 새디, 7개월 된 스프링어 스패니얼 몰리, 그리고 몰리의 배다른 형제인 5개월 된 스파이크 밀리간. 이 아이들이 처음으로 본파이어나이트 축제를 맞을 무렵 나는 만반의 준비를 했다. 어떻게든 스트레스를 받지 않아야 했으므로 그날은 집 밖으로 못 나가게 한 후 집 안에 내내 텔레비전을 틀어놓았고, 불꽃놀이가 시작될 때쯤에는 폭죽 소리에 놀라지 않도록 볼륨을 높였다.

그런데 한 가지 실수를 저지르고 말았다. 불꽃놀이를 보러 마당으로 나가면서 문을 닫는 것을 깜빡한 것이다. 내가 그 사실을 눈치채고 깜짝 놀라 문을 닫으려고 돌아섰는데, 세 녀석은 이미 나를 따라 마당에 나와 있었다. 이보다 더 나쁠 수 없는 상황이었다. 결과적으로 보면 이보다 더 좋을 순 없었지만.

그 순간 첫 번째 폭죽이 각양각색의 찬란한 불꽃으로 저녁 하늘을 수놓았고, 스파이크가 흥분하기 시작했다. 스파이크는 내 다리 밑으로 들어와 몸을 동그랗게 말고 떨었다. 다른 두 마리는 얼어붙은 채 문 가까이에 쭈그려 앉아서는 놀라 휘둥그레진 눈으로 내 지시를 기다리고 있었다. 이제까지의 수많은 경험을 통해 나는 지금이 결정적인 순간임을 알았다. 아이들에게는 지금 리더가 필요했다. 나는 웃음을 띠면서 별일 아니라는 듯 차분하게 말했다.

"우와, 이번 불꽃은 정말 크고 멋지네. 그렇지?"

아무렇지도 않은 듯 말하는 내 행동은 개들을 진정시키기에 충분했다. 잠시 후 세 녀석은 안심한 듯 내게서 멀어지기 시작했고, 나머지 30분가량 밤하늘의 불꽃놀이를 관람했다.

이듬해 불꽃놀이가 시작되자 녀석들은 서로 먼저 나가려고 문 앞에서 뒤엉켰다. 그 후 매해 본파이어나이트 축제날의 불꽃놀이 시간은 세 녀석이 가장 좋아하는 시간이 되었다.

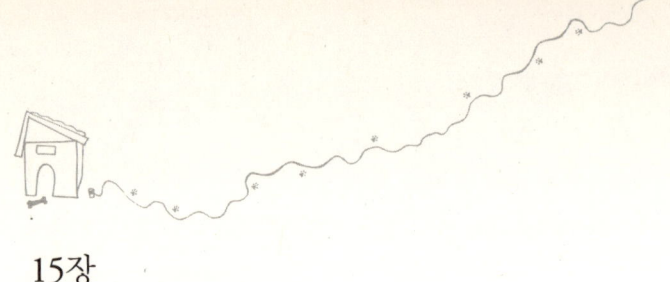

15장
강아지 입양과
기 본 교 육

강아지 입양 전에 개에 대한 공부가 필요하다

목줄 끌어당기기부터 집 안 물건을 모두 산산조각 내는 과격한 행동을 하는 개까지 사람들이 문제견이라고 하는 개의 행동 교정을 많이 해왔다. 그런데 개가 지닌 문제는 대부분 개에게 잘못된 신호를 전달한 사람에게 있었다. 사람이 자기도 모르는 사이 보내는 잘못된 신호에 개는 자기가 우두머리라고 착각해 무거운 책임을 지면서 각종 이상 행동을 하는 것이다. 그래서 내 임무는 주로 서열을 재정립해 사람과 개가 안정되고 평안한 분위기에서 생활할 수 있도록 도와주는 것이다.

　문제를 고쳐 나갈 때에는 개가 어릴수록 효과가 좋다. 강아지라면 나쁜 버릇이 들었다고 해도 좀 더 쉽게 빨리 교정되기 때문이다. 어떤 사람은 막 입양한 어린 강아지에게 교육을 시키는 것을 이상하게 생각한다. 하지만 어린 시절의 교육을 중요하게 생각하는 반려인이야말로 가장 이상적인 반려인이라고 칭찬하고 싶다. 왜냐하면 이런 행동은 자신의 개를 생명체로 존중하고 서로를 잘 이해해서 행복하게 살기를 바라는 마음에서 나오는 것이기 때문이다. 그리고 반려견을 입양하기 전에 개에 대해 공부를 많이 해야 하는데 이런 사람이 극소수라는 것이 안타깝다.

　좋은 반려인이 되는 것은 쉽지 않고, 소중한 생명인 어린 강아지들을 제대로 돌볼 수 있는 자질을 지닌 사람도 많지 않다. 아이들에게 강아지를 선물로 사주는 어른은 반려인 자격이 없다. 아이가 장난감을 원한다면 인형이나 기차 세트를 선물로 사주면 된다. 강아지는 절대 장난감이 아니다.

　이런 내 태도 때문에 화가 난 사람도 많다. 나는 전문 브리더일 때 개를 입양하려고 온 사람들에게 첫날 강아지를 입양시킨 경우는 거의 없다. 강아지가 정말로 좋은 가정으로 입양되는지 확실하게 알고 난 후 확신이 섰을 때만 입양을 보냈다. 나는 무려 300킬로미터를 달려 온 가족에게도 입양을 사절했던 경험이 있고, 강아지를 크리스마스 선물로 원하는 가족의 요청을 거절한 적도 있다.

　물론 이런 내 태도를 접하고 처음에는 당황하는 사람도 있고, 다른 곳에 가서 강아지를 '사면' 된다는 식으로 불쾌한 반응을 보인 사람들도 있다. 동물 복지에는 관심이 없고 오로지 돈을 위해서만 개를 기르고 분양하는 사람도 있기 때문이다. 하지만 다행히 많은 사람은 내 생각을 이해해 주었다.

내가 크리스마스 선물로 강아지를 주는 것을 반대하는 이유는 매우 간단하다. 아미시엥 본딩 교육의 핵심은 평온함과 일관성인데 크리스마스는 평온함과 일관성과는 너무 동떨어진 세상이다. 크리스마스를 전후로 한 시간들은 1년 중 가장 흥분되고 번잡한 날이 아닌가.

한 번은 크리스마스 이브에 강아지를 입양하러 온 가족과 이와 같은 이야기를 나누었고, 그들은 고맙게도 내 생각에 동의해 주었다. 아이들은 새로운 친구인 강아지를 보고 굉장히 흥분해 당장 데려가고 싶어 했지만 크리스마스 연휴 기간이 지나야 강아지를 데려갈 수 있다는 말을 따르기로 했다. 이런 가족의 모습을 보며 강아지가 좋은 집에 입양된다는 생각에 기뻤다. 이런 태도를 지닌 반려인이라면 교육도 잘 시킬 것이라 생각되기 때문이다. 강아지는 크리스마스 연휴가 지나고 사람들이 평온한 일상으로 돌아온 새해에 그 집에 입양되었다.

 강아지 입양의 몇 가지 황금률

반려견을 입양할 때 명심해야 할 몇 가지 황금률이 있다. 먼저 태어난 지 8주 이상 된 강아지를 입양해야 한다. 개의 본성을 고려한다면 8주가 되기 전에 태어난 집을 떠나는 것은 좋지 않다. 모든 개는 태어나면서 자연스럽게 어미와 형제와 지내게 되고, 이 시기에서 살면서 필요한 가장 중요한 것들을 배운다. 형제 강아지들과 어울리면서 사회성을 배우고, 동료 집단의 언어도 자연스럽게 배운다.

　이 시기를 충분히 보내지 못하고 어미, 형제와 떨어져 지내게 되면 심리적으로 큰 상처를 입기 쉽다.

　또한 강아지가 어미, 형제와 떨어져 새 집에 온 48시간이 매우 중요하다. 강아지가 친숙한 환경에서 떨어져 새 집으로 와서 보내는 이 시간은 강아지에게는 참으로 힘든 시간이다. 이때 반려인이 결코 잊지 말아야 할 것이 있다. 그것은 바로 집단생활을 하는 동물인 개가 지금 무리에서 떨어져 나온 상태라는 점이다.

　어미, 형제와 어울려 행복하고 생동감 넘치는 환경에 있다가 갑자기 자신의 의지와는 상관없이 새로운 환경으로 옮겨진 강아지는 새로운 곳이 행복하고 사랑이 넘치는 곳이어도 힘들 수밖에 없다. 커다란 정신적 상처를 입을 수도 있으므로 강아지를 입양한 후 48시간 동안은 최대한 좋은 유대 관계를 만들려고 노력해야 한다.

　안절부절 못하는 불쌍한 강아지를 위해 최대한 강아지가 전에 있었던 곳과 비슷하게 느낄 수 있도록 만들어 주면 그만큼 적응도 빠르다. 그리고 입양한 첫날은 강아지와 함께 자는 것이 좋다. 꼭 같은 침대에서 함께 자야 한다는 말은 아니다. 하룻밤 정도는 바닥에 이불을 펴고 강아지 옆에 누워 함께 자는 정도의 불편함을 감수하면 좋다는 말이다. 이런 시간을 통해 쌓인 믿음은 다음 날 강아지가 새로운 환경을 탐색하고 적응하는 데 도움이 될 뿐만 아니라 반려인에게도 좋은 추억이 된다.

가장 먼저 시작해야 할 분리 교육

강아지가 새로운 환경을 편안하게 여기는 것은 중요하다. 편안함 속에서 음식을 먹으려면 어디로 가야 하고, 어디로 가면 사람과 놀 수 있고, 어디서 자야 하는지를 익히기 때문이다.

동시에 올바른 습관을 들이는 것도 중요한데 나는 어느 순간 새끼 개에게는 먹는 시늉을 하는 교육 과정은 필요하지 않음을 알게 되었다. 어릴 때부터 함께했다면 생활 속에서 자연스럽게 서열이 정해지기 때문에 굳이 먹는 시늉을 통해 반려인이 우두머리임을 알리지 않아도 된다. 하지만 아미시엥 본딩 교육의 나머지 세 가지는 행복하게 함께 살기 위해 빠른 시일 내에 시작해야 한다.

특히 교육 중에서 가장 중요한 반려인과 떨어지는 분리 교육을 바로 시작한다. 개가 이 교육을 제대로 받지 못하면 이후에 출근하거나 잠시 외출을 하는 것도 힘들어질 수 있다. 그래서 귀엽고 사랑스러운 강아지를 무시하는 연습을 강아지 눈앞에서 사라졌다가 나타나는 방식으로 시작해야 한다. 강아지들이 매달리고 관심을 끌려고 애써도 무시하는 연습이 필요하다.

'지금은 놀 수 없어. 언제 놀 수 있을지 내가 알려 줄게.'

무시하기를 통해 이런 신호를 분명하고 단호하게 전달해야 한다. 사람이 다른 방에 잠시 다녀오는 몇 초 동안도 개에게는 분리의 경험이 되므로 초기에 사람이 신호를 제대로 전달하는 것이 중요하다. 다른 방이나 마당에 몇 초 동안 가 있다가 돌아왔을 때 반기는 강아지를 완전히 무시하고 하던 일을 계속해 나간다. 그러다가 몇 분 후 강아지를 불러서 강아지가 오면 쓰다듬어 주면서 관심을 보이는 행동을 계속해 나간다. 이렇게 사라졌다가 나타나는 간격을 처음에는 몇 초 동안 하다가 점차 시간을 늘려 나간다. 강아지 시절에 반려인이 정한 규율을 배우게 되면 나중에 다 자란 후에 반려견과 더 값진 시간을 보낼 수 있다.

물론 어린 강아지에게 이런 교육을 시키는 것을 못마땅하게 생각하는 사람들도 있다. 이렇게 엄격한 교육을 시키면서 어떻게 강아지에게 애정을 주라는 것인지 궁금할 수도 있다. 하지만 서열이 없는 환경에서 자란 강아지보다 서열이 제대로 갖춰진 집에서 자란 강아지들이 더 행복하게 산다는 것은 분명하다. 강아지 때에 교육을 제대로 받았다면 다 자란 성견이 끊임없이 짖고 물고 뛰어올라 자신도 반려인도 힘들게 하지는 않을 것이다.

물론 즐거움이 꽤 사라진 것처럼 보일 수도 있고, 엄격함과 사랑이 모순처럼 보일 수도 있다. 하지만 사랑은 올바른 방법으로 전달되어야 한다. 사랑에도 방법이 있고 잘못된 사랑은 개를 망칠 수도 있다. 그래서 교육은 올바른 사랑법을 알려 주는 것이라고 할 수 있다.

5분 규칙이면 충분하다

그래도 희소식이라고 할 만한 것은 강아지에게는 5분 규칙이면 충분하다는 것이다. 다 자란 개의 행동을 교정하려면 길게는 1시간 반까지 끊임없이 뛰어오르고 짖고 울어대는 것을 무시하면서 참고 기다려야 하므로 인내심이 필요하다. 그러나 강아지는 그렇게까지 하지 않아도 된다.

강아지가 새로운 집에 안정적으로 적응하면 사람들에게 다가가는데 그 모습을 보는 즐거움이 크다. 또한 강아지 이름을 짓는 것도 반려견과 함께 사는 즐거움을 만끽할 수 있는 시간이다. 강아지 이름은 입양할 때 바로 결정해서 처음부터 사용하는 것이 좋다. 강아지 이름이 정해지면 되도록 많이 불러 주고 강아지가 잘 따를 때마다 이름을 부르며 간식을 주고 칭찬하는 것이 좋다. 강아지에게 "잘했어."라는 칭찬은 얼마든지 해도 좋다.

성견을 교육시킬 때와 달리 강아지를 교육시키면서 얻게 되는 즐거움 중 하나는 새로운 것을 빠르게 받아들인다는 점이다. 똑같은 내용을 세 번 정도만 반복하면 강아지는 그것이 무엇이든 간에 완벽하게 이해하고 익힌다. 강아지가 서서 꼬리를 흔들기 시작하거나 편안한 자세로 앉아서 반려인의 관심을 끌려고 기다리고 있는 것은 반려인이 우두머리가 되는 것을 받아들인다는 표현이다.

이렇게 강아지가 반려인을 자연스럽게 우두머리로 받아들이는 시기에 다른 교육도 함께 진행할 수 있다. 강아지를 또래 강아지 그룹과 만나게 하여 뛰놀게 해 주면서 무리에서 배우는 사회성을 길러 주는 것이 좋다(영국을 비롯한 많은 나라에는 강아지 교육과정인 강아지학교가 있어서 강아지의 사회성과 올바른 성격 형성을 돕는다./옮긴이). 하지만 처음 예방주사를 맞게 되는 2주에서 14주 사이의 강아지는 아직 큰 세상을 받아들일 준비가 되어 있지 않기 때문에 산책을 하지 않는 것이 좋다.

또한 강아지가 반려인 옆에 와서 함께 걷는 '옆에', '가자' 교육을 시작한다. 이 교육은 강아지에게 가장 안전한 위치가 반려인의 옆임을 가르치는 중요한 교육으로 우선 집 안이나 마당에서 시작한다. 잘하면 음식 등을 통해 충분히 보상해 줘 반려인과 함께 걷는 것이 즐거운 기억으로 남게 해 줘야 한다.

만약에 강아지가 반려인보다 앞서서 걸어가려고 하면 목줄을 느슨하게 해서 자신이 있어야 할 자리인 반려인의 옆자리로 돌아올 때까지 기다렸다가 칭찬한다. 이때 목줄을 잡아당기는 것은 절대 피해야 한다. 목줄을 잡아당기면 강아지는 그것을 놀이로 착각해 그때부터 통제가 어려워지기 때문이다. 만약 이 시기에 강아지가 배워야 할 것들을 반려인이 교육시키지 않는다면 강아지는 스스로 규칙을 만들고 따르게 된다. 그러므로 강아지 때 교육을 시작하는 것이 중요하다.

강아지가 주인의 목소리 톤에 익숙해지는 것도 중요하다. 강아지에게 말을 할 때 소리를 지르거나 날카롭게 말하는 것보다는 명랑한 목소리로 말을 건네야 한다. 많은 사람들이 개는 인간의 가장 친한 친구라고 이야기한다. 그렇다면 누가 친한 친구에게 소리를 지르고 고함을 치듯 이야기하겠는가? 친구에게는 친절하고 부드러운 목소리로 이야기하게 마련이다.

그러니 강아지에게도 부드럽게 이야기하자. 조용한 대화를 통해 강아지는 사랑을 느끼고 반려인을 믿을 수 있는 존재로 받아들인다. 부드러운 목소리로 이야기를 해서 말을 듣는 개라면 더 낮게 속삭이는 정도로 말해도 된다. 반려인의 낮은 목소리에 반응하는 개는 반려인이 목소리를 높일 때 굉장한 집중력을 발휘한다.

손님이 방문할 때도 강아지 교육은 계속된다. 어려운 일이지만 방문하는 손님들에게 강아지가 반기는 모습이 귀엽고 사랑스러워도 잠시

만 무시해 달라고 요청한다. 작고 귀여운 강아지에게 손님의 관심이 쏠려 강아지가 상황의 중심이 되어서는 안 된다. 늘 사람이 상황의 중심이 되어야 한다.

개 교육 시에 음식을 이용한 교육은 굉장히 유용하다. 그런데 8주된 강아지의 경우는 하루에 평균 4번 정도 밥을 먹으므로 강아지를 교육시키는 데 이보다 더 좋은 기회는 없다. 하루에 4번이나 밥을 주면서 내가 먹이를 제공하는 우두머리라는 메시지를 강력하게 전달할 수 있기 때문이다. 강아지에게 밥을 주기 전에 반려인이 햄이나 과자 등을 미리 먹으면 반려인이 우두머리임을 다시 한 번 확인시킬 수 있다.

음식은 다른 교육을 시킬 때도 유용하게 사용된다. '앉아'는 꼭 가르쳐야 하는 기본 교육 중 하나인데 가르치기가 꽤 쉽다. 6장에서 설명한 방법을 기초로 해서 음식을 강아지 머리 위로 가져가기만 해도 강아지는 음식을 바라보느라 앉게 되기 때문이다.

강아지 스스로 생각하게 하라

모든 교육은 강아지 스스로 '그렇게 하면 나한테 무슨 이득이 있는데?'에 대한 물음을 던지고 흥미를 가지게 만드는 원리를 이용한다. 스스로 생각하고 결정하게 하는 것이 중요하다. 그리고 이런 방법에 놀랍도록 빨리 반응하는 강아지를 보면서 놀랄 것이다.

우리는 늘 강아지는 크리스마스 선물이 아니라 긴 인생을 함께 가는 가족이라고 이야기하고는 한다. 그래서 교육이 필요한 것이고 교육은 한 번 시도해 보고 잘 안 된다고 내팽개쳐서는 안 된다. 어떤 방법을 선택하든 교육은 지속하는 것이 중요하다. 일관성 있게 지속되는 교육을 통해 개와 반려인이 서로에게 불편 없는 가족이 되어야 오랫동안 함께 살 수 있기 때문이다.

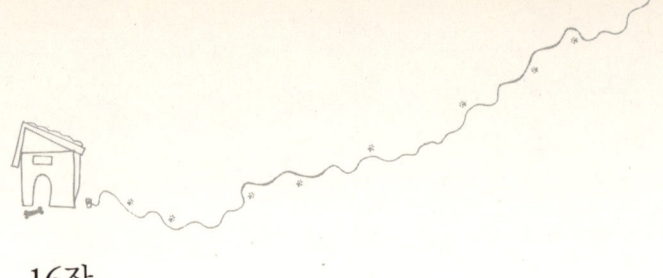

16장
말썽꾸러기
강아지

강아지가 괴물이 될 수도 있다

강아지는 제대로 교육할 수 있는 완벽한 기회를 제공하기도 하지만 슬프게도 제대로 된 교육 방법을 몰라 문제가 생기는 가정이 많다. 나는 영화 〈그렘린〉이 연상될 정도로 통제 불가능한 강아지를 자주 만나는데 강아지가 괴물처럼 돌변해 모든 가족이 초주검이 된 집을 방문한 적이 있다. 가족들이 귀여운 강아지에 푹 빠져 애정을 쏟아부으면서도 전혀 교육을 하지 않아 통제불능이 되어 버린 상태였다.

언제나 그렇듯 문제는 사람이다. 가족들은 강아지가 알아들을 수 없는 말로 강아지가 할 수 없는 것을 하라고 요구했고, 무엇이 옳고 그른지를 알기 힘든 상반된 신호를 강아지에게 보냈다. 강아지는 자신이 한 일에 대해 넘칠 정도의 보상을 받게 되면 다음에도 똑같이 행동한다. 그래서 강아지 교육이 쉽다는 말인데 이 가족은 교육에 대한 개념 자체가 없었다.

나는 가족에게 지금까지와는 전혀 다른 방법으로 강아지를 대해야 한다고 말했다. 강아지에게 나타난 가장 큰 문제 두 가지는 아무 물건이나 물어뜯는 행동과 대소변 가리기였다. 두 경우 모두 처음에 잘못된 방법으로 교육받으면 문제가 고착화된다.

개를 입양한 사람이라면 누구나 행복하게 함께 살고 싶어한다. 누군들 윽박지르고 혼내면서 반려견과 살고 싶겠는가. 그래서 사람들이 내게 어떻게 강아지를 착한 반려견으로 만들 수 있는지에 대해 물을 때면 나는 입양한 후 그동안 어떻게 강아지를 대했는지 묻는다. 가족이 제대로 된 교육을 시킬 마음 없이 제멋대로 행동한다면 제멋대로인 강아지를 교정할 방법은 없기 때문이다.

물어뜯는 강아지에게는 장난감과 놀이가 필수이다

강아지에게 이빨이 나는 시기에 물건들을 물어뜯는 문제로 곤란을 겪는 사람들이 많다. 이 문제에 대한 답을 내리기 전에 강아지가 만약 자연에서라면 어땠을지 생각해 보자. 강아지에게 이빨이 난다는 것은 자신을 보호할 수 있는 무기가 생겨나는 과정이다. 사실 이 시기에 강아지는 이빨이 자신의 턱에 유용한지를 실험하는 것 외에는 그다지 할 수 있는 것이 없다. 그러다 보니 어린 아기와 마찬가지로 이빨이 나는 시기의 강아지는 입에 물 수 있는 거라면 뭐든지 입에 다 집어넣고 물어뜯는다. 때로는 무리의 형제들을 무는 경우도 있는데 그러면 형과 누나는 소리를 꽥 지른 후 돌아서서 다른 방향으로 가 버리는 간단한 신호를 동생에게 바로 보낸다.

그러나 이렇게 함께 놀 형제가 없다면 강아지는 사람의 손가락을 비롯해 온갖 물건을 행복한 마음으로 물어뜯게 되는데 이런 상황에 대처하는 가장 좋은 방법은 함께 놀기이다. 성견도 마찬가지지만 특히 어린 강아지는 어떤 괴로움도 주지 않고 오로지 즐거운 놀이를 통해 필요한 것들을 가르쳐야 한다. 착한 개로 기르기는 올바른 방법을 통해서만 가능하다.

젖니가 나는 아기들에게 치아 발육기를 주는 것처럼 강아지에게도 맘껏 물어뜯어도 되는 장난감과 물건을 많이 제공하는 것이 좋다. 강아지들은 이빨이 나는 과정을 총 14개월 동안 겪는데, 장난감은 이 시기 강아지에게 큰 도움이 된다. 안전하게 씹을 수 있는 막대기나 부드러운 밧줄 모양의 장난감도 좋고 오래된 수건으로 만들어 줘도 상관없다. 다만 강아지가 삼킬 수 있을 정도의 너무 작은 크기의 장난감은 안전사고를 부를 수 있으니 절대 주면 안 된다.

강아지에게 적절한 장난감을 주면 더 이상 비싼 가구를 망가뜨리거나 중요한 물건을 씹어 놓지 않을 것이다. 또 강아지가 가구나 사람들의 물건에 관심을 가지면 강아지가 좋아할 만한 새로운 장난감으로 유인해서 강아지를 다른 곳에서 놀게 할 수도 있다.

이때 중요한 것은 강아지가 이빨이 나는 것 때문에 간지러워서 물건을 씹는 자연스러운 행동 때문에 처벌받아서는 안 된다는 것이다. 이 시기에 반려인은 씹는 것을 혼날 일이 아니라 긍정적인 놀이로 바꾸는 역할을 해 주면 된다.

강아지가 장난감을 갖고 놀다가 장난감을 물고 올 경우에는 "고마워."라고 칭찬을 아끼지 말아야 한다. 이는 아미시엥 본딩 교육의 메시지를 간단하게 전달할 수 있는 방법이기도 하다. 장난감을 갖고 함께 놀면서 이 게임을 언제 시작하고 언제 끝낼지를 결정하는 우두머리는 사람임을 명확하게 할 수 있기 때문이다.

함께 신나게 놀던 강아지의 행동이 도를 넘는다 싶으면 다시 한 번 서열을 확실하게 확인해 준다. 예를 들어 강아지가 옷을 잡아당기고 물어뜯으면 그냥 두어서는 안 된다. 이런 행동은 처음부터 반드시 짚고 넘어가야 하기 때문이다. 만약에 강아지가 입고 있는 옷을 물어뜯으면 한 팔로 강아지의 몸을 부드럽게 감싼 후 짧게 "아!" 하는 소리를 낸다. 그러고는 천천히 걸어서 강아지에게서 멀어진다. 이는 야생 상태에서 형제들이 강아지에게 보내는 경고와 같은 방법이다.

그래도 강아지가 옷을 잡아당기고 물어뜯는 행동을 계속하면 강아지를 다른 방에 5분 동안 혼자 둔다. 이 방법은 강아지를 진정시키는 데 효과가 있다. 5분 정도 지나 강아지가 진정되었다 싶으면 다시 무리로 데려온다.

함께 놀던 아이를 무는 강아지 누크

그런데 문제는 이렇게 물어뜯는 것을 좋아하는 시기의 강아지들에게 잘못된 신호를 보내는 반려인이 허다하다는 것이다. 아키타 종인 누크의 집을 방문했을 때의 일이다. 이 집 가족은 누크와 무는 게임을 종종 한다고 했다. 사람이 입에 문 장난감이나 손에 든 장난감을 누크가 와서 물어뜯는 게임인데, 만약에 놀다가 누크가 사람을 물면 코를 살짝 때려 주었다고 했다. 처음에는 즐거운 게임이었지만 결국에는 누크가 아이들에게 상처를 입히기 시작했다.

11주밖에 안 된 강아지라도 아키타 종은 힘이 굉장히 센 견종이다. 누크는 놀이 중에 아이들에게 상처를 입힐 정도로 점점 더 사납게 물기 시작했고, 그럴 때마다 벌을 주는 방법으로 누크를 방에 혼자 두고 문을 잠갔다. 이 집의 경우 모든 놀이 과정에 문제가 있었다.

먼저 가족이 즐겨하던 놀이는 개의 본능을 자극하는 것으로 화를 자초한 셈이다. 개는 자기의 이빨을 이용하고자 하는 것이 본능인데 그 본능을 극대화시키는 놀이를 선택한 것이다. 또 강아지는 어떻게 하면 주인의 관심을 끌 수 있는지에 대해 배우게 되는데, 특히 놀이 과정을 통해 사람을 속이는 방법도 배우므로 적절한 놀이를 선택하는 것은 매우 중요하다.

놀이는 언제나 우두머리가 통제할 수 있어야 한다. 어떤 종류의 놀이를 할 것인지, 언제 시작해서 언제 끝낼 것인지, 어떤 규칙을 적용할지 등을 모두 사람이 결정해야 한다. 그런데 이 집은 모든 놀이의 결정을 누크가 내리고 있었다.

아미시엥 본딩 교육을 통해 서열을 재정립해야 했다. 가족들은 교육의 원리를 모두 이해했는데 문제는 이 집에 손님이 굉장히 많다는 것이었다. 아이들의 친구들이 수시로 드나들었기 때문이다. 그래서 손님이 왔을 때는 누크를 잠시 다른 방에 두었다가 가족만 남으면 거실에 올 수 있도록 했다.

일단 예전의 놀이처럼 누크가 가족의 입이나 팔을 향해 점프를 하면 그럴 때마다 몸을 이용해 막았다. 그러다가 만약에 누크가 예전처럼 물면 강아지 형제들이 하듯이 "아!" 하고 소리를 지른 뒤 조용히 누크에게서 멀어졌다. 이런 과정이 되풀이되자 누크는 자신이 원하는 관심을 더 이상 받지 못한다는 사실을 받아들였다. 개도 인간과 마찬가지로 자신이 바라는 대로 되지 않으면 더 이상 그 일을 하지 않는다. 이런 과정을 통해 자신의 행동 중 환영받지 못하는 행동이 있고, 행동을 스스로 통제해야 한다는 사실을 누크는 빠르게 배워 나갔다.

자신의 행동과 욕구를 스스로 조절하게 하는 것만큼 강력한 교육은 없다. 몇 주 되지 않아 누크의 행동은 놀랄 정도로 진전되었고, 아이들은 예전처럼 누크와 함께 실컷 놀 수 있게 되었다. 이런 행동의 변화는 게임의 규칙만 바꾸어도 가능하다. 누크는 자신이 아닌 아이들이 언제, 어디서, 어떻게, 얼마나 게임을 할 것인지를 결정해야 한다는 것을 인정했다. 누크는 드디어 착하고 멋진 개로 성장하는 길목에 섰다.

식분증 강아지 디아키

강아지 관련 문제 중에 무는 것 다음으로 흔하게 접하게 되는 것이 바로 대소변 가리기이다. 대소변 가리기는 성공하지 못하면 함께 살기 시작한 개와 인간 모두에게 큰 스트레스이다. 1997년 여름에 만난 고든 세터 디아키는 이름에서 알 수 있듯이 굉장한 기품을 지닌 강아지로 5개월밖에 안 되었는데도 아름답고 우아했다.

그런데 가족들은 디아키를 자랑스럽게 생각하면서도 창피해하고 있었다. 왜냐하면 디아키에게 자기의 똥을 먹는 식분증이 있었기 때문이다. 가족들은 디아키의 버릇을 고치기 위해 온갖 방법을 동원했지만 성과가 없었다. 디아키는 가족들을 피해 도망다녔고, 정원의 구석으로 피해 들어가 덤불 아래에서 볼일을 본 후 먹어치웠다. 가족들은 이 버릇을 고치고 싶었지만 방법을 찾지 못하고 있었다.

가족들이 스트레스를 받는 만큼 디아키도 이 상황에 스트레스를 받고 있었고, 아직 어리기 때문에 더 힘들어하는 것이 보였다. 나는 디아키를 만나자마자 몇 가지 문제점을 발견했다. 디아키는 '노골적으로' 점프를 하고, 목줄을 계속해서 잡아당겼다. 가족들은 이것이 무슨 의미인지 몰랐지만 디아키의 이런 행동은 자신이 무리의 우두머리라는 확신에서 나왔다.

그렇다면 디아키에게 왜 화장실 가는 것을 불안해하고 식분증에 걸리는 등의 문제가 생긴 것일까? 이 의문은 가족들과의 대화를 통해 금방 풀렸다. 이 집은 청소도 자주 하고 집도 아기자기하게 꾸미는 등 굉장히 깔끔을 떠는 집이어서 디아키가 화장실 가는 문제에 거의 노이로제 증세를 보였다. 디아키가 집 안에서 대변을 볼 것처럼 서성이면 당장 들어다가 마당으로 옮기는 등 온 가족이 야단법석을 떨다가 간혹 실패해서 디아키가 집 안에서 볼일을 보면 그야말로 난리가 났던 것이다.

디아키에게 이 상황은 굉장한 스트레스였다. 왜냐하면 디아키 스스로 자신이 무리의 우두머리라고 생각하는데, 가족들을 행복하게 해 줘야 하는 우두머리로서의 임무 수행에 실패하고 있었기 때문이다. 그래서 디아키는 자신이 불행을 자초하고 있다고 생각하고, 불행의 씨앗인 똥을 먹어 버려야 한다고 생각하는 것이 분명했다. 대소변 가리기는 강아지 때 배워야 하는 기본 소양인데, 이 집에서는 그것이 오히려 복잡한 문제를 야기하는 원인이 된 것이다.

그래서 디아키는 두 가지 문제를 한꺼번에 해결해야 했다. 하나는 디아키가 스스로 우두머리라고 생각하는 것을 없애는 것이고, 또 하나는 화장실에 가는 시간에 일어나는 일대 소란을 멈춰서 디아키에게 화장실 가는 일이 평범한 일임을 알려야 했다.

이런 경우에 전통적인 해결법은 코에 개의 배설물을 비비는 것이다. 하지만 나는 이런 방법을 따를 생각이 전혀 없었고 가족들과 디아키의 유대감 형성을 위한 과정을 시작했다. 그리고 디아키가 가족의 주위를 끌기 위해 기울이는 노력을 무시하는 훈련을 해 나갔다.

디아키는 욕심이 많아서 우두머리 자리를 포기하기까지 다소 시간이 필요했다. 다행히 디아키의 변화하려는 노력을 격려하는 가족들의 정성으로 교육은 점차 효과가 나타나기 시작했다.

변을 볼 때마다 소란을 피우는 가족

가족들은 여전히 디아키가 화장실에 갈 때마다 긴장했다. 그래서 나는 가족들에게 그렇게 긴장하지 말고 마음을 비우라고 했다. 절대로 매번 디아키를 잡으러 가서는 안 되고 아침에 깼을 때와 밥을 먹은 후 정도를 중점적으로 신경 쓰라고 했다. 그리고 가장 중요한 것은 모든 가족이 이 과정에서 침착하고 차분해야 한다는 것이었다. 절대로 수선스러워서는 안 되며 몇 번 해보고 포기하는 것이 아니라 인내심을 갖고 지속적으로 해 나가야 한다고 강조했다. 디아키가 노력하고 있으니 반려인도 노력해야 했다.

일단 디아키가 자신의 배설물을 먹는 행동부터 멈추게 해야 했다. 디아키가 집 안에서 똥을 눠도 절대 소란을 피워서는 안 되고, 똥을 다 눌 때까지 기다렸다가 디아키를 불러서 디아키가 오면 쓰다듬으면서 "아이고, 우리 디아키 깨끗하기도 해라."라고 계속 칭찬하고 보상으로 간식도 준다. 그리고 디아키가 보상으로 준 간식을 먹고 있는 사이 배설물을 치우는 것이다. 이렇게 배설물을 재빨리 치우면 디아키가 배설물을 먹을 수 없게 되어 자연스럽게 식분증은 없앨 수 있다.

사실 많은 훈련 방법 중에서 화장실 훈련을 시키면서 음식을 보상으로 주는 경우는 많지 않다. 하지만 내 경험으로 보아 화장실 훈련이라고 굳이 음식을 보상으로 주지 말아야 하는 이유는 없다. 오히려 올바른 행동을 했을 때 보상을 받으면 효과는 훨씬 더 좋다. 디아키의 경우도 음식 보상은 디아키를 더 열심히 노력하게 만들었다. 물론 간식 보상은 디아키의 행동 교정을 위한 교육 기간 동안에만 한시적으로 실행되었다.

디아키는 반복되는 과정에 잘 반응했고, 곧 배설물을 먹는 습관을 버렸다(이 과정에서 애호박이나 파인애플을 강아지 밥에 넣어 주는 것도 도움이 된다. 애호박과 파인애플을 먹은 후의 똥은 불쾌한 냄새가 나서 개의 구미에 맞지 않는다). 이렇게 식분증 치료에 성공한 다음에 디아키의 대소변 훈련을 실질적으로 시작했다.

　디아키의 화장실 훈련이 성공하려면 무엇보다 가족들의 도움이 절실했다. 가장 먼저 절대 소란스럽지 않게 차분하고 일관되게 행동해 달라고 부탁했다. 디아키가 잘못된 곳에 가서 똥을 누면 화내거나 소란 피우지 말고 아무 말 없이 조용히 배설물을 치우면 된다. 잘못된 곳에서 대소변을 누면 이렇게 무시하지만 대신 정해진 장소에서 변을 보면 아는 체를 하면서 칭찬하고 음식 등으로 보상해 준다. 다행히 교육 덕분에 디아키는 2주 후에 식분증도 없어지고 대소변 가리기도 성공했다. 다이키가 정해진 곳에서 똥을 누고, 먹지 않고 얌전히 두자 다이키도 가족도 행복해졌다.

　이런 교육법은 비단 대소변 가리기가 아니라 다른 교육에도 똑같이 적용되는데, 개가 원하지 않은 행동을 할 때는 화를 내거나 때리지 말고 아무 말 없이 조용히 그 상황을 무시하는 것이 가장 좋다. 개가 잘못된 행동을 한 후에 꾸짖는 것은 아무런 의미가 없다. 개는 어떤 행동을 한 후에도 곧 자신이 한 일을 까맣게 잊는다. 그러므로 그런 개에게 화를 내봤자 아무 소용이 없다. 개로서는 사람이 왜 저러는지 도통 이해할 수 없는 그저 당황스러운 일일 뿐이다. 화를 내면 반성할 것이라는 생각은 사람 생각이고, 개는 사람이 왜 자기에게 화를 내는지 이유조차 모르기 때문에 그저 당황할 뿐이다.

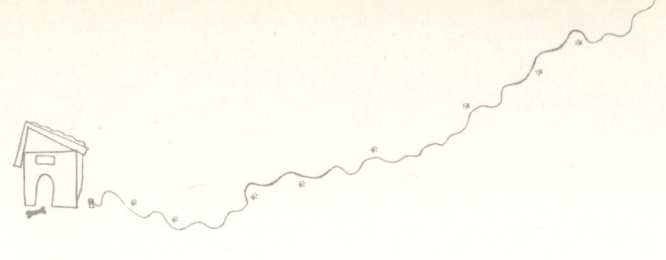

17장
대소변 가리기

영역 표시는 야생 상태의 본능이다

강아지일 때 대소변 가리기 교육을 완벽하게 마쳤는데도 다 커서 새삼스럽게 집 안을 더럽히는 개들이 있다. 사람들이 스트레스 때문에 갑자기 온몸이 아프고 술 중독에 빠지는 것처럼 개도 자신만의 방식으로 문제를 표현하는 것이다.

집 안 아무 곳에나 대소변을 보는 문제는 반려인이 가장 힘들어하는 문제 중 하나이다. 나는 다 자란 개가 집 안에 실례를 하는 경우를 종종 접했다. 그중에는 집을 방문한 손님에게 오줌을 눈다든가 가구나 커튼 혹은 함께 사는 사람에게 소변을 보는 경우도 있었다. 나는 이 문제의 해답을 얻기 위해 야생 상태에서의 이들의 행동을 살펴보았다.

늑대와 야생 개는 자기 영역을 지키려는 본능이 강한 동물로 배설물로 영역 표시를 한다. 배설물 냄새는 다른 동물들에게 다음과 같은 확실한 메시지를 보내기 때문이다.

'만약 이 지역을 침범할 경우에는 심한 저항에 부딪칠 것이다.'

물론 영역 표시는 무리의 우두머리 담당이다. 우두머리는 방광에 소변을 보관하다가 조금씩 지릴 수 있는 능력이 있다. 늑대와 개는 이를 통해 보다 넓은 지역에 영역 표시를 할 수 있다.

이런 행동이 야생에서는 자연스럽게 받아들여지지만 사람과 함께 살면서는 유지하기 힘들다. 함께 살면서 유지하기에는 사람이 너무 참기 어려운 본능이기 때문이다. 집 안 구석구석에서 개의 소변 냄새가 나고 얼룩이 져 있는 것을 참을 수 있는 사람은 거의 없다. 그래서 이런 중요한 문제는 빠르고 깨끗하게 해결해야 한다. 내가 만난 두 경우를 보면 해결 방법을 찾을 수 있을 것이다.

소파 위에서 소변을 보는 개 캘리

첫 번째 경우는 수지, 톰 부부와 사는 래브라도 혼혈견인 캘리이다. 캘리는 입양했을 때에는 문제가 전혀 없었는데 어느 날 카펫 한 부분에 소변을 누더니 상황이 점점 악화되기 시작했다. 결국 소파 위에 올라가 소변을 보는 지경에 이르렀고 부부는 모든 가구에 고무 시트를 씌워 놓은 상태였다.

　개를 진심으로 사랑하는 사람들이 그렇듯 수지와 톰도 캘리의 행동에 화를 내지 않았다. 다만 캘리가 왜 그런 행동을 하는지 이해할 수 없어서 내게 도움을 청했다. 부부는 캘리에게 무슨 일이 일어나고 있는지를 알고 싶어했다. 그래야 캘리의 행동을 이해할 수 있고 도와줄 수 있으니까.

　부부는 소파를 오줌으로 적시는 상황을 이야기하면서 캘리가 정원에 나가는 것을 두려워하고 어둑어둑해지면 아예 정원에 나가지 않는데, 혹시 이런 행동이 대소변을 가리지 못하는 것과 상관이 있는지 물었다. 하지만 이런 행동은 개가 스트레스를 받고 있다는 증거일 뿐 대소변 문제와는 상관이 없다. 흔히 사람들은 한 가지 문제에 집착해 그와 연관된 다른 문제를 제대로 보지 못하는데 이 경우가 바로 그랬다. 캘리가 정원에 나가는 것을 두려워할 정도로 느끼는 스트레스는 바로 톰과 수지 부부가 무심코 캘리에게 떠넘긴 책임감 때문이다.

　톰의 직업은 소방관이다. 그래서 나는 부부에게 늑대와 야생 개 무리의 행동 방식을 소방관이라는 직업과 연관하여 설명해 주었다. 무리의 생존을 중시하는 개는 무슨 일이 생기면 무리의 생존을 위해 최대치의 능력을 발휘한다.

　'우리는 하나다(all for one and one for all).'

　이런 생각이 개의 무리를 지배하고 '나만 괜찮으면 돼.'라는 안일한 생각은 존재하지 않는다. 그런데 이런 개 무리의 법칙은 소방관 조직에도 존재한다. 소방관은 위험이 발생할 때마다 똘똘 뭉치는데 이는 경쟁적이고 자기 것만 챙기는 현대 사회에서는 보기 드문 광경이라 할 수 있다. 아마도 이런 모습은 지휘관부터 말단 소방관에 이르기까지 서로를 존중하기 때문에 가능한 것이고, 또한 각자의 목숨이 서로에게 달려 있기 때문일 것이다.

그런 상황 속에서 나는 캘리의 문제를 화재 현장에 던져진 신참 소방관에 비유했다. 만약 이제 막 발령을 받은 햇병아리 소방관이 첫날 바로 화재 현장에 투입되어 총지휘를 맡게 된다면 그의 스트레스가 어떨까? 캘리의 문제는 캘리가 감당할 수 없는 너무 무거운 짐을 지고 있었기 때문이다. 톰 부부는 말의 뜻을 순식간에 이해했고 조금의 망설임도 없이 아미시엥 본딩 교육에 돌입했다.

강아지 대소변 가리기 교육, 클린 도그

모든 교육은 상황에 따라 필요한 교육을 추가하는 등 유연성을 발휘해야 한다. 캘리의 경우도 아미시엥 본딩 교육의 기본 네 가지 과정을 해 나가면서 동시에 강아지 교육법도 추가하기로 했다. 새로 입양되어 온 강아지들의 대소변 가리기 교육인 '클린 도그(clean dog)' 기술을 활용했다.

클린 도그 기술은 별다른 것이 아니다. 캘리가 화장실로 지정된 장소에서 볼일을 보면 바로 따라가서 칭찬과 음식으로 보상을 해 준다. 이때 중요한 것은 성공했을 때의 보상만큼 실패했을 때의 대응이다. 캘리가 화장실로 정한 곳이 아닌 곳에 가서 볼일을 보더라도 절대 호통을 쳐서는 안 된다. 실패했다고 실망해서도 안 되고 혼내서도 안 된다. 모르는 척 조용히 대소변을 치운다. 대소변 가리기를 성공하려면 반려인의 차분한 태도가 중요한 열쇠이다. 반려인이 스트레스를 받는 상황에서 개의 스트레스를 해소해 주기란 쉽지 않다.

캘리의 교육은 문제없이 빠르게 진전되었다. 톰과 수지 부부는 교육 중이던 어느 일요일 캘리가 거실 바닥에 실례를 했다고 기쁜 소식을 전해 주었다. 다른 집이라면 거실에 소변을 보는 것이 무슨 기쁜 소식이냐고 하겠지만 캘리에게는 확실한 교육의 효과였다. 캘리가 소파나 가구가 아닌 바닥에 소변을 보다니 얼마나 기쁘겠는가! 그리고 사흘 뒤 부부가 정해 놓은 마당 화장실 구역에서 캘리가 소변을 봤다는 소식이 또다시 전해졌다. 그 후 캘리는 가구는 물론 집 안 어디에도 실례를 하지 않는 착한 개로 거듭났다. 이런 변화는 반려인인 톰과 수지는 물론 책임을 벗은 캘리에게도 행복한 변화이다.

온 집 안에 데렉의 똥이 뒹구는 집

비숑프리제 데렉에 비하면 캘리의 경우는 아주 양호한 편이다. TV 프로그램에 출연하면서 알게 된 방송국 직원인 조지는 매력적이고 활발한 여성이다. 그런데 불행히도 조지는 온 집 안에 배변을 보는 반려견 데렉과 함께 살고 있었다. 조지는 퇴근해서 집에 가면 집 안 여기저기에 널려 있는 배설물을 치우는 것이 일이라고 했다. 내가 보기에 데렉이 이런 습관을 갖게 된 것은 조지가 데렉에게 교육을 시킬 생각은 하지 않고 맹목적인 사랑'만' 퍼부은 결과였다.

데렉은 조지가 없는 낮에는 물론 밤에도 똑같이 온 집 안에 변을 보고 다녔다. 머지않아 조지의 거실 바닥은 온통 똥색이 될 지경이었다.

그래서 조지의 아침 일과는 거실에 데렉의 똥이 있는지를 체크하는 것으로 시작되었다. 언젠가 맨발로 데렉의 똥을 밟은 적이 있었기 때문에 절대로 간단한 일이 아니어서 꼼꼼한 조사가 필요했다. 덕분에 조지는 고무장갑과 락스에 많은 돈을 쏟아붓고 있었다.

조지는 자신의 집을 '똥이 가득한 집'이라고 특유의 유머를 곁들여 이야기했지만 데렉의 문제는 절대 그냥 웃고 넘어갈 일이 아니었다. 어떻게든 변화가 필요했다. 조지의 집을 방문한 날 나는 데렉이 그녀가 가는 곳이면 어디든 졸졸 따라다니는 모습을 보았다. 또 조지가 앉기만 하면 데렉은 무릎에 앉겠다고 졸랐고 조지는 늘 그렇게 했다. 반려견이 요구하고 반려인이 그대로 받아 주는 행동은 반려인이 흔히 저지르는 전형적인 실수 중 하나이다. 이런 행동은 개의 관점에서 보면 우두머리인 자신에게 서열이 낮은 사람이 경의를 표하는 것으로 간주되기 때문이다.

데렉을 차분히 관찰해 보니 현관에서도 대소변을 해결하고 있었다. 현관은 무리의 출입구라고도 할 수 있는 곳이다. 그런데 그곳에 변을 보는 것을 보니 데렉이 집 안을 더럽히는 이유는 분리불안인 것 같았다.

조지는 아미시엥 본딩 교육 방법에 거부감을 보였다. 시간만 나면 야단법석을 떨면서 애정을 표현하는 것이 유쾌발랄한 그녀의 천성인데 데렉에게 무심해야 한다니 너무 혹독하다고 생각되는 것 같았다.

또한 이런 그녀의 마음 한 구석에는 죄책감이 자리잡고 있었다. 조지는 일하는 엄마처럼 자기가 일하는 동안 집에 혼자 있어야 하는 데렉에게 미안함과 안쓰러움을 갖고 있다 보니 집에 오면 데렉이 원하는 대로 모든 것을 다 하게 놔두었던 것이다. 조지는 처음에는 거부감을 느꼈지만 곧 이해하고 교육에 적극적으로 참여했다.

데렉에게는 내가 우두머리임을 알리는 것이 필요해서 환영 의식을 무시하는 등 우두머리의 모습을 보여 줬더니 처음 방문한 날부터 데렉은 내 관심을 끌려고 노력하는 대신 멀리 떨어져 혼자 놀았다. 내가 방문한 지 몇 분 지나지 않아 데렉이 주방으로 가서 장난감을 갖고 혼자 놀자 조지는 처음 본 데렉의 모습에 상당히 놀라는 눈치였다. 조지는 데렉이 우두머리의 책임감에서 벗어나야 조지를 유모처럼 돌봐 주어야 한다는 책임감에서 벗어날 수 있다는 말을 이해하기 시작했다.

이제는 조지가 데렉의 우두머리가 될 차례였다. 조지는 아미시엥 본딩 교육을 시작하는 한편 강아지 교육 때 활용하는 화장실 교육도 병행했다. 그런데 데렉의 경우는 워낙 집 안 이곳저곳에 볼일을 보는 경우라 실질적인 도움을 위해 사용하면 좋은 세제도 알려 줬다. 개의 대변 후 처리에는 화학 성분 제품보다는 효소가 함유된 세제가 변에 있는 지방 효소를 말끔하게 처리해 주기 때문에 효과가 좋다. 개가 계속 같은 장소에 변을 보는 이유는 그곳에서 자신의 냄새를 맡기 때문이다.

5분 규칙을 15분 규칙으로 바꾸다

그러나 2주 후 방송국에서 조지와 데렉을 만났을 때 조지가 내 조언을 제대로 따르지 않았음을 느꼈다. 데렉은 불안해 보였고 주변을 끊임없이 두리번거리고 있었다. 만약 교육이 어느 정도 진행되었다면 데렉은 조지를 바라보고 있어야 했다. 조지는 집 안에서 데렉의 배설물을 치우는 일에 넌더리가 난 상태였지만 교육을 지속적으로 실천하는 것이 쉽지 않았던 모양이다.

　게다가 조지의 분장실에 놓여 있는 고무장갑을 보니 내 생각에 확신이 들었다. 데렉이 실내에 실례를 하면 조지가 끼고 뒤처리를 하던 고무장갑은 그녀가 교육 방법을 제대로 실천하지 못하고 있다는 증거였다. 중간 점검이 필요했다.

　데렉은 여전히 조지를 졸졸 따라다니고 있었고 대소변 가리기도 나아진 것이 없다고 했다. 조지는 5분 규칙을 비롯해 교육 내용을 철저하게 따르지 않고 있다고 고백했고, 데렉의 엄마로서 제대로 교육시키지 못한 것을 미안하게 생각하고 있었다.

　나는 이 일이 매일 밤 방송되는 마감 뉴스처럼 데렉에게 해서는 안 되는 규칙을 주절주절 설명하는 것이 아니라고 조지에게 설명했다. 반려견을 대하는 조지의 태도를 통해 데렉의 행동을 바꾸고, 그것이 조지의 삶도 변화시킬 수 있다는 아미시엥 본딩 교육의 의미를 이해시켰다.

　그리고 아직 5분 규칙의 의미를 이해하지 못하는 데렉을 위해 5분 규칙을 15분 규칙으로 바꿨다. 이렇게 긴 시간이 필요한 이유는 데렉의 의지가 부족한 탓도 있지만 조지가 스스로를 우두머리라고 입증하는 힘이 약한 것이 더 컸다. 반려인이 우두머리가 되기에 의지가 부족하고 상황을 변화시킬 힘도 약한 경우가 꽤 많은데 조지가 그런 경우였다.

　조지는 데렉을 아끼는 자신만의 사랑법을 바꾸지 못하고 있었다. 하지만 개와 함께 사는 삶을 보다 행복하게 만들고 싶다면 교육과정의 어려움을 극복해야 한다. 조지는 다시 교육 의지를 다졌고 비록 먼 길을 돌아가기는 했지만 마침내 목적지에 도달했다.

2주 후 만난 조지는 데렉의 성격이 완전 개조되었다는 기쁜 소식을 전해 주었다. 조지는 지난 2주 동안 내가 해 준 조언을 주문처럼 계속 되뇌었다고 했다. 아미시엥 본딩 기본 교육을 철저히 지키면서 힘들지만 15분 규칙을 지켜 나갔고 침착하고 일관된 태도로 데렉을 대하려고 애썼다. 조지의 성격상 이런 생활이 얼마나 힘들었을지 짐작이 되었다. 그 결과 2주 만에 데렉은 지정된 화장실을 사용하게 되었다. 집안 곳곳에 대소변을 보던 악명 높은 데렉은 이제 사라졌다.
　그리고 보여 준 사진 속 데렉은 나를 최고로 기쁘게 했다. 데렉은 고무장갑 위에 자신의 발을 얹어놓고 있었다. 더 이상 집 안에서 필요없게 된 고무장갑이 데렉의 소중한 장난감으로 거듭난 모습이었다.

역자가 알려 주는 대소변 가리기 완전정복

역자는 저자인 잰 페넬의 아미시엥 본딩 교육을 통해 반려견의 대소변 가리기 문제를 완벽하게 교정했다. 뉴질랜드에 살면서 잰 페넬의 교육을 DVD를 통해 익히고, 강연을 여러 번 직접 들으며 공부한 결과였다. 저자가 강연을 통해 들려준 좀 더 구체적인 대소변 가리기 방법을 독자에게 소개한다.

대소변 가리기 성공의 가장 중요한 점은 인내심과 반복 교육이다. 많이 알고 있듯이 개가 대소변을 이곳저곳에 누는 이유는 영역 표시와 함께 자신이 우두머리임을 인식시키려는 행동이다. 따라서 이런 기본 지식을 염두에 두고 대소변 가리기 교육에 임해야 한다. 특히 수컷이 암컷보다 소변을 더 많이 지리고 다니는데, 전형적인 우두머리로서의 행동이다.
그러므로 대소변 가리기 교육 전에 시작해야 할 것은 아미시엥 본딩 기본 교육을 통해 반려인이 우두머리임을 개에게 확실하게 인식시키는 것이다. 내 반려견인 예삐의 경우 아미시엥 본딩 교육을 통해 우두머리로 인정받는 데 2주 정도 걸렸다. 2주 동안 하루쯤 빼먹고 싶은 유혹도 생기고, 과연 이 방법으로 행동 교정이 가능할까라는 의구심도 생겼지만 흔들리지 않는 것이 중요하다. 그렇다고 기간을 정해 놓고 반려견이 변하길 바라서는 안 된다. 중요한 것은 그들의 대화 방식으로 의사소통을 하겠다는 의지이다.

대소변 가리기에 성공하려면 아미시엥 본딩 교육을 지속하면서 몇 가지 방법을 추가한다. 일단 반려견들이 음식을 먹고 난 후에는 재빠르게 대소변을 봐야 하는 장소로 유인해야 한다. 마당이 있는 집이라면 마당으로, 마당이 없는 집이라면 화장실로 반려견을 유인한다. 이때 절대로 반려견을 끌고 가거나, 안고 화장실로 가서는 안 된다. 반려견이 좋아하는 장난감이나 공, 간식 등을 가지고 유인하면서 긍정적인 연계를 만들어야 한다.

그런 다음 마당이나 화장실에서 개가 볼일을 볼 때까지 함께 시간을 보낸다. 대체로 그곳에서 보내는 시간은 5~10분이지만 길게는 30분 정도 걸리기도 한다. 이런 과정을 통해 아이들은 자연스럽게 화장실과 장난감, 간식, 대소변을 긍정적으로 연계시키게 된다.

화장실에서 이 정도 시간을 보내는 것이 고역이라면 신문지를 이용해도 된다. 거실 한 쪽에 신문지를 깔아 놓은 뒤 그곳에서 식사 후 시간을 함께 보낸다. 장난감을 가지고 놀면서 자연스럽게 신문지의 위치를 화장실 쪽으로 옮기는 방법이다. 이렇게 놀이를 하면서 대소변을 보게 되면 개는 대소변과 놀이를 긍정적으로 연계하게 된다.

이때 사용되는 장난감의 의미는 우두머리의 상징이다. 우두머리만이 음식에 대한 권한이 있듯이 장난감도 우두머리인 반려인의 특권이다. 그러므로 화장실 교육용 장난감을 따로 하나 만들어서 화장실 교육이 필요할 때만 그 장난감을 이용하는 것이 좋다.

교육 중에 개가 실수를 할 때가 있다. 지정되지 않은 곳에 대소변을 보면 화를 내거나 호통을 치지 말고 바로 무시한다. 개를 때려서도 안 된다. 개는 왜 혼나는지 알지 못하기 때문에 혼을 내는 것은 의미가 없다. 오히려 볼일을 보는 것 자체에 문제가 있다고 생각해서 또 다른 문제를 야기시킬 수 있으니 대소변 가리기 교육을 하면서 잘못했을 때 절대로 아이들을 혼내서는 안 된다.

아이들이 실수를 하면 바로 무시하면서 조용히 대소변을 깨끗하게 치운다. 개는 월등한 후각으로 자신의 소변 냄새가 나는 곳에서 또 소변을 누는 습성이 있으므로 깨끗하게 치우는 것은 중요하다. 이때 레몬이 첨가된 제품을 사용하면 좋다. 또 치우면서 개와 눈을 마주치거나 말을해서는 안 된다.

만약 개들이 대소변을 부정적인 것으로 연계시키면 소변을 더욱 많이 지리게 된다. 항상 긴장한 상태에 있기 때문에 방광에 문제가 생기는 경우도 많다. 그러므로 긍정적인 연계가 가장 중요하다. 개도 사람들과 같아서 긍정적으로 접근하면서 교육을 해 나가야 한다.

또한 개마다 소변을 누기 전 행동이 있다. 예삐의 경우는 항상 밥을 먹고 거실을 배회하다가 소변을 누었다. 그래서 나는 거실에 신문지를 깔아 놓은 뒤 예삐가 밥을 다 먹고 나서 거실을 배회하기 시작하면 장난감을 이용해 신문지로 유인했다. 그런 다음 신문지 위에서 시간을 같이 보내다 보면 예삐는 몇 분 후 바로 소변을 봤다. 소변을 다 보면 신문지를 바로 치우면서 "착하다." 하고 칭찬을 했다.

일단 성공한 다음에는 신문지를 놓는 위치를 마당이나 화장실로 옮기기 시작한다. 이렇게 며칠이 지나면 반려견은 밥을 먹고 나면 으레 마당이나 화장실로 가서 대소변을 보고, 조금 더 지나면 변이 보고 싶어지면 마당이나 화장실로 가는 문을 열어 달라고 긁는 단계까지 이르게 된다. 이 방법으로 예삐도 소변을 지리는 습관을 완전히 교정했다. 반려인이 조금만 세심하게 반려견을 관찰하면 대소변을 보기 전에 하는 행동을 알아낼 수 있으니 그런 행동을 하기 시작하면 장난감, 간식 등을 이용해 반려견을 화장실이나 마당으로 유인하면 된다.

그러므로 대소변 가리기에 성공하고 싶다면 아미시엠 본딩 교육을 통해 반려인이 믿음직한 우두머리가 되는 것이 우선이고, 그런 다음 우리 개의 상태를 면밀히 관찰한 뒤 대소변 가리기 교육을 시작하면 된다. 이때 장난감, 간식을 통한 긍정적인 연계를 잊어서는 안 되고, 성공했을 때의 칭찬과 실패했을 때의 무시하기를 잘 지켜 나가면 오래지 않아 대소변 가리기를 완벽하게 성공할 수 있다.

교육을 시작하기 전에 이 책 6장, 16장, 17장을 읽어보기를 권한다.

18장
반려인의 결혼이 개에게 미치는 영향

서로 우두머리가 되려는 집시와 캐리

1997년 어느 가을날 결혼을 앞두고 배우자와 반려견의 갈등 때문에 고민 중인 아일랜드 사람 어니스트의 전화를 받았다. 어니스트와 신부가 될 에니드는 각각 서로의 배우자를 잃는 등의 아픔을 겪는 30년 동안 계속 곁에 있어 준 오랜 친구였다. 마침내 결혼을 결심한 둘은 아일랜드의 바다 연안에 신혼살림을 차리기로 한 상태였는데 둘의 반려견은 두 사람의 결정과 다른 생각을 하는 모양이었다.

혼혈견 집시는 어니스트가 아내와 사별한 후 입양해서 7년 동안 함께한 반려견으로 어니스트 인생에 중요한 부분을 차지해 왔다. 에니드도 13살 된 래브라도 캐리와 살고 있었다. 그런데 집시와 캐리는 둘을 어떻게든 친하게 하고 싶은 두 사람의 희망에 전혀 협조하지 않았다. 결혼식이 점점 다가오고 상황이 더 어려워지자 동물행동학자에게 해결 방안을 부탁해 장문의 해결법을 받아 그대로 해보는 등 자신들이 할 수 있는 일을 모두 시도해 봤지만 전부 실패한 상태였다. 어떤 방법도 효과가 없자 두 사람은 깊이 실망했다.

내게 도움을 요청하는 사람은 어떻게든 문제를 해결하려는 의지를 지닌 반려인이다. 적어도 개에게 문제가 있다고 안락사 시킨다든가 버리거나 딴 집으로 보내 버리는 사람은 아니라는 뜻이다. 어니스트와 에니드는 문제를 해결하려는 확고한 의지를 가지고 있었고, 내가 마지막 희망이었다.

나는 일단 상황을 파악하기 위해 어니스트와 에니드, 그들의 반려견 모두를 반려견 위탁소에 초대해서 함께 산책을 나갔다. 산책길에 집시와 캐리는 서로를 의식하며 주시했는데 집시가 더 심해 보였다. 내가 파악한 상황은 두 반려견 모두 각자 집의 우두머리라고 여기고 있다는 데 있었다.

캐리는 우두머리로서 반려인인 에니드를, 집시는 반려인인 어니스트를 보호하고 있다고 생각하는 상황에서, 두 반려견은 결혼을 통해 곧 확장될 무리에서의 우두머리 자리를 놓고 신경전을 벌이고 있는 것이었다. 두 녀석이 새롭게 확대된 무리에서 우두머리 자리를 놓고 다투는 것이 아니라 서로를 의지하고 보듬어 줄 수 있게 만드는 것이 중요했다. 두 녀석이 모두 우두머리의 자리를 버리고 동등하게 하급자의 위치를 받아들여야 했다.

같은 침대를 쓰게 된 두 반려견

나는 두 사람에게 반려견을 이곳 위탁소에 며칠 간 맡겨 두라고 부탁한 후 일단 이틀 동안 둘을 각각의 방에 넣어 지내도록 했는데 두 방은 바로 옆에 붙어 있었다. 둘은 반려인과 떨어진 상태에서 각각의 공간에서 상대방의 존재를 확인하는 시간을 가졌다.

3일째 되는 날에는 두 마리를 넓은 위탁소 운동장에 함께 풀어 주었다. 둘은 각자 자신의 공간을 가지면서도 동시에 서로 공유해야 하는 공간에서도 공존할 수 있어야 했다. 두 마리 모두 돌아가 쉴 수 있는 편안한 공간은 확보된 상태라는 것이 중요하다.

둘은 멀리 떨어진 곳에서 상대를 경계하고 있었는데 이런 모습은 희망적으로 보였다. 이렇게 하루 중 잠시 동안 서로 만나서 놀 수 있는 시간을 주는 프로그램을 반복하니 사흘째 되는 날 둘은 서로를 알고 싶어하는 눈치를 보였다. 서로에게 꼬리를 흔들고 장난치려는 몸짓을 보였다. 이제는 다음 단계를 진행할 시점이었다.

다음 날 둘을 넓은 방에 함께 들여 보냈다. 각자의 공간을 가질 수 있을 만큼 충분히 널찍한 방에 침대 두 개, 밥그릇 두 개, 물그릇 두 개를 준비해 두었다. 같은 방에 있을 뿐이지 각각의 방에 있는 것과 별반 다르지 않은 상태였다. 그리고 그날 저녁 드디어 침대 하나가 필요 없게 되었다. 집시와 캐리가 한 침대를 쓰기 시작했기 때문이다.

기쁜 소식에 힘입어 교육은 다음 단계로 나아갔다. 둘은 그 후 일주일 동안 사이좋게 잘 지냈으므로 이제는 반려인과 만날 차례였다. 사실 앞으로 남은 일이 더 중요했다. 집시와 캐리가 결혼한 두 사람과 함께 사는 것을 받아들이고, 더 이상 우두머리 자리를 놓고 다툼을 하는 것이 무의미하다는 것을 깨닫게 해 줘야 했기 때문이다. 우두머리는 반려인의 몫이므로 둘이 다투는 것은 의미가 없음을 알아야 했다.

먼저 에니드가 위탁소를 찾았고, 나는 에니드에게 두 녀석을 완전히 무시해야 한다고 알려 줬다. 스스로를 우두머리라고 생각하는 캐리는 에니드를 보는 순간 자동적으로 '아, 내 아기 에니드가 왔구나. 자, 그럼 이제 신나게 놀아 볼까.'라고 생각할 것이 뻔하므로 무시하기를 통해 이런 생각을 바꿔야 했다. 또한 반갑게 만나는 캐리와 에니드를 보면 집시가 소외감을 느낄 것이기 때문이다. 이번 에니드의 방문 목적은 하나가 아니라 두 녀석 모두에게 소외감을 느끼도록 하는 것이었다. 그래서 소외감을 느낀 둘이 서로를 의지하게 되기를 바랐다.

에니드와 내가 30분가량 즐겁게 이야기를 나누며 시간을 보내는 동안 에니드는 누구에게도 애정 표현을 하지 않았다. 오랜 만에 만난 개를 무시하는 것이 굉장히 힘들 텐데도 그녀는 눈을 마주치거나 쓰다듬어 주지도 않았다. 집시와 캐리에게 어떤 요구도 용납되지 않는다는 것을 확고히 하는 것이었다.

우리는 이런 과정을 여러 번 반복하면서 천천히 개들에게 다가갔다. 쓰다듬거나 보상의 의미로 간식을 주는 일도 조용히 서서히 해 나갔다. 에니드는 차분함과 지속적인 노력만이 문제를 해결할 수 있음을 잘 이해하고 있었다.

다음은 어니스트 차례였다. 나는 어니스트에게도 에니드에게 했던 것과 똑같은 행동을 요구했다. 위탁소에 온 어니스트를 보자마자 집시는 완전히 흥분 상태가 되었다. 집시는 흥분해서 날뛰면서 캐리를 향해서 으르렁거렸다. 만약 어니스트가 반가운 마음에 집시를 껴안고 흥분하는 모습을 보였다면 분명 집시는 캐리에게 더 공격적으로 대했을 것이다. 하지만 반가움을 참는 것이 어려웠을 텐데도 어니스트는 강한 의지로 스스로를 절제하는 데 성공했고, 이후 이틀 동안 머물면서 이 과정을 반복했다. 그리고 결과는 매우 성공적이었다.

어니스트가 아일랜드로 돌아가기 전에 어니스트와 에니드, 그의 두 반려견이 모두 만남을 가져보기로 했다. 교육이 성공적이었으므로 분명 행복한 자리가 될 것이라고 생각했다. 드디어 만남의 날, 우리는 편안하고 행복한 기대감으로 운동장에 모였다. 무엇보다 교육은 반려인의 태도가 중요한데 어니스트와 에니드가 나를 전적으로 믿고 어려운 과정을 잘 따라줬으므로 성공은 당연한 것이었다. 교육의 효과는 확실하게 나타났고 두 사람과 두 반려견은 드라마틱한 변화로 인해 행복해 보였다.

우두머리가 아니라 동료가 되다

얼마 지나지 않아 나는 두 사람의 결혼식에 초대되었다. 신혼부부는 피로연 때 자신들의 테이블 바로 옆에 내 자리를 마련해 두고 결혼 소감을 말하며 자신들의 행복한 결혼 생활을 가능하게 해 준 내게 감사의 말을 전했다. 하지만 정작 기쁘고 감사해야 할 사람은 나였다. 나는 이런 경험들을 통해 내가 하는 일이 얼마나 의미 있는 일인지 깨닫기 때문이다. 또한 자신의 인생에 최선을 다하는 것처럼 반려견에게도 최선을 다하는 두 사람의 모습이 정말 아름다웠기 때문이다.

결혼식이 끝나고 집시와 캐리는 신혼 보금자리로 옮겨졌고, 이사 후 작은 문제를 알리는 몇 통의 전화를 받았지만 큰 문제는 아니었다. 그래서 모두 새로운 환경에 잘 적응하고 있다고 생각해 안심하고 있었는데 한 달쯤 지나 울먹이는 에니드의 전화를 받았다. 쇼핑몰에 갔다가 캐리가 무슨 이유인지 차에서 뛰쳐 나가 사라졌다는 것이었다.

경찰서에 신고를 하고, 라디오 방송국에 광고를 내고, 거리에 포스터를 붙였지만 아무런 정보도 들을 수 없었다. 가족은 물론 내 마음도 타들어 가고 있었다. 열흘이 지나자 이제는 캐리를 찾을 수 없다는 것을 받아들여야 할지도 모른다는 생각이 들었다. 그런데 그때 비슷한 개를 찾았다는 한 통의 전화를 받았다. 반신반의했지만 우리는 지푸라기라도 잡는 심정으로 달려갔고 그 사람이 데리고 온 개는 캐리가 확실했다.

에니드는 물론이고 모든 이들이 다시 캐리를 만나게 되어서 감격했다. 그런데 기대하지 못했던 모습을 보게 되었다. 캐리는 가족을 만나자마자 어니스트와 에니드의 차로 곧바로 달려갔는데 다른 누구도 아닌 집시에게로 곧장 가는 것이 아닌가. 그래서 부부가 차 문을 열어 주자 집시도 곧장 뛰쳐 나와 울부짖고 점프를 하면서 친구 캐리를 다시 만난 기쁨을 표현했다. 그 어떤 모습보다 감동적이었다. 우두머리의 책임감을 내려놓은 둘은 누구보다도 친한 동료가 되어 있었다.

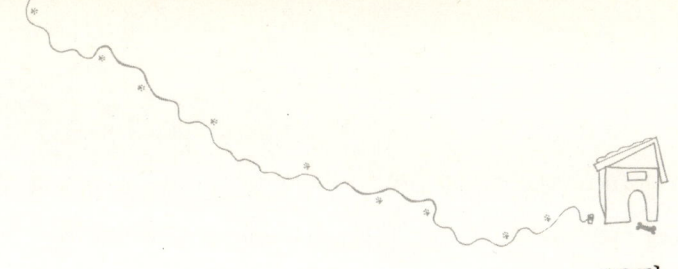

19장
물기, 거부하기 등 식사 시간에 문제가 있는 개

음식을 거부하는 개 제이미

많은 사람들이 개에게 밥 주기는 아무 문제도 없을 거라는 생각을 한다. 먹기는 가장 중요한 생존 본능이므로 개 밥그릇에 음식을 채워서 바닥에 내려놓으면 되는 것이 아닌가라는 생각을 하는 것이다. 하지만 그렇게 간단해 보이는 일이 의외로 만만치 않다. 밥 주기의 문제는 개가 스스로 식사 시간의 규칙을 정하려고 할 때 생긴다.

생후 11주 된 라사압소 제이미는 만난 개 중 가장 기억에 남는다.

제이미는 생후 8주가 되었을 때 입양되었는데 처음 왔을 때부터 음식에 아주 까탈을 부리는 강아지였다. 제이미가 잘 먹지 않고 까다롭게 굴자 식구들은 음식을 손으로 주기 시작했는데 한 달이 지나자 아예 음식을 거부하기 시작했다. 제이미가 아무것도 먹지 않으려고 하자 애가 탄 가족들은 최상급 쇠고기부터 가장 비싼 강아지용 사료, 간식까지 준비했지만 제이미는 꿈쩍도 하지 않았다. 오죽하면 라사압소의 원산지가 티벳이니까 혹시 동양 음식에 관심을 보일지도 모른다는 희망에 중국집에서 음식을 사서 날랐을까.

하지만 모든 시도는 실패했고 제이미는 갈비뼈가 앙상하게 드러날 정도로 말라 갔다. 제이미는 밥그릇 주위를 끊임없이 배회하면서도 정작 음식은 먹지 않았다. 갈수록 말라 가자 동물병원으로 달려가 각종 검사를 받았는데 다행히 신체적으로는 아무런 문제도 없었다. 그렇게 찾은 동물병원에서 수의사의 소개로 가족은 내게 연락을 해왔다.

먹는 행위는 늑대 무리의 삶에서 엄청나게 중요하다. 제이미의 상태를 듣는 순간 나는 다큐멘터리에서 본 한 장면이 떠올랐다. 코요테를 관찰하는 다큐멘터리였는데 늑대 무리가 먹고 남긴 먹이인 엘크 주위를 빙빙 돌면서 배회하는 코요테가 생각났다. 늑대 무리는 엘크를 3/4 정도 먹어치운 후 휴식을 취하고 있다가 코요테가 나타나 배회하자 우두머리 암컷 늑대가 코요테를 내쫓았다.

여기서 흥미로운 부분은 이렇게 내쫓고 난 다음이었다. 코요테를 내쫓고 난 암컷은 엘크에게 다가가더니 시체의 한 부분을 뜯어냈다. 이 행동을 통해 우두머리 암컷이 전한 메시지는 명확했다. 누가 언제 음식을 먹을 수 있는지에 대한 결정권은 바로 자신인 우두머리에게 있다는 것을 보여 주는 행위였다. 우두머리 암컷은 강력한 몸짓언어로 자신의 우두머리로서의 위치를 거듭 강조하고 있었다.

이와 흡사한 행동은 개에게서도 목격된다. 많은 반려인은 개가 종종 입에 먹을 것을 문 채 다가오는 모습을 보고는 웃음 짓는다. 하지만 이 행동은 개가 배가 고프니 먹을 것을 달라는 표현이 아니다. 진실을 알면 실망할 사람들이 많겠지만 사실은 자신이 이 집에서 음식을 나눠 주는 주요한 임무를 맡고 있는 우두머리임을 표현하는 행위이다. 제이미가 보여 준 행동 또한 이와 일맥상통하는 것이다.

제이미를 관찰하면서 제이미가 자신이 이 집을 다스린다고 믿는 것이 분명한 여러 증상을 보았다. 제이미는 내가 도착하자 뛰어오르면서 미친 듯이 짖어대기 시작했는데, 이런 행동은 손님에게 자신의 위치와 분수를 알고 자신의 아래에 있으라는 명백한 명령이었다. 물론 나는 이를 무시했다. 또 우리가 자리에 앉자 냉큼 가족의 무릎 위에 올라가 우리가 이야기하는 내내 앉아 있었다.

집 안을 둘러보던 나는 부엌 한쪽에 음식이 가득 든 밥그릇이 있는 것을 보았다. 밥그릇에 24시간 내내 음식을 넣어 두고 하루에 3번 이상 새 음식으로 갈아 준다고 했다. 이런 상태라면 제이미에게 음식은 특별한 의미가 있을 터였다. 이를 확인하려고 내가 음식이 담긴 밥그릇으로 다가가자 제이미는 허둥지둥 달려와 미친 듯이 짖어대기 시작했다.

우두머리의 힘의 상징이 된 밥그릇

제이미가 지닌 문제의 원인을 안 나는 가족들에게 제이미에게 무슨 일이 벌어지고 있는지 설명했다. 제이미가 음식을 자신의 밥그릇에서 먹지 않는 이유는 식욕과는 전혀 상관이 없었다. 개들은 자신의 우두머리로서의 역할을 각자 다르게 받아들이는데 제이미에게는 자신이 지닌 권력의 궁극적인 상징인 음식에 대한 집착으로 나타난 것이다. 제이미가 미연방금괴보관소인 포트녹스(Fort Knox)를 지키는 것처럼 음식을 사수하는 이유가 여기에 있었다.

제이미로서는 우두머리의 힘의 상징인 자신의 밥그릇에 사람들이 감히 손을 대는 것은 상상할 수도 없는 행동이었던 것이다. 또 같은 이유로 밥그릇에 담긴 음식을 절대로 먹지 않게 된 것이었다. 이성적으로 이해하기는 힘들지만 이런 생각이 제이미에게 이상 행동을 유발한 것이 확실했다. 아마 그냥 두었더라면 제이미는 굶어죽었을 수도 있다. 사람들은 이해하기 힘들지만 제이미로서는 우두머리로서의 권위와 힘의 상징인 음식을 먹어치우기는 힘들었을 것이다.

그런데 반려인들이 그동안 이 문제에 대처해 온 방법은 해결과는 동떨어진 것이었다. 물론 어떤 이유로 가족들이 제이미의 밥을 하루 종일 쌓아 두었는지 이해할 수는 있지만 이런 대응은 상태를 악화시켰다. 또한 제이미에게 음식을 손으로 주는 행위 역시 상황을 악화시키는 데 기여했다. 개에게 있어 손으로 음식을 제공하는 것은 개가 우두머리임을 확인시키는 행동이기 때문이다. 온 가족이 우두머리인 자신에게 완전히 의지하고 있음을 더욱 확고히 해 준 격이었다.

우선 집안에서 힘의 균형을 재정비하려면 밥을 주는 시간이 변해야 했다. 일단 아미시엥 본딩 교육을 통해 반려인과 반려견이 올바른 유대감을 형성해 나가야 했다. 그리고 심혈을 기울여 하루에 3번씩 먹는 시늉을 할 것을 주문했다. 현재 제이미의 상태에서 무엇보다 중요한 교육과정이어서 신신당부를 했다.

그리고 제이미가 밥을 먹지 않으면 밥그릇을 치우고 다음에 밥을 줄 때까지 절대로 주지 말라고 했다. 교육이 시작된 첫날 제이미는 거의 먹지 않았다. 물론 이미 몸이 허약해진 상태여서이기도 했지만 그보다도 가족들이 자기에게 보내는 변화된 신호를 제이미가 알아차렸기 때문이다. 변화된 신호를 받아들여야 할지 말지 제이미에게는 생각할 시간이 필요했다.

다음 날 제이미는 다행히도 메시지를 받아들이고 음식을 먹기 시작했다. 처음에는 두 입 정도 먹었지만 다음에는 조금 더 먹었다. 그리고 그날 저녁 식사를 한껏 다 먹어치웠다. 가족들은 벅찬 감격을 맛보았고, 5일째 되는 날 제이미는 세 끼를 모두 양껏 먹었다. 덕분에 제이미는 최상의 몸무게로 첫 번째 생일을 맞았고, 정서적으로도 안정된 보통의 강아지가 되었다. 사실 제이미의 경우는 아직 어린 강아지에게서는 보기 드문 증상이다.

음식을 뺏기고 으르렁거린다고 안락사 당한 개

다른 어떤 시간보다도 식사 시간이 중요한 이유는 잘못된 정보가 전달될 가능성이 많기 때문이다. 아미시엥 본딩 교육법에서 먹는 시늉이 중요한 요소가 된 것도 그런 이유에서이다. 개에게 전달된 잘못된 신호는 불행한 결과를 낳는다. 또한 감수성이 예민한 어린 강아지의 경우는 불행의 깊이가 더할 가능성이 높다.

그런데 이렇게 중요한 먹는 행위에 대해 너무나 많은 위험한 충고가 난무한다. 그러다 보니 반려인들은 더 많은 실수와 혼란에 빠지게 된다. 예를 들어 소위 전문가라는 사람들조차 개가 음식을 먹고 있을 때 밥그릇을 치워야 한다고 주장하기도 한다.

한 번은 TV 프로그램에 유명세를 타고 있는 개 훈련사가 나와서 문제가 있는 보호소 개를 훈련시키고 있었다. 그는 개를 방으로 데리고 가더니 개에게 음식을 주었다. 그런 다음 서열을 정립한다며 먹는 도중에 그릇을 빼앗는 것이 아닌가. 또 음식을 먹고 있는 개를 방해하기도 했는데 그러자 개는 으르렁거리며 사람을 물려고 했다. 결국 그 개는 안락사 당했다.

소위 전문가라고 하는 사람들이 정당한 이유 없이 한 생명을 죽인 셈이다. 누차 강조했듯이 야생 상태의 개에게 먹는 의식은 신성불가침한 시간이나 마찬가지이다. 모든 개는 교대로 먹고, 먹이를 먹는 시간에는 그 어떤 것도 방해해서는 안 된다. 개는 먹는 순간에도 자신을 방어해야 하는 상황인만큼 개를 화나게 하는 무례한 행동은 절대로 해서는 안 된다.

앞에 언급된 TV 프로그램은 개 입양 논쟁의 일부분이었다. 즉, 사람이 개의 음식을 치울 수 없을 만큼 개가 사납다면 다른 집에 입양되는 것은 불가능하다는 입장에서 그런 실험이 이루어진 것이었다. 소위 전문가라는 사람들도 저렇게 생각하다니!

식사 시간이면 난폭해지는 개 멀더

나는 이런 식의 공격성을 가진 불쌍한 개를 수도 없이 봐왔다. 그중에서 골든 코커 스패니얼 멀더는 내 교육법을 잘 따라준 모범 학생이다. 멀더의 문제는 식사 시간에 굉장히 공격적이라는 데에 있었다. 멀더는 식사 시간이 다가오면 으르렁거리기 시작했고, 반려인인 이본이 캔을 따면 더 심하게 으르렁거렸다. 멀더는 식사 시간에 자신이 모든 권한을 갖고 싶어하는 유형이었다.

그중 가장 심각한 문제는 이본이 멀더의 밥그릇을 바닥에 내려놓는 순간 멀더가 뛰어올라 이본을 문다는 것이었다. 개가 밥을 주는 사람의 손을 무는 문제는 꽤 흔한 문제 중 하나인데, 멀더의 경우는 같은 유형이면서도 조금 변형된 경우라 할 수 있다.

멀더는 자신이 우두머리라고 믿었기 때문에 자신보다 낮은 지위에 있는 이본이 음식을 준다는 것이 항명의 의미여서 받아들이기 힘들었던 것이다. 간혹 개들이 죽은 동물을 반려인에게 물고 오는데 이런 행동은 서열을 뒤집고자 하는 의도에서 나오는 전형적인 행동이다. 마찬가지로 멀더의 눈에 이본은 우두머리보다 먼저 음식에 접근해 서열을 뒤집고자 하는 질 나쁜 행동을 하는 무리의 일원으로 비쳐졌을 것이다.

멀더라는 이름은 미국 유명 드라마인 〈엑스 파일〉의 등장 인물에서 따온 것일 텐데, 이본은 자신의 개가 이 드라마보다 더 무서워질 거라는 예상은 하지 못했을 것이다. 이본은 멀더에게 너무 심하게 물려서 두려움이 큰 나머지 부엌에 들어설 때마다 사시나무 떨 듯 떨고 있었다. 나는 멀더에게 밥을 주는 것이 어떤 순서로 진행되는 것이 좋은지 먹는 시늉 등을 포함해 설명해 주었다.

가까스로 침착함을 되찾은 이본은 과자를 준비해 놓은 뒤 멀더의 그릇에 음식을 담았다. 그리고 이본이 먼저 먹기 시작하자 멀더의 표정이 굳어졌다. 멀더는 이본의 이런 대담한 행동에 기가 막힌 듯 보였다. 나는 이본에게 천천히 여유를 가지고 과자를 먹어야 한다고 강조했고, 이본은 1분 동안 과자를 천천히 씹어서 먹었다. 이런 과정을 멀더는 믿지 못하겠다는 표정으로 지켜보았다.

이런 몸짓언어를 통해 이본이 멀더에게 전한 메시지는 그녀가 먹는 것을 끝내야만 멀더가 음식을 먹을 수 있다는 것이었다. 이본은 과자를 다 먹은 후에도 멀더의 밥그릇을 바닥에 내려놓는 것을 굉장히 무서워했다. 하지만 나는 그녀에게 두려워하지 말고 멀더의 밥그릇을 조용히 바닥에 내려놓고 혼자 놔두라고 권했다.

먹는 시늉을 통한 대화법은 개들에게 굉장히 강력한 메시지를 전달하는데, 멀더의 경우가 가장 모범적으로 반응한 경우이다. 〈엑스 파일〉에 나오는 유명한 말을 빌리자면 '진실은 어디엔가 존재한다(The truth is out there).'는 것인데 이본은 그 진실을 어디에서 찾아야 할지 몰랐던 것뿐이다. 2주 후 이본은 멀더의 음식을 평화롭게 준비할 수 있게 되었고, 그 후 멀더는 아무런 문제도 일으키지 않았다.

20장
차 타기에
문제가 있는 개

개는 차를 탄 상황을 이해하기 힘들다

자동차 뒷좌석에 앉는 것을 지옥에 들어가는 것처럼 거부하는 개들이 많다. 320킬로미터를 달리는 4시간 동안 내내 차에서 짖어대는 개와 고속도로에서 창문으로 뛰쳐 나가려고 한 개 이야기도 들은 적이 있다. 차만 타면 극도의 불안감을 느끼는 개 때문에 함께 가까운 곳으로도 여행을 못 다니는 사람들이 의외로 많고 불만의 목소리도 높다.

하지만 곰곰이 생각해 보면 자동차에 올라타 여행을 가게 된 개들이 가질 정서불안을 이해해야 한다. 개에게 차는 야생 상태에서 은신처인 굴의 축소판으로 느껴질 수 있고, 차에 온 가족이나 가족의 일부가 함께 타고 있으니 차에 타는 것은 자신의 무리와 함께 있게 되는 셈이다.

그런데 문제는 차를 타고 가면서 보는 풍경이나 들리는 소리를 개는 이해하기 힘들다. 보이기는 하는데 다가갈 수 없는 풍경을 이해하기 힘들기 때문이다. 그러다 보니 그것이 무리를 해칠 것이라는 생각을 갖게 된다고 생각할 수 있다. 누구든지 이해할 수 없는 이런 상황에 처하면 공포를 느낄 것이다. 그러다 보니 차만 타면 혼란에 빠지는 개 때문에 힘들어하는 사람들이 많다.

차만 타면 날뛰는 블래키

클리솔프 부부는 래브라도와 보더콜리 혼혈종인 블래키를 키우고 있었는데 차 뒷좌석에만 태우면 날뛰는 블래키 때문에 고민에 빠졌다. 부부는 이 문제를 해결하려고 할 수 있는 것은 모두 다 해본 상태였다. 차를 타고 달리며 라디오의 볼륨을 최대한으로 높여 보기도 하고, 블래키에게 고함을 질러 보기도 했지만 어떤 것도 날뛰는 블래키를 진정시킬 수 없었다. 블래키의 차 공포증은 여행이 문제가 아니라 함께 산책할 근처 해변까지 1킬로미터 남짓한 거리를 가는 것조차 할 수 없을 정도로 심각했다.

나는 집을 방문해 여느 때처럼 한 시간 정도 내 방식인 무시하기 등을 통해 블래키를 대했다. 나는 아무 말 없이 몸짓언어만으로 우두머리가 네가 아니라는 신호를 블래키에게 보내고 있었다. 그러자 블래키는 자신의 가족에게는 관심이 없는 듯 내게 다가왔다.

그런데 이런 광경을 보면서 애달파서 안절부절 못하는 반려인들이 많다. 개의 사랑이 가족에게서 내게로 옮겨갈까 봐 우려하는 것이다. 하지만 이런 행동을 하는 개의 심리는 자신의 무리를 돌볼 수 있는 우두머리를 찾는 것일 뿐이다. 개들은 내가 우두머리의 힘과 권위를 지속적으로 표현해 나가는 모습을 금세 깨닫기 때문이다.

힘의 균형이 깨진 집에서 반려견에게 이런 변화 과정은 필요하다. 그리고 많은 이들의 걱정과 달리 교육 이후에도 반려인과 반려견 사이의 애정과 유대감은 그대로 유지된다. 변하는 것은 오직 힘의 균형뿐이다.

블래키와의 관계가 충분히 호전되었다고 판단되자 부부와 함께 외출을 감행했다. 이 집의 차는 짐을 실을 수 있는 왜건형 차로 부부는 늘 그렇듯 차의 앞좌석, 블래키는 가장 뒷좌석, 나는 부부와 블래키의 사이인 보조석 뒤쪽 좌석에 앉았다. 많은 사람들이 반려견을 차에서 자유롭게 오고가도록 놔두는데 이것은 위험한 일이다. 다행히 부부는 뒷좌석에 블래키만을 위한 공간을 따로 마련해 둔 상태였고, 나는 혹시 모를 상황에 대비해 블래키에게 목줄을 한 후 쥐고 있었다.

차에 시동이 걸렸고 나는 조용하고 차분하게 앉아 있었다. 차가 이동하기 시작하자 나는 팔을 뒤로 넘겨 블래키의 어깨에 둘렀고, 블래키가 뛰어오르려는 순간 팔에 약간의 힘을 주어 블래키의 어깨를 쓰다듬 듯 살짝 눌렀다. 그러자 블래키는 바로 침착하게 다시 앉았다.

우리는 바쁜 도심을 천천히 5킬로미터 정도 주행했다. 이런 과정을 통해 블래키가 위험하다고 믿는 다양한 풍경과 소음에 가능한 한 많이 노출되어야 했다. 나는 운행 내내 블래키의 어깨에 내 팔을 두르고 블래키가 불안해하거나 흥분할 때마다 블래키의 어깨를 지그시 눌렀다.

이런 경우 어깨를 살짝 누르는 행동은 강압이라기보다는 안심하라는 신호이다. 치과에 처음 가서 의사 앞에서 무서움에 떨고 있는 아이의 팔을 엄마가 잡고 있는 것과 비슷한 이치이다. 고통스럽지만 필요한 과정이다.

우리가 집으로 돌아올 무렵에는 더 이상 블래키를 누르고 있을 이유가 없을 정도였다. 블래키가 뒷좌석에 얌전히 앉아 있었기 때문이다. 심지어 지나가는 풍경을 조용히 감상하기도 했다. 이날 이후 블래키는 차로 여행하는 것을 꽤나 즐기게 되었다.

달리는 차에서 던져 버려진 도베르만

개도 사람과 마찬가지로 아픈 기억이 있다면 트라우마를 갖게 된다. 차 사고를 냈던 사람이 다시 운전하기까지 시간이 걸리는 것과 마찬가지로 개도 끔찍한 사고가 있었다면 극복하기 힘들다. 소개할 도베르만 이야기는 당시 일간지의 첫 페이지를 장식할 정도의 끔찍한 사고였다. 이 개는 고속도로 갓길에서 처참한 상태로 발견되었는데, 믿기 어렵지만 주인이 달리는 차에서 개를 던져 버린 것이다. 개는 여기저기 상처가 너무 깊어서 응급실과 중환자실을 오가면 치료를 받았지만 살릴 수 없는 상태였다.

하지만 다행히 개는 특유의 생명력으로 속도는 느리지만 확실히 회복해 갔고, 개를 입양하고 싶다는 가족도 나타났다. 그런데 문제가 있었다. 입양을 결정한 부부는 개가 지닌 정신적 상처가 너무 커서 과연 이 상처를 치유할 수 있을지 걱정에 빠졌다.

녀석은 수줍음이 많은 얌전한 성격이었는데 차를 보기만 해도 공황 상태에 빠졌다. 당연한 일이었다. 차에서 그렇게 끔찍한 일을 당했으니 차는 공포의 대상이었다. 차에 태우면 차 안 전체에 소변을 지릴 정도로 상처는 개에게 잔인하게 남아 있었다. 이런 상태의 삶이 무가치해 보일 수도 있지만 생명은 소중하다. 나는 이 개의 삶을 걱정하는 여러 전문가와 함께 개가 보통의 삶을 살 수 있도록 노력해 보기로 했다.

일단 나는 입양한 부부와 많은 이야기를 나눴다. 개를 상처에서 벗어나게 하려면 힘들고 긴 여정이 필요하다는 것을 알렸다. 현재 개에게는 차에 태우는 것보다 안정감을 마음 깊이 느끼게 해 주는 것이 중요했다. 다행히 부부는 내 말을 이해했고 함께 아이와 유대감을 갖기 위한 아미시엥 본딩 교육에 들어갔다.

2주 후에 부부는 우두머리로서 자리를 잡아 서열을 확실하게 정리했다. 이어서 부부에게 차 근처에서 최대한 많은 일을 하라고 조언했고 부부는 한 달 동안 조언을 충실히 따랐다. 가족은 개 밥그릇을 차가 보이는 곳에 놔두어서 개에게 차가 오직 부정적인 이미지만이 아니라 긍정적인 이미지로 기억되게 했다. 이 모든 과정은 차분하고 조용하게 진행되었다. 부부는 서두르지 않았다. 차 근처에 의자를 놓고 저녁 식사도 하면서 개와 함께 조금씩 차 가까이로 다가갔다.

결국 개를 위한 가족의 노력은 빛을 보았다. 한 달이 흐른 뒤 개가 차 뒤편에서 밥을 먹는 데 성공한 것이다. 돌파구가 열리자 일은 문제없이 진행되었다. 가족이 차 안으로 던진 장난감을 개가 차 안으로 들어가 가져오기도 했다. 변화의 속도는 더뎠지만 희망이 보이자 가족은 결의에 차 있었다. 어차피 너무 심한 상처를 안고 있는 개라서 급속하게 변화할 것이라고 기대하지도 않았으니까.

마침내 얼마 지나지 않아 개가 차 뒤편에서 음식을 먹고 있는 동안에 차에 시동을 걸 수 있게 되었고, 녀석이 음식을 먹고 있는 동안 차가 움직일 수 있게 되었다. 이제 녀석은 정지한 차만이 아니라 움직이는 차에도 별로 신경을 쓰지 않게 된 것이다.

이런 과정을 통해 개가 차를 타고 다시 도로로 나가는 데까지는 꼬박 8주가 걸렸다. 현재 개는 부부와 한 가족이 되어서 자유롭게 차를 타고 여행을 다닐 수 있게 되었다. 개가 갖고 있던 드라이브에 대한 두려움은 이제 과거의 일이 되었다. 인간에게 버려지고 다치고 공포에 떨었던 과거의 상처가 너무 컸지만 다시 인간과 함께 살 수 있어서 얼마나 다행인지 모른다.

21장
발 물어뜯기, 자기 꼬리 쫓기 등, 강박증에 빠진 개

문제 개는 많지만 원인은 하나이다

당연한 말이지만 개들은 성격이 각기 다르다. 누구는 장난치기를 좋아하고, 누구는 얌전하고, 어떤 녀석은 외향적이고, 또 다른 녀석은 수줍음이 많다. 이렇게 각각의 개성이 다른 만큼 우두머리가 되었을 때의 문제 반응도 각기 다르고 솔직히 믿기 어려울 정도로 특이한 행동을 보이는 경우도 많다.

어떤 개는 작은 전화벨 소리에도 깜짝 놀라 사라지기도 하는데 온갖 종류의 소리에 위축되는 경향의 개가 많은 편이다. 또 어떤 개는 심하게 긴장하는 경향이 있어서 내게 겨우 70~80센티미터 다가온 것을 큰 성과로 여기며 교육 시간을 다 보낸 경우도 있었다. 또 어떤 개는 특정한 유니폼을 입은 사람을 보는 것만으로도 얼어붙었다. 많은 경우에는 절대 항복의 행동으로 배를 납작하게 깔고 소변을 지리기도 했다.

중요한 것은 문제를 보이는 개들의 증상은 다양하지만 모두 같은 원인을 갖고 있다는 점이다. 즉, 우두머리의 지위에 엄청난 부담을 느낀 개의 스트레스가 긴장감과 강박관념의 다양한 증상으로 나타났다는 것이다. 원인을 알았으니 원인만 해결하면 문제는 해결된다.

자기 발을 물어뜯는 리비

4살배기 검은색 래브라도 리비는 자기 발을 물어뜯는 나쁜 습관이 있었다. 가족들은 처음에는 리비의 버릇 정도로 가볍게 생각했는데 사태가 점점 심각해졌다. 내게 연락을 했을 무렵에 리비는 심하게 발을 물어뜯는 강박증상을 보이고 있었다.

이런 행동은 명백히 정상적인 행동과는 거리가 멀었다. 이런 행동이 지속된다면 리비의 발은 염증에 시달릴 것이고 심해지면 안락사 이야기가 나올 수도 있는 상황이었다. 가족들은 신경안정제를 처방받아 먹이는 등 해결책을 찾아 고군분투하고 있었다.

내가 방문했을 때 리비는 엘리자베스 칼라(Elizabeth Collar, 수술, 치료 후 핥는 것을 막기 위해 목에 씌우는 깔때기 모양의 기구/옮긴이)를 쓰고 있었다. 리비가 발을 물어뜯는 것을 막기 위해 씌운 것이었는데, 리비는 이외에도 같은 문제를 일으키는 개들이 가지고 있는 익숙한 여러 증상을 보이고 있었다. 사람들은 개가 점프를 하고, 목줄을 심하게 끌어당기고, 집에 찾아온 손님을 괴롭히는 것을 당연하다고 생각한다. 하지만 이런 행동은 절대 일반적인 행동이 아니다. 그런데 리비는 이런 이상 행동을 다 보여 주고 있었다.

그중에서도 두드러진 이상 행동은 아침에 자신의 침대에 꼼짝도 않고 누워 있다는 것이다. 가족이 리비를 달래 나오게 하기 전까지는 누워서 꿈쩍도 하지 않는 것이었다. 리비는 이런 행동을 통해 자신이 집의 우두머리로 모든 책임을 지고 있다는 신호를 강력하게 보내고 있었다.

나는 리비를 만나서 언제나처럼 일반적인 방법으로 유대감을 형성하는 과정을 진행해 나갔다. 리비는 잘 반응했다. 리비는 마음이 약한 개로 자신의 우두머리 자리를 한 순간에 포기할 준비가 되어 있음을 느낄 수 있었다.

1시간 30분이 지나고 엘리자베스 칼라를 풀자 리비는 바로 자신의 발을 강박적으로 빨기 시작했다. 이제 리비에게 그렇게 자신의 발을 빨 필요가 없음을 알려 줘야 했다. 리비로 하여금 다른 행동을 하게 만들고 그에 해당하는 보상을 충분히 해 주는 것이 방법이었다.

나는 무릎을 꿇고 앉아 리비를 조용히 불렀고 리비가 왔을 때 칭찬과 간식으로 이에 해당하는 보상을 해 주었다. 그러고는 왼손으로 리비의 발을 살포시 감싸고는 오른쪽 손으로 뺨을 어루만져 주었다. 나는 아무 말 없이 그저 이렇게 조용히 리비를 다독였다. 내 행동에 잠시 가만히 있던 리비는 어느 순간 자신의 행동이 방해받았다는 것을 깨닫고 다시 자신의 발을 빨기 시작했다.

리비가 빠는 행동을 보이자마자 나는 리비에게 다른 것을 요구했다. 이번에는 리비를 부른 후 리비가 내 옆에 서자 바로 간식을 주어서 보상했다. 반려인의 말을 듣는 것을 칭찬, 간식 등과 연관짓는 긍정적인 연계성을 만들어야 했다. 한동안 이렇게 리비의 정신을 뺏어 가며 여러 가지 행동을 요구했고 그럴 때마다 여러 가지 보상을 통해 행동을 칭찬했다.

물론 틈이 날 때마다 리비는 자신의 발을 바라보았지만 나는 그때마다 리비를 귀찮게 했다. 나는 계속 리비가 발을 빨려고 할 때마다 방해했고, 그런 식으로 20여 분이 지나자 리비의 행동이 점점 좋아졌다. 이번에는 리비를 두고 사람들이 모두 차를 마시기 위해 부엌으로 이동했다. 우리가 이야기를 나누다가 몇 분 후 거실을 보자 리비는 편안하게 잠이 들어 있었다. 리비는 스트레스를 유발하는 보호자로서의 역할을 포기하고 처음으로 편안한 상태에서 잠이 든 것이다.

리비는 꽤 심각한 상태였기 때문에 며칠 동안 경과를 지켜봐야 했다. 다행히 가족들이 들려주는 이야기는 희망적이었다. 몇 주가 지나자 리비의 발은 잘 아물고 있었고 평범한 일상을 누리고 있었다. 단지 나와 몇 시간을 같이 보낸 것만으로도 리비는 더 이상 자신의 발을 깨물지 않게 된 것이다.

하루 종일 자기 꼬리만 쫓는 개 러스티

개의 심리를 다루는 방대한 책은 많다. 물론 내가 이상 행동을 하는 개들의 심리를 모두 분석하려는 것은 아니지만 적어도 개도 인간처럼 강박관념에 시달릴 수 있음을 사람들이 인정해 주기를 바란다. 나는 오랜 기간 이해할 수 없는 특이한 이상 행동을 하는 개들을 많이 접해 왔는데 저먼 셰퍼드 러스티는 하루 종일 자신의 꼬리를 쫓으며 뱅뱅 도는 증상을 지닌 개였다.

러스티의 행동을 이해할 수 없었던 가족들이 내게 도움을 요청했고, 내가 집을 방문했을 때 러스티는 일반적인 우두머리임을 표현하는 몇몇 행동을 하기는 했지만 전혀 과하지 않았다. 러스티는 점프를 하고 낑낑거리는 소리를 약하게 낼 뿐이었다. 그래서 러스티가 하루 종일 자신의 꼬리를 뒤쫓으며 도는 원인을 파악하려면 좀 더 관찰해야 했다.

그런데 다행히 오래지 않아 실마리를 찾았다. 원인을 알려고 가족들과 이야기를 나누고 있을 때 러스티는 잠이 든 어린 딸 옆에 얌전히 잠들어 있었다. 가족들의 말로는 러스티는 3살 된 딸에게 많은 애정을 갖고 있다고 했다. 그 순간 러스티의 행동이 딸과 관련된 것일지도 모른다는 생각에 둘을 유심히 바라보았다.

딸은 잠을 오래 자지 않고 곧 깨어났는데 깨자마자 러스티에게 다가가더니 꼬리 끝을 잡고 장난감을 갖고 놀 듯이 흔들기 시작했다. 그러자 바로 러스티는 빙빙 도는 춤을 추는 데르비시(원무를 추는 이슬람 수도자/옮긴이)로 변신했다. 격정적으로 점프를 하고, 불꽃놀이의 불꽃처럼 마구 돌기 시작했다.

워낙 순식간에 일어난 일이라 부모는 방금 전에 무슨 일이 일어났는지 알지 못했다. 러스티의 문제는 딸이 개 꼬리를 가지고 놀기 때문임을 부모에게 알려 주었지만 문제는 딸에게 개 꼬리를 가지고 놀지 말라도 말해도 아이가 말을 듣지 않는다는 것이었다. 어린 아이와 개가 연관된 문제에서 어려운 점은 어른이 부탁한 것을 아이가 이해하지 못하기도 하고 이해해도 그대로 따라줄 마음이 없다는 데 있다. 그러므로 둘 사이에 문제가 있을 경우 부모가 함께 있지 않을 때는 따로 두는 것이 좋다.

그래서 이 집의 경우도 부모가 같이 있을 수 없을 때는 딸과 러스티를 떼어놓는 것이 좋고, 함께 있을 때는 딸이 꼬리에 관심을 갖지 않도록 다른 놀이를 하라고 조언했다. 딸에게 물건을 던지면 러스티가 물고 오는 놀이를 알려 주자 딸은 러스티의 꼬리가 아닌 머리 쪽에 신경을 집중하게 되었다. 이날 이후 러스티는 나쁜 버릇에서 해방되었고, 정신없이 꼬리를 쫓는 행동은 사라지고 공원에서 장난감을 쫓는 편안한 삶을 살게 되었다.

22장
유기동물 입양의 문제, 요 요 개

입양과 파양을 반복하는 요요 개

요즘은 많은 사람들이 유기동물 보호소에서 반려동물을 입양한다. 그런데 문제는 유기동물 입양의 경우 선의에도 불구하고 다시 파양되는 경우가 잦다는 것이다. 보호소의 개들은 대부분 가족에게 버려져 떠돌거나 학대를 당하는 등 온갖 어려운 환경에 처했다가 구조된 경우이다. 그것을 알면서도 사람들은 아픈 상처를 가진 동물들에게 사랑을 다시 전하고 싶은 따뜻한 마음에 보호소를 방문하고, 문제가 있더라도 보듬어 줄 마음의 자세를 갖고 있다.

하지만 슬프게도 보호소의 개들은 상당수가 여러 가지 문제를 갖고 있어서 입양되었다가 보호소로 되돌려 보내지거나 다시 버려진다. 사람들은 개의 문제가 심각해 도저히 감당할 수 없었다는 이유를 붙여 다시 보호소로 보낸다. 영국에서는 이렇게 보호소에서 입양되었다가 파양되는 개들을 같은 과정을 반복한다고 '요요 개(yo-yo dogs)'라고 부르는데 이들은 입양되었다가 보호소로 되돌려지는 일을 반복적으로 겪는다.

입양과 파양을 반복하던 개에게 더 이상 입양의 기회가 없다고 판단되면 안락사에 처해지기도 한다. 하지만 이런 부당한 대우를 반복적으로 받는 것이 개의 잘못은 아니다. 파양되는 개의 99.9퍼센트는 게으르고 어리석고 입에 올리기도 무서운 인간의 학대를 받아 생긴 마음의 상처가 원인이다. 구조된 개들은 대부분 공통적으로 한때 학대에 시달린 경험이 있다. 그러므로 동물을 사랑하는 사람이 할 일은 개가 가진 문제점이 무엇인지 이해해 다시는 그런 문제로 어려움을 겪지 않고 행복하고 안정된 가정에 입양될 수 있도록 돕는 것이다.

폭력은 다른 폭력을 낳는다. 집에 갇혀 있는 개들이 인간을 공격하는 경우는 자신을 방어하기 위해서이다. 더 이상 도망갈 수 있는 곳이 없으므로 이는 당연한 반응이다. 하지만 인간 세상에서는 '자기 방어'라는 말이 법적으로 수용되지만 개의 경우에는 원인이 무엇이든 개에게 책임이 돌아간다.

나는 아미시엥 본딩 교육법의 틀을 만들어 나가면서 우리집 반려견들로부터 많은 가르침을 받았는데 그중에서 보호소에서 데려온 바미는 개를 학대하는 것이 개에게 얼마나 큰 상처를 남기는지를 깨닫게 해 주었다. 구조된 개에게는 주인과의 신뢰가 가장 중요하다는 사실을 나는 바미에게서 배웠다.

바미는 철저하게 인간을 불신했다. 그래서 나는 바미에게 고통을 주던 인간의 손이 음식과 사랑을 줄 수도 있다는 것을 알려 줘야 했다. 이런 과정은 학대받고 유기되었던 모든 개에게 가장 필요한 첫 번째 과정이다.

안락사를 하루 앞두고 구조된 임신견 타라

치료보다 더 좋은 것은 바로 예방이다. TV 프로그램에 출연하고 있을 때 나는 유기동물을 임시로 보호하고 있는 브라이언의 부탁으로 타라를 만나게 되었다. 타라는 보호소에서 만삭의 몸으로 안락사를 하루 앞둔 상황이었다. 브라이언은 하루만 넘기면 뱃속의 새끼들과 함께 안락사 될 처지에 놓인 타라를 보호소에서 빼냈다. 다행히 타라는 브라이언의 품에서 무사히 출산을 마쳤고, 새로운 가정으로 입양될 일만 남아 있었다.

많은 구조된 개들이 그렇듯 타라도 왜 버려졌는지 알 수 없었다. 하지만 그것은 중요하지 않다. 나는 사람들에게 유기된 개의 과거에 대해 알리고 하지도, 지나친 걱정도 하지 말라고 말한다. 개의 과거는 현재의 개에게 많은 영향을 끼치지만 버려진 개의 과거를 구체적으로 알기는 현실적으로 불가능하기 때문이다. 개의 과거가 궁금해 전전긍긍하는 것보다는 개의 미래를 위해 노력하는 편이 더 생산적이고 지혜로운 선택이다.

타라에게 손을 내민 사람은 힐러리였다. 힐러리는 자신의 삶을 함께 나눌 개를 애타게 찾던 중이었다. 타라는 임시 보호처에서 잘 지냈고, 별문제가 보이지 않는 착한 개로 보였다. 그래서 힐러리는 입양을 결정했고, 슬픈 과거를 지닌 불쌍한 타라를 위해 모든 것을 할 준비가 되어 있었다. 의지 충만한 힐러리의 집에 타라가 잘 적응하도록 돕기 위해 나도 함께했다. 앞에서 말했듯이 뭐든 치료보다는 예방이 좋은 법이니까.

과잉행동 증상을 보이다

타라가 힐러리의 집으로 온 첫 날, 힐러리는 타라의 음식을 준비해 두었다. 힐러리는 타라를 위해 최선을 다하고 싶었던 것이다. 하지만 나는 이 행동이 왜 문제가 되는지를 설명한 뒤 음식을 치우도록 했다. 내 경험상 개에게 문제가 생기는 기간은 2주면 충분하다. 아무 문제 없던 착한 개가 세상에서 가장 몹쓸 개가 되기까지는 2주면 충분하므로 처음부터 철저하게 대비해야 했다. 그리고 어쩌면 타라는 2주보다 더 짧은 시간 내에 그렇게 될 수도 있었다.

타라는 처음에는 집 안을 그냥 어슬렁거렸다. 힐러리는 타라를 쓰다듬고 만지고 싶어서 안달이었지만 그냥 두라고 조언했다. 그러자 얼마 후 타라는 새로운 주인에게 스스로 다가와 자기의 머리를 힐러리 손에 갖다대었다. 그런데 이 순간 힐러리가 큰 실수를 저지르고 말았다. 타라가 도착한 순간부터 타라에게 애정을 보여 주고 싶어 애가 타 있던 힐러리는 본능적으로 타라를 쓰다듬었고, 이것은 바로 타라가 기다리던 신호였다.

타라는 즉각 점프를 하며 껑충껑충 뛰기 시작했다. 완벽한 과잉행동 증상을 보이기 시작했다. 마치 힐러리가 타라의 머릿속에 있는 스위치를 켠 것처럼 순식간에 돌변한 것이다. 타라는 완전히 다른 두 성격의 개 두 마리가 합쳐진 것처럼, 정신분열이라도 앓고 있는 듯한 모습을 보였다. 아마도 이전 반려인들은 이런 타라의 과잉행동을 적절하게 통제하기 어려웠을 것이고, 타라가 왜 보호소로 오게 되었는지를 알 수 있었다.

깜짝 놀란 힐러리는 무슨 방법을 써서든 반복되는 이런 슬픈 현상의 고리를 끊어야겠다는 결심을 했고, 문제의 원인을 찾고자 했다. 나는 이미 아미시엥 본딩 교육의 핵심 교육을 힐러리에게 설명한 상태였는데 타라가 온 집 안을 쏜살같이 뛰어 다니는 모습을 지켜보면서 이 상황이 일반적인 경우보다 더 심각할 수 있겠구나 생각했다. 유기되었다가 구조된 개는 일반적인 개에 비해 우리가 알 수 없는 내력이 더해지기 때문이다.

우두머리의 욕망이 치솟는 유기동물

누차 이야기했듯이 스스로를 우두머리라고 생각하는 개는 흔히 큰 스트레스를 받는다. 유기동물로 있다가 새로 입양된 경우에는 스트레스의 정도가 견딜 수 없을 정도로 큰데 그 이유는 기대치가 더 높기 때문이다. 개는 무리 동물인만큼 무리에 소속되고 싶어하는데 일반적으로 구조된 개는 새로운 가족을 만나게 되면 우두머리로서의 욕망이 치솟아 오른다.

유기동물을 입양하는 사람이라면 이 점을 늘 염두에 두고 아이들을 이해해야 한다. 개는 스스로 우두머리로서의 책임감을 이겨내지 못하면 새로운 주인을 감동시키려고 더욱 고군분투하게 되는데, 이때 만약 주인이 신경질적이거나 폭력적으로 반응하면 상태는 더 악화된다.

구조되었다가 입양된 개가 점프를 하고 목줄을 끌어당기면서 짖고 무는 등 극단적인 행동을 하는 경우를 수도 없이 봐 왔다. 개는 사람들이 자신에게 기대하는 것이 그런 것이라고 믿고 있기 때문이다. 반려인의 잘못된 반응이 개를 더욱 흥분하게 만들고, 문제가 해결되지 않으면 개는 다시 보호소로 돌려보내지는 악순환의 고리가 생긴다. 그리고 보호소로 돌아오더라도 문제가 있는 개라는 낙인이 찍힌다. 요요현상이 시작되는 것이다.

타라의 경우는 나타나는 현상을 고치려고 하기보다는 문제의 근원을 파악해서 해결하는 것이 급선무였다. 타라는 잘못 길들여져 있었기 때문에, 지금까지 타라가 아는 것과는 완전히 다른 규칙을 새로 반려인이 된 힐러리가 제시해야 했다.

힐러리에게는 우두머리로서의 강력한 권위가 필요했으므로 차분한 태도를 취하면서도 타라의 행동을 단호히 무시해야 했다. 아마도 타라가 과거에 살았던 집에서는 반려인들이 이와는 정반대되는 반응을 보였을 것이 분명했다. 힐러리가 약해지는 모습을 보일 때마다 나는 여기서 실패하면 타라가 앞으로 접하게 될 상황, 입양과 파양이 반복되는 상황을 상기시켜 주었다.

타라는 우리를 흔들어 놓으려는 시도를 몇 번 더 했지만 시간이 감에 따라 점점 차분해졌다. 타라는 힐러리와 눈을 맞추려고 열심히 노력했지만 계속 실패하자 얼마 후 바닥에 드러누워 버렸다.

지금 필요한 것은 딱 5분. 타라가 완전히 편안한 자세로 쉬는 것을 확인한 후 나는 힐러리에게 5분만 참으면 된다고 말했다. 그리고 5분이 지나자 힐러리는 타라를 불러 보상의 의미로 간식을 주었다. 그러자 타라는 또다시 뛰어오르기 시작했다. 힐러리는 다시 한 번 한 발자국 뒤로 물러서 타라를 무시했다. 이런 행동은 힐러리가 원하는 대로 행동할 때에만 보상을 받게 됨을 타라에게 알리는 몸짓언어라고 할 수 있다.

이런 과정을 거쳐 타라는 완전히 다른 개로 태어났다. 소요된 시간은 채 한 시간도 되지 않았다. 새로 태어난 타라는 힐러리의 소중한 친구가 되었고, 예전의 나쁜 버릇은 완전히 사라졌다. 그리고 타라에게 더 이상의 요요 현상은 나타나지 않았다.

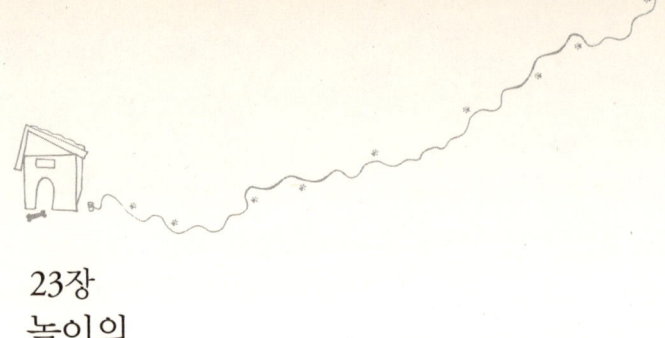

23장
놀이의 위력

놀이를 교육으로 활용하는 경찰견 훈련

아미시엥 본딩 교육법은 절대 모든 문제를 해결하는 유일무이한 방법이 아니다. 아미시엥 본딩 교육은 행동주의 이론에 기반을 두고 있는 교육법일 뿐이다. 그런 일반적인 교육법임에도 불구하고 내 교육법은 꽤 여러 곳에 활용되어서 그런 이야기를 들을 때마다 자부심을 느낀다. 그중에서도 특히 1998년 영국에서 가장 유명한 교육 센터인 런던 경찰청 경찰견 교육센터에서 아미시엥 본딩 교육법을 적용한다는 사실을 알려 왔을 때 많이 기뻤다.

　나는 켄트에 있는 경찰견 핸들러 교육 시설인 브롬리로 초대되어 저먼 셰퍼드를 교육하는 상급 교관 에릭을 만나 훈련을 참관할 수 있었다. 에릭은 범죄자를 은신처에서 끌어내는 훈련을 시키는 중이었는데 경찰견에게 가르치는 교육 내용이 나로서는 처음 접하는 낯선 것이 많아서 무척 흥미로웠다.

　예를 들어 경찰견들은 목표 지점으로부터 적어도 1.8미터는 떨어져 있어야 한다고 교육받는다. 이는 생존을 위한 기본 거리로 1.8미터 이내에서는 범죄자의 발에 차이거나 칼에 찔릴 수 있기 때문이라고 했다. 그렇게 위험한 상황에서 임무를 수행하는 경찰견이 대견하게 느껴졌다.

　당시 훈련 목적은 경찰견이 사납게 짖으며 위협하여 두려움을 느낀 범죄자를 항복시키기 위한 것이었다. 훈련이 시작되자 경찰견은 익숙한 모습으로 우렁차고 사납게 짖으면서 범죄자를 코너로 몰고 갔다. 경찰견이 목표대로 훈련을 잘 마치자 에릭은 경찰복의 목 주변으로 손을 가져갔고(경찰견은 사람의 목보다 낮은 위치에서 이루어지는 모든 몸의 움직임에 반응하게끔 교육받는다), 거기서 경찰견이 가장 좋아하는 낡고 오래된 고무공이 나왔다.

　에릭이 그 공을 경찰견에게 던지자 방금 전까지 그토록 사납게 짖어 대던 경찰견의 모습은 사라지고 공을 갖고 신나게 노는 천진난만한 개로 탈바꿈했다. 경찰견과 경찰견 핸들러는 교육 초반부터 장난감을 통한 놀이를 교육받는다. 그때부터 경찰견은 이 놀이가 일을 잘 해냈을 때 인정받는 칭찬이자 보상이라는 것을 강하게 인식하게 된다. 지금까지의 훈련이 긍정적인 놀이로 기억되는 것이다.

우두머리의 능력을 시험하는 놀이 시간
놀이는 무엇이든 즐겁게 배울 수 있는 완벽한 기회이다. 이보다 더 좋은 방법은 없다고 해도 과언이 아니다. 그러나 놀이는 제대로 된 방식으로 이용되어야지 그렇지 않으면 문제가 되기도 한다. 놀이 자체가 심각한 문제를 초래하지는 않지만 잘못 이용할 경우 최악의 상황을 초래할 수도 있다.

긴 하루를 마치고 집에 돌아왔을 때 개들이 자기가 가장 좋아하는 장난감을 하나씩 주렁주렁 입에 물고 와 앉아서는 애절한 표정을 짓는 것을 한번쯤은 경험해 봤을 것이다. 그것은 개가 지금 바로 '같이 놀자'는 표현이다. 이것은 너무도 흔한 풍경이어서 반려인이 이 상황에 많은 문제점이 도사리고 있음을 깨닫기는 어렵다.

반려인이 던진 공을 개가 집어서 돌아오는 놀이는 두 가지 의미를 내포하고 있다. 사람에게 공은 그저 장난감일 뿐이지만 개에게는 매우 소중한 것이다. 무리의 관점에서 봤을 때 공은 트로피나 영광의 훈장으로 인식되기 때문이다. 특히 아직 어린 강아지들은 물건을 가지고 끊임없이 치고받고 하다가 물건을 갖게 된 강아지는 마치 월드컵에서 우승한 것처럼 의기양양해진다.

이런 행동은 늑대 무리에서도 확인된다. 야생에서 무리의 생존은 우두머리의 일 처리 능력에 달려 있기 때문에 우두머리 부부는 정기적으로 자신들이 우두머리로서 자격이 있음을 증명해야 한다. 개들도 마찬가지로 자신들의 우두머리가 능력이 있는지 없는지를 계속적으로 시험하게 되는데 놀이 시간은 이를 위한 완벽한 기회를 제공한다.

개는 사람이 던져 준 장난감을 스스로 제재할 수 있다면 자신이 무리에서 중요한 직책을 맡고 있다고 믿는다. 그래서 놀이 시간은 반려인이 개에게 자신의 위치를 우두머리로 각인시키고 재확인시킬 수 있는 중요한 시간이다.

문제는 반려인이 이 놀이에 동참하기를 거부할 때이다. 사람은 여러 가지 이유로 놀이를 거부할 수 있는데, 이럴 때 개의 반응이 각기 다르다. 포기하는 개도 있지만 포기하지 못하고 끈질기게 매달리는 개도 있다. 밤마다 장난감을 갖고 관심을 끌기 위해 노력하는 개도 있고, 사람의 주의를 끌기 위해 장난감을 분해하거나 공격적인 태도를 취하는 개도 있다. 하지만 작은 일에 불쑥불쑥 화를 내는 아이를 부모가 무시하는 것처럼 올바르지 않은 행동을 하는 개는 무심하게 대해야 한다.

함께 놀 때 지켜야 할 규칙

개와 놀이를 할 때에는 지켜야 할 몇 가지 규칙이 있다. 놀이를 반려인이 지배하는 강력한 방법은 간단한데 일단 개가 좋아하는 장난감을 개가 쉽게 만질 수 있는 곳에 두지 않는 것이다. 물론 개가 혼자 놀고 싶을 때 갖고 놀 수 있도록 집 안에 개가 좋아하는 장난감을 한두 개 정도 놔둘 수는 있지만 사람과 함께 놀 때 사용하는 장난감만큼은 개가 혼자 함부로 만질 수 없는 곳에 보관해야 한다. 사람이 놀이 시간을 지배하려면 언제 어떤 장난감으로 놀지를 사람이 결정할 수 있어야 한다. 그러므로 놀이 시간을 통제할 수 있는 이런 상황을 만들어 놓는다.

참고로 크기가 너무 작은 장난감은 강아지가 삼켰을 때 목에 걸려 호흡곤란을 일으키거나 몸에 들어가 문제를 일으킬 수 있으므로 크기는 좀 큰 것이 낫다.

또한 놀이를 하며 지켜야 하는 황금률 중 하나는 절대 잡아당기는 놀이를 해서는 안 된다는 것이다. 그래야 하는 이유는 두 가지가 있는데, 첫 번째 이유는 잡아당기는 놀이는 개에게 놀이의 주도권을 줄 수 있다는 점에서 부적합하다.

두 번째 이유는 자신이 사람을 힘으로 이길 수 있다는 것을 감지할 수 있는 기회를 제공하기 때문이다. 개가 힘으로 밀리지 않음을 감지하게 되면 자신이 더 강하다고 느끼게 되고, 이는 개로 하여금 반려인의 우두머리 자질을 의심하게 만들기 때문이다.

나는 종종 놀이를 통해서 교육의 중요 원리를 연습하고 강화시켜 나가고는 한다. 개를 불러서 오게 만드는 '이리 와'와 반려인의 옆에 서서 걷게 만드는 '옆에' 교육은 지속적으로 연습해야 되는 중요한 교육이다. 개가 신나서 공을 물고 돌아올 때면 나는 "이리 와." 또는 "옆에."라고 말해 내게 오도록 개의 행동을 북돋워 준다. 개는 계속 놀이를 하고 싶기 때문에 돌아와서 공을 반드시 내 손에 쥐어 줄 것이고, 그런 과정을 통해 나는 우두머리의 지위를 다시 한 번 확인시킬 수 있다.

소리 나는 장난감에 이상 행동을 보이는 벤지

놀이 시간에 생기는 문제로 고민하는 사람들이 많은데 그중 사랑스런 웨스티(웨스트 하이랜드 테리어)인 벤지만큼 흥미로운 경우는 드물다. 벤지는 워낙 삑삑 소리 나는 장난감을 갖고 노는 것을 굉장히 좋아했다. 그런데 어느 날 반려인인 마비스가 새로 선물한 소리 나는 큰 장난감이 벤지를 완전히 변화시켰다. 마비스가 새로운 장난감을 던지면 가지고 올 때마다 벤지가 이상한 행동을 한다고 했다.

집을 방문한 날 나는 바닥에 딱 붙어서 머리를 땅에 박고 벌벌 떨고 있는 벤지를 보고 문제가 무엇인지 대략 짐작할 수 있었다. 마비스에 따르면 벤지는 소리 나는 장난감을 주기만 하면 몇 분 안에 다 망가뜨린다고 했다. 그런데 최근에 새로 사준 큰 장난감은 벤지가 자신의 이빨로는 부수기 힘들어서 그런지 온전하게 남아 있다고 했다.

벤지의 이상 행동의 원인은 쉽게 찾을 수 있을 것 같았다. 테리어는 쥐를 잘 잡는 견종이다. 아마도 벤지가 소리 나는 공을 물어뜯어 소리가 나지 않게 만드는 것은 테리어의 본능에 따른 행동인 것 같았다. 그런데 마비스가 새로 사준 큰 장난감은 너무 커서 벤지의 이빨로는 망가뜨릴 수 없었다. 그러니 큰 장난감이 무사한 것은 벤지 입장에서는 커다란 쥐잡기에 실패한 결과라고 할 수 있었고, 장난감이 내는 삑삑 소리가 벤지에게 겁을 주고 있는 것이었다.

나는 벤지 옆에 무릎을 꿇고 앉아 드라이버를 이용해 큰 장난감에 구멍을 뚫는 모습을 보여 주면서 벤지가 바라보고 있는 동안 장난감의 공기를 다 빼서 소리가 나지 않게 하려고 애를 썼다. 그러자 벤지가 반응을 보이기 시작했다. 마침내 장난감에서 소리가 완전히 제거되자 벤지는 쪼그라든 장난감을 물고는 펄쩍펄쩍 뛰는 굉장한 반응을 보였다. 벤지는 흥분해서 귀가 뒤로 젖혀졌고, 몸을 전율하듯 떨었다. 벤지는 적수가 더 이상 존재하지 않게 된 것을 기뻐하는 중이었다. 내가 벤지에게 장난감을 던지자 벤지는 승리감에 젖어 장난감을 잡으러 뛰어갔다. 그 후 오랫동안 이 장난감은 벤지의 가장 사랑하는 장난감이 되었다.

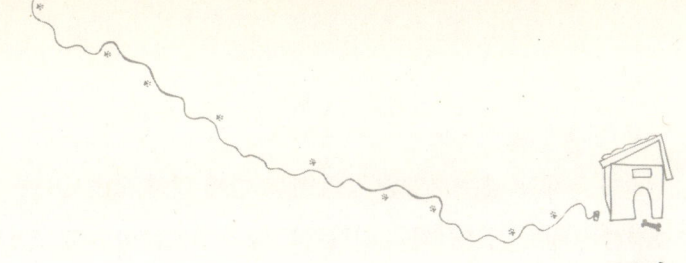

24장
교육은 반려동물과 함께하는
행복한 삶의 기본이다

개의 소리를 듣는 사람

일을 통해 수많은 반려인과 반려견을 만나면서 인간과 개는 참 특별한 관계를 맺고 있다는 생각을 하게 되었는데 내 이런 생각은 최근 소개되는 각종 과학적 연구 결과를 접하면서 더욱 확신을 갖게 되었다. 많은 연구 결과가 이런 내 생각을 뒷받침하기 때문이다. 각종 연구는, 과거에 인간과 개가 지금보다 훨씬 더 뛰어난 강력한 의사소통 수단을 갖고 있었다는 것을 속속 증명하고 있다.

별별 문제가 있는 다양한 종의 개와 함께 일해 오면서 나는 동물과 소통하는 방법을 조금씩 수정하면서 체계적으로 확립해 나가려고 노력했다. 인간과 개의 관계가 진보해 온 것처럼 내 방법도 세월에 따라 발전한 것이다.

나는 종종 전문가라고 불린다. 그럴 때마다 나는 내가 아니라 개가 바로 해결사라고 답한다. 나는 다만 개를 이해하려고 노력하다가 개의 소리를 듣는 방법을 배운 사람일 뿐이다. 그래서 내가 개로부터 들은 것을 사람들과 공유하려는 것뿐이다.

내가 깨우친 것을 다른 이들과 나누는 가장 큰 이유는 많은 반려인들이 자신의 개를 바르게 교육하여 안정되고 행복한 삶을 함께 영유하기를 바라기 때문이다. 물론 내 노력이 부족하다고 느낀 순간도 아주 많았다. 하지만 내가 제시한 방법이 모든 문제를 순식간에 해결할 수는 없다. 교육법을 실전에 적용하는 사람은 반려인이고, 반려인이 노력해야만 개를 제대로 교육시킬 수 있다.

따라서 반려견 교육은 스스로 공을 들이지 않고 누군가가 해 주는 것을 거저먹을 수 있는 것이 아니다.

아미시엥 본딩 교육법이 함께 살면서 생기는 갖가지 문제를 순식간에 그리고 한꺼번에 해결해 주지는 않는다. 그럼에도 불구하고 교육 방법의 원리를 이해하지 못해 좌절하고 어려움을 겪은 사람은 그다지 많지 않고 대부분 잘 이해하고 실천해 주었다는 점은 참 다행스러운 일이다.

아미시엥 본딩 교육법은 반려인이 겪는 대부분의 상황에 도움을 줄 수 있다. 특히 시간이 흐르면서 내 교육법으로 효과를 본 사람들이 늘어나자 더 많은 이들이 내 교육법을 신뢰하게 되었다. 덕분에 나는 감사하게도 안락사처럼 굉장히 급박하게 구조해야 할 상황에 처한 개를 돕는 활동도 할 수 있게 되었다. 법적 절차에 따라 안락사에 직면한 개와 함께 하는 일은 감정적으로 힘든 일이지만 생명을 구하는 일이다. 공격적이어서 위험한 개로 판정되면 개는 안락사를 피할 길이 없기 때문이다.

사람을 물어 안락사에 처하게 된 딜랜

아키타 종 딜랜도 이에 해당하는 경우였다. 딜랜은 세일즈우먼 헬렌과 함께 살고 있었는데, 헬렌은 멀리 출장을 나갈 때면 늘 딜랜을 데리고 다녔다. 상황상 딜랜은 헬렌을 수호하는 임무를 맡은 셈이었고, 아키타 종의 신체 조건상 이 임무는 충분히 가능한 일이었다. 언제나 그렇듯 문제는 딜랜이 헬렌을 보호하고픈 마음이 너무 강했다는 데에 있었다.

어느 날 헬렌은 슈퍼마켓에서 장을 본 후 물건을 차 트렁크에 싣다가 친구를 만나 반갑게 인사를 나누었다. 그런데 열린 차 문을 통해 이를 지켜보던 딜랜이 헬렌에게 친구의 손이 다가가는 것을 보더니 순간적으로 흥분해서 친구에게 달려들어 팔을 심하게 문 것이다. 친구는 꿰맬 정도의 큰 외상을 입고 한 동안 병원 신세를 져야 했다.

상황은 매우 심각했다. 경찰이 출동했고 딜랜과 헬렌은 난폭한 개와 관련된 법률 위반으로 기소되었다. 이제 딜랜이 안락사 될지 아닐지는 전적으로 판사에게 달려 있었다.

헬렌은 변호사를 통해 내게 연락을 했다. 헬렌은 어떻게든 딜랜을 살리기 위해 내 도움이 필요했다. 헬렌은 착한 딜랜이 왜 그런 행동을 했는지 알 수 없다고 했다. 교육을 통해 딜랜이 변화될 수 있다면 법정에서 동정과 관용을 기대할 수 있었다. 극심한 충격에 빠진 헬렌에게 그것만이 마지막 희망이었다.

"딜랜이 왜 그랬는지 이해할 수 없어요. 딜랜은 정말 착하고 사랑스러운 개예요."

나를 만난 헬렌은 이 말만 되풀이했다. 지금까지 단 한 번도 딜랜은 그런 비슷한 행동도 한 적이 없다고 했다. 나는 집에서 딜랜이 헬렌을 항상 졸졸 쫓아다니는지, 손님이 오면 지나치게 흥분하거나 헬렌을 보호하려는 행동을 하는지 등에 대해 물었고 대답은 모두 "네."였다.

당장 교육을 시작해야 했다. 나는 헬렌에게 딜랜을 살리고 싶으면 아미시엥 본딩 교육 방법을 철저하고 지속적으로 적용해야 한다고 강조했다. 사실 나는 이전에도 이와 비슷한 상황을 접했던 적이 있다.

당시의 아키타도 사람을 물어서 안락사를 앞둔 상황이었는데 반려인은 내가 알려 준 방법을 제대로 실천하지 않았다. 교육은 철저함과 지속성이 중요한데 많은 사람들이 그렇듯 그 반려인은 교육법을 제대로 적용하지 않았고 당연히 아키타의 공격성은 전혀 나아지지 않았다. 내가 개를 살리려면 제대로 된 교육을 해야 한다고 간청했음에도 불구하고 반려인은 그러지 않았고 결국 그 개는 다시 사람을 문 후 법정 출두도 없이 그대로 안락사 당했다.

개의 입장에서 개를 옹호하다

헬렌에게는 두 달 남짓 시간이 있었으나 그 전에 딜랜의 운명을 법정이 결정할 수도 있었기 때문에 시간은 많지 않았다. 나는 딜랜을 교육한 뒤 행동 변화 등을 자세하게 법정에 보고해야 했다. 딜랜의 운명은 이제 우리 손에 달린 셈이었다.

일단 딜랜이 스스로를 우두머리라고 믿는 것이 확실하므로 이것부터 바꿔야 했다. 아미시엥 본딩 교육법을 통해 우두머리로서 갖는 책임감을 제거해야 했는데, 특히 위험을 감지한 상황에 중점을 두고 교육을 해야 했다. 딜랜의 삶과 생활 전체를 파악하면서 사고가 일어난 정황을 재구성했다. 헬렌에게 위험이 다가왔을 때 공격성을 드러내는 것이 아니라 바르게 행동하는 법을 가르치는 것만이 딜랜을 구하는 길이었다.

딜랜이 왜 헬렌을 수호하기로 결심했는지를 아는 것은 그리 어렵지 않았다. 헬렌과 딜랜의 관계는 애정이 넘쳤지만 집에서 지내는 생활 방식에는 문제가 많았다. 손님이 왔을 때 딜랜이 현관으로 달려가 뛰고 짖는 것을 헬렌은 제지하지 않았다. 또 산책할 때도 딜랜은 마음대로 목줄을 끌어당겼고, 자기가 원할 때 헬렌에게 안아달라고 졸랐다. 이런 딜랜의 요구에 헬렌은 늘 그대로 응했다.

하지만 아미시엥 본딩 교육을 시작한 후 이런 상황은 완전히 변했다. 일단 딜랜이 헬렌을 바라보는 시각이 변했다. 딜랜은 헬렌을 자기가 보호해야 할 아기가 아니라 자신을 보호하고 결정권을 가진 우두머리로 받아들이게 된 것이다. 이제 더 이상 딜랜은 무리를 지키고 돌봐야 하는 책임을 지지 않아도 되었다.

법원 결정이 내려지기 일주일 전, 나는 판사에게 제출할 리포트를 썼다. 딜랜은 더 이상 위협적인 존재가 아니라는 확신이 들었기 때문이다.

나는 보고서에 헬렌이 그동안 자기가 딜랜에게 잘못된 신호를 보내 문제 행동을 유발시켰다는 것을 깨달아서 교육을 통해 제대로 된 교육법을 배웠다고 적었다. 또한 이런 과정을 통해 딜랜은 더 이상 위험한 개가 아니고, 사람에게 위협을 가하지도 않을 것이라고 밝혔다. 물론 법정에서는 이런 교육과정을 통해 딜랜이 책임을 벗고 보다 자유로워졌다는 심리학적 측면에서의 내 의견은 완전히 무시했을 테지만 어쨌든 딜랜은 안락사에서 벗어날 수 있었다.

나는 항상 개의 입장에서 개를 옹호한다. 때로는 내가 너무 지나친 것이 아닌가 생각할 때도 있지만 이번에도 마찬가지였다. 나는 헬렌과 딜랜의 운명이 어떻게 될지에 대한 걱정으로 잠을 설쳤다. 판결이 있던 날 아침, 판결 직후 헬렌은 법정에서 바로 전화를 했다.

"딜랜, 살았어요."

헬렌은 눈물을 흘리며 이 두 마디밖에 하지 못했다.

판사는 딜랜에 대해 관리 명령을 내리기는 했지만 결과적으로 판결은 딜랜은 살았으며 헬렌과 함께 지낼 수 있다는 내용이었다. 이후 딜랜은 누구도 공격하지 않았고, 둘은 행복하게 함께 살았다. 나는 이후에도 법적으로 딜랜과 같은 상황을 5번 맡아 교육시켰고, 다행히도 5번 모두 개의 생명을 구했다.

산책길에서 벌떼를 만나다

사람들은 내게 지나치게 낙천적이라고 말한다. 그것은 아마 내가 상대방의 좋은 면을 빨리 알아채고 거기서 배울 것을 찾는다는 의미일 것이다. 그런 의미라면 낙천적인 것이 맞다. 나는 컵에 물이 반밖에 차지 않았다고 낙심하는 것보단 반이나 찼다는 식으로 인생을 보는 사람이니까 말이다.

1998년 어느 날 나는 다소 극적인 상황에서 내 교육 방법이 옳음을 스스로 확인했는데, 아이러니하게도 최악의 상황을 통해서 그것을 확인한 셈이다. 내가 아무리 긍정적이어도 솔직히 그런 경험을 통한 확인은 다시는 하고 싶지 않다.

따스한 바람이 부는 여름 저녁, 나는 개들과 함께 외곽의 경치 좋은 곳으로 나들이를 갔다. 우리는 작은 개울가를 따라 산책했는데 풍경이 참 아름다웠다. 저녁 해는 서쪽 하늘로 스러지고 있었고, 새들의 노랫소리가 들렸으며, 얼굴에는 부드러운 바람이 스쳤다. 개들도 자유롭게 뛰어다니고 개울에 들어갔다 나왔다 첨벙거리며 놀고 있었다. 인생이 완벽해 보이는 순간이었다.

그런데 얼마 후 우리가 즐겼던 아름다운 목가적인 풍경은 한순간에 악몽으로 바뀌고 말았다. 개들은 신이 났는지 나를 앞질러 걸었다. 우리 개들은 내가 부르면 언제라도 돌아오기 때문에 숲속을 걸을 때면 종종 그냥 둔다. 그런데 얼마 후 비명소리가 들렸다. 오른쪽으로 꺾이는 길이라 앞서간 개들이 잠시 내 시야에서 사라진 그 잠깐 동안에 비명소리가 들린 것이다.

나는 정신없이 소리 나는 곳으로 달려가다가 하마터면 몰리한테 걸려 넘어질 뻔했다. 스패니얼 몰리가 미친 듯이 울부짖으며 땅바닥에서 뒹굴고 있었다. 정신을 차리고 앞을 보니 나머지 개들도 광적으로 뛰어오르면서 짖어대고 있었다. 나는 무슨 일이 벌어지고 있는지 금방 알아차렸다. 내 앞에 벌집이 연달아 놓여 있는 것을 보았기 때문이다. 개들은 벌떼로부터 공격을 받은 것이다.

벌떼는 내게도 공격을 시작했기 때문에 정신을 차리기 힘든 상황 속에서 처음 몇 초 동안은 모든 것이 슬로 모션으로 움직이는 듯했다. 나는 큰 공포에 휩싸였다. 아마 내 생애 가장 난감한 순간이었던 것 같다. 벌떼는 내 얼굴로 달려들었고, 나는 바로 앞조차 볼 수 없는 지경이 되었다. 귀는 벌의 윙윙 거리는 소리로 가득한데 제대로 보이지도 들리지도 않는 아비규환 속에서 개들이 내 앞 어디선가 고통에 몸부림치며 소리 지르는 것이 느껴졌다.

나는 본능적으로 차를 향해 뛰기 시작했다. 내 차는 500미터 정도 떨어진 곳에 주차되어 있었는데, 나는 500미터가 그렇게 긴 거리인 줄 그때 처음 알았다. 아무리 달려도 차는 나타나지 않고 팔과 개줄을 마구 휘두르며 벌떼를 쫓으려 했는데도 야속하게 별 효과가 없었다. 이미 벌떼는 내 머리, 목, 손에 무차별적으로 침을 쏘아대고 있었다. 나는 벌에 쏘인 곳을 세게 눌러서 벌침을 나오게 하면서 계속 달렸다.

마침내 나는 차에 다다랐고 부들부들 떨리는 손으로 열쇠 구멍에 열쇠를 끼워 넣느라 한참을 차 앞에서 쩔쩔맸다. 그 순간에도 나와 개들은 계속 쏘이고 있었다. 마침내 차 문이 열렸고 나는 아이들을 불렀다. 개들은 순식간에 차로 뛰어들었다. 나는 운전석으로 뛰어가 차에 시동을 걸었다. 액셀러레이터를 있는 힘껏 밟아 도로로 달려 나갔는데 거의 2킬로미터를 달려가서야 벌떼로부터 벗어날 수 있었다.

이 날은 정말 어떻게 집에 왔는지 기억조차 나지 않는다. 집에 돌아와 아이들을 집 안에 들이고 나서야 살았다는 생각이 들었고 그제서야 개들이 얼마나 만신창이가 되었는지를 살펴보기 시작했다. 체구가 작은 바미는 땅에 납작 엎드려서 상처가 가장 적었다. 스패니얼 몰리와 스파이크 밀리건도 듬성듬성 물렸을 뿐이었다. 북슬북슬한 털이 가득한 귀가 얼굴을 감싼 덕분인지 얼굴은 상대적으로 멀쩡했고, 다만 입 주변이 제법 물어뜯긴 정도였다.

의외로 몸집이 크고 힘이 센 셰퍼드들이 가장 심각하게 상처를 입었다. 가장 심하게 공격당한 체이서는 이제 6개월이었다. 체이서의 오른쪽 눈은 화염에 휩싸인 듯 벌겋게 부어 완전히 감긴 상태였다. 수의사 선생님과 통화하자 치료를 위해 가능한 한 빨리 병원으로 데려오라고 했다.

다른 개들도 여전히 충격에 휩싸여 벌벌 떨고 있었지만 일단 상처가 심하지 않았으므로 쉬도록 집에 두고 체이서만 데리고 동물병원으로 향했다.

끝까지 우두머리인 나를 믿어 준 개들

개들의 주치의인 사이먼 선생님은 체이서의 눈 상태를 살피더니 항히스타민 주사를 놓은 후 더 물린 곳이 없는지 확인했다. 진료는 1시간 만에 끝났고, 체이서의 안전을 확인하자 그때서야 나는 정신이 돌아왔다. 그러자 벌에게 물린 얼굴과 목, 손이 화끈거리기 시작했고, 내 몸골이 정말 말이 아니었다. 살면서 경험한 최악의 상황인 것 같았다. 나도 나지만 우리집 개들이 겪은 엄청난 스트레스에 미안했다.

수의사 선생님은 도대체 무슨 일이 있었는지 물었고 나는 비로소 우리 가족이 무슨 일을 겪었는지 되돌아 볼 수 있었다. 내가 방금 전에 일어났던 일을 떠올리며 상세히 이야기하자 선생님 얼굴이 점점 하얗게 질려 갔다.

"맙소사. 흩어진 애들을 다 찾는데 시간이 얼마나 걸렸어요? 적어도 1~2킬로미터씩은 도망갔을 거 아니에요."

선생님의 말을 듣고서야 나는 그 끔찍한 상황에서도 아이들이 내 곁을 한순간도 떠나지 않았다는 사실을 깨달았다. 당시에는 정신이 없어서 그런 사실조차 생각할 겨를이 없었는데 생각해 보니 고마운 일이었다. 우리집 개들은 내 옆에 있는 것이 당연한 것이었기에 차를 향해 달릴 때도 내 옆에서 달렸고, 차 문을 열었을 때도 고민 없이 바로 뛰어 올랐던 것이다.

집으로 돌아오며 나는 생각했다. 분명 개들은 나보다 훨씬 빨리 달릴 수 있고, 지옥 같은 상황을 피하기 위해 어떤 방향으로든 도망칠 수 있는데, 극심한 스트레스에 시달리면서도 내 곁을 떠나지 않은 것은 어떤 의미일까? 그들의 행동은 바로 우두머리인 나에 대한 끝없는 신뢰의 표현이었다. 생각이 여기에 이르자 나도 모르게 기쁨의 눈물이 흘러내렸다.

결국 최악의 사건을 통해 내 교육방식이 실용성이 있음을 스스로 증명하게 되었다. 그날 저녁 나는 아이들에게 저녁을 주면서 평소보다 훨씬 더 많이 고마움을 표했다. 우리집 개들은 아미시엥 본딩 교육법을 함께 완성시킨 내 동료이기도 하고, 생사의 갈림길에서도 끝까지 나를 믿고 따라준 내 가족이기도 하다.

| 에필로그 |

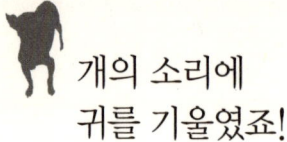
개의 소리에
귀를 기울였죠!

　내가 하는 일은 인생을 늘 새롭고 흥미로운 방향으로 이끌고 간다. BBC 험버사이드 라디오 방송국 프로그램에 출연해 문제가 있는 개의 원인과 해결법에 대해 4년 동안 상담을 했는데 1998년에는 리포터 요청을 받았다. 리포터로서 크러프츠 대회 등 동물과 관련된 소식을 전했는데 어느 날 내게 몬티 로버츠 심층 인터뷰가 맡겨졌다.
　나는 그 말을 듣는 순간 할 말을 잃었다. 몬티 로버츠라니! 몬티 로버츠는 자신의 경험담을 적은 책《말과 대화하는 남자(*The Man Who Listens to Horses*)》저자로 이미 세계적으로 명성을 떨치고 있었고, 로버트 레드포드 주연의 영화 〈호스 위스퍼러(*The Horse Whisperer*)〉의 성공으로 어느 때보다 관심이 집중된 상태였다.
　몬티 로버츠 덕분에 사람들은 동물과 사람이 인간적인 관계를 맺는 방식에 대해 관심을 갖게 되었고, 영국을 방문해 자신의 방법을 선보일 예정이었다.

　내가 그를 처음 만나 충격을 받은 지도 벌써 수년이 흐른 뒤였다. 첫 만남 이후로 나는 늘 그의 작업에 관심을 갖고 있었고, 존경심을 간직하고 있었다. 나는 그의 작업을 보면서 인간이 다른 동물과 의사소통을 할 수 있다는 사실에 대해 확신을 가질 수 있었다. 그런 상태에서 몬티 로버츠를 직접 인터뷰한다니 기쁨에 정신이 멍할 지경이었다.

　마침내 인터뷰 날, 나는 흥분과 전율을 감추면서 인터뷰 장소로 향했고 담당자가 나를 소개하자 몬티 로버츠는 따스한 미소를 띠며 내게 다가왔다.

　"내 방법을 개에게 적용하셨다고 들었습니다. 어떻게 그렇게 잘 할 수 있었나요?"

　몬티 로버츠는 내가 몇 년 전 처음 봤을 때의 그 카우보이 같지 않게 명랑하고 친절한 모습이었다. 나는 그가 나를 알고 있다는 사실에 당황해서 짧게 대답했다.

　"개의 소리에 귀를 기울였죠."

　내 대답에 몬티 로버츠는 웃으면서 그날 저녁 말과 함께 하는 이벤트 자리에 함께 해줄 수 있는지를 물었다. 당연히 참석하겠다고 답하자 그는 자신과 내가 무엇인가를 함께 할 수 있을 것 같다는 이야기를 했다. 나는 그 말을 인사치레라고 생각했다.

　그날 저녁 행사장은 가득 메워져 있었다. 몬티 로버츠의 인기를 증명하듯 표는 이미 일주일 전에 매진된 상태였다. 몬티 로버츠의 배려로 나는 행사장의 바로 옆 무대 중앙에서 그날의 행사를 지켜볼 수 있었다. 몬티의 시범을 가장 잘 볼 수 있는 위치였다.

두 시간 반 동안 진행된 행사는 두 부분으로 나뉘어져 있었는데 첫 번째는 한 번도 안장을 얹어 보지 않은 말에게 안장을 얹어서 말을 타는 것이었고, 두 번째는 사람을 뒷발로 차는 버릇이 있는 말을 변화시키는 것이었다.

그런데 두 번째 시범이 진행되는 중간에 몬티는 나를 불러서 무대로 올라오라고 했다. 나는 아주 짧은 시간 동안 망설였지만 몬티 로버츠의 미소에 설득되어 무대로 들어섰다. 마치 그는 자신이 달랬던 야생마들을 대하듯 나를 달랬고, 나는 무슨 일이 벌어지는지 깨닫기도 전에 이미 관중에게 소개되고 있었다.

몬티 로버츠는 자신의 교육 방법이 대중에게 공개된 후 많은 훈련자와 교육자들이 그에게서 영감을 얻었고 영향을 받았는데, 그 중에서 몬티를 가장 놀라게 한 사람은 한 영국 여성이라며 나를 소개했다. 나는 정신이 아득했지만 어느새 많은 관객 앞에서 내 교육 방법에 대해 설명해 나가고 있었다.

나는 몬티 로버츠가 어떻게 내 인생을 변화시켰는지, 그에 의해 말이 변화되는 모습이 얼마나 충격이었는지, 그리고 그 방법을 개에게 적용시킨 이야기까지 말해 나갔다. 내 설명이 끝나고 몬티 로버츠는 내게 박수를 보냈고 관객들도 많은 박수를 보내 주었다.

몬티 로버츠의 동물을 존중하는 교육법은 나에게 막대한 영향을 끼쳤다. 내가 한 일은, 인간과 동물이 조화롭게 함께 하는 것이 모든 것의 토대가 될 것이라는 그의 믿음에 기인한 것이었다. 그런데 그가 내 일을 인정해 주다니! 진정한 겸허함이 무엇인지를 깨달은 절대 잊을 수 없는 순간이었다.

| 찾아보기 |

ㄱ

가슴줄 159
가자 32, 182
가젤하운드 24
간식 89, 91, 103, 136
강박관념 231
강박증 227
강박증적 행동 173
강아지 입양 176
강압적 교육법 31
개 21
개 사회 105
개의 언어 73
결정권 87
결정권자 164
경찰견 39, 241
고든 세터 192
골든코커스패니얼 219
골라듣기 56
공간 80, 84
공격성 110, 116, 157, 219, 251
공황 상태 104
과잉보호 130, 134, 237
급소 68
긍정적인 기억 87, 172
긍정적인 연계성 152, 230
기다려 96

ㄴ

나나 104
나투프 유적 21
놀기 67, 188
놀이 66, 128, 190, 242

눈빛 112
늑대 22, 41, 43, 142
늑대 무리 107
늑대 사회 50, 73

ㄷ

다시 부르기 96
담장 달리기 135
대리모 21
대소변 가리기 187, 191, 199, 204
도그쇼 29
도베르만 224
돌발적 행동 117
두 가지 C(two C : consistent and calm) 48
따라 32
때리기 118
떠나는 시늉 106
뛰어오르기 140

ㄹ

라사압소 213
래브라도 208, 228
런던 경찰청 경찰견 교육센터 240
로트와일러 157
리더십 49
리트리버 24

ㅁ

《말과 대화하는 사람(The Man Who Listens to Horses)》 258
말을 길들이다(breaking in) 31
머리줄 58

먹는 시간 98
먹는 시늉 65, 97, 113
먹는 행위 59, 74, 214
목줄당기기 95
몬티 로버츠 35, 48, 69, 258
몸짓언어 42, 51, 141
무는 게임 190
무리 57
무리 가로지르기 161
무리 규율 99
무리 동물 237
무리 생존 198
무리 체계 167
무시하기 51, 79, 111, 143
물기 110, 115, 121
물리적 공격 118
물어뜯기 187

ㅂ

반복 교육 49, 84, 124, 204
밥 주기 213
배 쓰다듬기 134
배설물 냄새 197
번식 본능 73
보더콜리 15, 135
보르조이 24
보상 83
복종 43, 118
복종훈련 31, 54, 70
본파이어나이트 168
부정적인 기억 152, 172
분리 교육 180
분리불안 34, 45, 100, 201

불꽃놀이 168
붙어 32
브리더 30, 177
비글 39

ㅅ

사냥 54, 74, 92
사냥개 29
사육 22
사회성 178, 182
산악 구조견 148
산책 55, 57, 88, 92, 161
살루키 24
생존 본능 73, 213
서열 34, 41, 43, 98, 107
서열 의식 76
서열 재정립 59, 60
서열 체계 43, 156
선택권 122
세인트버나드 148
세터 24
셸티 119
손님 86, 113, 141, 183
슈나우저 137
스키너 68
스트레스 111
스패니얼 39
스패니얼 필드 데이 쇼 30
스프링어스패니얼 24
시팅 불 49
식분증 192
식사 시간 213
신경증적 공격성 110

| 찾아보기 |

신체적 우월성 142
실용성 256
싸움 75
씹기 189

ㅇ

아드레날린 55, 93, 159
아라비안 사막늑대 23
아미시엥 본딩 교육 77, 105
아이들 125
아키타 190, 249
안내견 25
안락사 110, 218, 235, 249
안전사고 188
앉아 89
야생 늑대 154, 160
엎드려 33, 90
엔돌핀 104
엘리자베스 칼라 228
영역 보존 본능 134
영역 표시 197
옆에 31, 90, 94, 182
예방 235
예방주사 182
옐로스톤 국립공원 154
5분 규칙 78, 144, 181, 203
올드잉글리시시프도그 18, 163
왕립동물학대방지협회(RSPCA) 15
외출 79
요요 개 233
요청하기 83
요크셔테리어 147
우두머리 34, 41, 75, 116, 242

우두머리 부부 41, 131
우두머리 스트레스 135
웨스티 245
위계질서 73
위펫 15, 141
위협 86, 117
유기동물 233, 237
유기동물 입양 238
음식 104
이기적 22, 67
이름 짓기 182
이리 와 83
이상 행동 229
인내심 138
일관성 48
입양 176, 233

ㅈ

자기 방어 123, 234
자기 보호 본능 116
자율권 151
잡아당기기 놀이 244
재회 76, 80
잭러셀 63
저녁식사 훈련법 60
저먼셰퍼드 25, 39, 116, 133, 151, 231
전통 훈련법 31, 70
절망감 173
점프 50, 141
정당 방위 116
정면 대결 161
정서불안 222
정신적 상처 225

조인업(join up) 37
존중 117
줄 93
지속성 138, 250

ㅊ
책임감 106, 167
천둥 · 번개 168
체벌 118
체크 체인 31
초크 체인 31
침입자 155
침착함 48
칭찬하기 83

ㅋ
카니스 루푸스(Canis lupus) 21
카니스 파밀리아리스(Canis familiaris) 21
코스터(Koster) 사적 21
코요테 214
코커스패니얼 109, 121
콜리 119
크러프츠 도그쇼 30
크리스마스 선물 178
클리커 58
클린 도그 199
키플링 49
킹찰스스패니얼 25

ㅌ
토이스패니얼 25
통솔력 95
통제력 147, 150

투견용 158
트라우마 224
티베탄스패니얼 24

ㅍ
파라오하운드 24
파양 233
파워 매니지먼트 119
페르시안그레이하운드 24
포인터 24
품종 개량 23
핏불 158

ㅎ
학대 64
항복 228
행동 교정 70, 79, 106, 111
행동주의 이론 34, 240
행동학자 59, 68
《호스 앤 하운드(Horse and Hound)》 35
〈호스 위스퍼러(The Horse Whisperer)〉 258
환영 의식 41, 42
회색늑대 154
훈련 도구 58
훈련소 170
힐워크 32
힘의 균형 223

| 역자후기 |

반려견과 함께하는
내 인생을 바꾼 책

이 책이 한국에서 번역되어 나온다는 사실이 믿기지 않을 정도로 기쁘고 가슴 벅차다. 내가 처음 이 책을 접했을 때 책 한 권이 내 인생에 이렇게 많은 영향을 미치리라고는 생각하지 못했다. 그런데 이 책은 나를 감동시키고, 인생을 변화시켰다. 이런 일이 나에게 일어나다니 믿기 힘들었다.

내가 처음 잰 페넬을 접한 것은 TV 프로그램에서였다. 어려서부터 반려견과 살았던 나는 때때로 반려견의 행동을 이해할 수 없었다. 그런데 잰 페넬의 설명을 들으면서 그런 행동의 이유를 이해하게 되었다.

특히 잰 페넬의 아미시엥 본딩 교육법에 대해 확고한 믿음을 갖게 된 것은 내 첫 번째 반려견 루비의 변화 덕분이다. 루비는 고작 4주밖에 안 되었을 때 어미, 형제와 떨어진 후 함께 살게 된 주인에게 학대를 당하며 살았고, 나는 한 생명을 구하자는 생각에 루비를 입양했다.

루비에게 지금까지와는 다른 삶을 선사하고 싶었던 나는 올바른 교육을 시키고 싶었다. 그때 만난 책이 바로 이 책이다. 강아지 입양 교육부터 5분 규칙 등 반려견과 행복하게 살 수 있는 기본 교육에 대한 지식이 이 책에는 가득했다. 다른 훈련서와는 달리 강압적인 방법이 아니라 반려견과 인간적으로 소통하는 방법을 확실하게 배울 수 있는 책이었다. 이 책 덕분에 루비는 1년 뒤 어디에서도 올바르게 행동하는 반려견으로 자랐다.

또 한동안 부모님의 반려견인 예쁘와 캔디를 돌봐줄 기회가 있었다. 나이가 많아 백내장으로 눈이 보이지 않는 캔디는 12살, 예쁘는 11살이었다. 그런데 두 녀석은 같은 문제를 가지고 있었다. 집 안에 소변을 보고 다녀서 사람이 집에 없을 때는 집 안에 놔둘 수가 없었다.

나는 둘의 행동을 고치기 위해 잰 페넬의 책에서 본 대로 5분 규칙과 아미시엥 본딩을 시작했다. 그런데 눈이 보이지 않는 캔디가 문제였다. 난감했다. 먼저 나는 잰 페넬이 하듯 캔디의 행동을 2주가량 지켜보았는데, 캔디가 보이지 않는 대신 소리에 아주 민감하다는 사실을 알게 되었다. 그래서 캔디의 경우는 소리를 이용하는 식으로 5분 규칙과 아미시엥 본딩 교육 방법을 수정하게 되었다.

캔디는 5분 규칙을 적용할 때 부드럽게 손으로 밀면서(캔디는 토이 푸들로 체중이 고작 2kg남짓이다.) "캔디."하고 이름을 불렀다. 이때 내가 뒷걸음치는 소리를 일부러 냈다. 캔디가 내게 접근하는 것을 불편해하고 있다는 메시지를 캔디에게 전달하는 것이었다. 이런 방법을 세 번 정도 반복하자 캔디는 메시지를 알아들었다.

　아미시엥 본딩 방법을 적용할 때도 과자 먹는 소리를 일부러 크게 냈다. 캔디가 먹기 전에 내가 먼저 먹는다는 것을 알리기 위해서였다. 역시 이것도 세 번 정도 반복하자 캔디는 그 의미를 알아챘다. 놀라웠다.

　예삐는 잰 페넬의 방법을 그대로 적용했다. 두 녀석 다 처음에는 어리둥절해하다가 곧 내가 전하는 의미를 이해하기 시작했다. 물론 둘에게는 길잡이가 되어주는 루비가 있었다. 루비는 이미 아미시엥 교육 방법을 완벽하게 체화한 모범생이었다. 2주가 지나자 예삐와 캔디는 더 이상 집 안에서 소변을 보지 않는 깔끔한 개가 되었다.

　기본 교육, 대소변 가리기, 세 마리와 함께 하는 평화로운 산책 등 반려견과 함께 할 수 있는 행복한 삶을 경험하게 되었고, 내가 배운 것을 나누어야겠다는 생각이 들었다. 그래서 주변 사람들에게 이 책도 권하고, 내가 직접 문제가 있는 지인들의 반려견을 도와주기도 했다. 내가 이런 활동을 할 때마다 루비는 내게 올바른 길잡이가 되어 주었다. 늘 내가 배운 것을 한국 반려인들과 나누어야겠다는 생각을 했는데 내게 소중한 이 책이 한국에도 소개된다니 기쁘고 흥분된다.

　유방암으로 힘들었지만 꿋꿋한 모습을 보여주고 떠난 어여쁜 캔디, 우리 곁에서 19년이라는 긴 세월을 함께해 준 아름다운 예삐, 3년이라는 짧은 삶을 살다 떠난 아름다운 레드세터 다크, 그리고 비치, 아롱이, 해머. 모두 고맙고 사랑한다.

　마지막으로 아름다운 천사인 루비. 2년 반이라는 짧은 삶을 살고 내 곁을 떠난 루비는 총명하고 똑똑했으며, 내게 아름다운 사랑을 보여주었다. 루비는 내가 이 책을 한 장 한 장 정성을 다해 번역할 수 있도록 큰 힘이 되어 주었다. 내 마음 속에 영원히 살아있을 루비야, 고맙고 사랑한다.

내가 용감하고 현명해지기 위해 노력할 수 있도록 인생의 큰 가르침을 주시는 엄마와 가족, 내 곁에서 굳건하게 끊임없는 사랑과 응원을 보내준 크리스 데이비즈에게 감사의 마음을 전하고 싶다.

뉴질랜드에서 정재경

책공장더불어의 책

유기견 입양 교과서
유기견을 도우려는 사람을 위한 전문적인 정보·기술·지식을 담았다. 버려진 개의 마음 읽기, 개가 보내는 카밍 시그널과 몸짓언어, 유기견 맞춤 교육법, 입양 성공법 등이 담겼다.

유기동물에 관한 슬픈 보고서
(환경부 선정 우수환경도서, 어린이도서연구회에서 뽑은 어린이·청소년 책, 한국 간행물윤리위원회 좋은 책, 어린이문화진흥회 좋은 어린이책)
동물보호소에서 안락사를 기다리는 유기견, 유기묘의 모습을 사진으로 담았다. 인간에게 버려져 죽임을 당하는 그들의 모습을 통해 인간이 애써 외면하는 불편한 진실을 고발한다.

동물에 대한 예의가 필요해
일러스트레이터인 저자가 지금 동물들이 어떤 고통을 받고 있는지, 우리는 그들과 어떤 관계를 맺어야 하는지 그림을 통해 이야기한다. 냅킨에 쓱쓱 그린 그림을 통해 동물들의 목소리를 들을 수 있다.

순종 개, 품종 고양이가 좋아요?
생명을 사고파는 사회가 만들어낸 괴물, 순종. 순종을 원하는 문화가 개, 고양이에게 어떤 문제를 만들어내는지 수의사인 저자가 과학적·사회학적으로 접근한다.

노견 만세
퓰리처상을 수상한 글작가와 사진작가의 사진 에세이. 저마다 생애 최고의 마지막 나날을 보내는 노견들에게 보내는 찬사.

우주식당에서 만나
2010년 볼로냐 어린이도서전에서 올해의 일러스트레이터로 선정되었던 신현아 작가가 반려동물과 함께 사는 이야기를 네 편의 작품으로 묶었다.

개, 고양이 사료의 진실
미국에서 스테디셀러를 기록하고 있는 책으로 반려동물 사료에 대한 알려지지 않은 진실을 폭로한다. 2007년도 멜라민 사료 파동 취재까지 포함된 최신판이다.

개·고양이 자연주의 육아백과
세계적인 홀리스틱 수의사 피케른의 개와 고양이를 위한 자연주의 육아백과. 40만 부 이상 팔린 베스트셀러로 반려인, 수의사의 필독서. 최상의 식단, 올바른 생활습관, 암, 신장염, 피부병 등 각종 병에 대한 대처법도 자세히 수록되어 있다.

우리 아이가 아파요! 개·고양이 필수 건강 백과
새로운 예방접종 스케줄부터 우리나라 사정에 맞는 나이별 흔한 질병의 증상·예방·치료·관리법, 나이 든 개, 고양이 돌보기까지 반려동물을 건강하게 키울 수 있는 필수 건강백서.

암 전문 수의사는 어떻게 암을 이겼나
암에 걸린 암 수술 전문 수의사가 동물 환자들을 통해 배운 질병과 삶의 기쁨에 관한 이야기가 유쾌하고 따뜻하게 펼쳐진다.

펫로스 반려동물의 죽음
(아마존닷컴 올해의 책)
동물 호스피스 활동가 리타 레이놀즈가 들려주는 반려동물의 죽음과 무지개다리 너머의 이야기. 펫로스(pet loss)란 반려동물을 잃은 반려인의 깊은 슬픔을 말한다.

임신하면 왜 개, 고양이를 버릴까?
임신, 출산으로 반려동물을 버리는 나라는 한국이 유일하다. 세대 간 문화충돌, 무책임한 언론 등 임신, 육아로 반려동물을 버리는 사회현상에 대한 분석과 안전하게 임신, 육아 기간을 보내는 생활법을 소개한다.

동물과 이야기하는 여자
SBS 〈TV 동물농장〉에 출연해 화제가 되었던 애니멀 커뮤니케이터 리디아 히비가 20년간 동물들과 나눈 감동의 이야기. 병으로 고통받는 개, 안락사를 원하는 고양이 등과 대화를 통해 문제를 해결한다.

인간과 개, 고양이의 관계심리학
함께 살면 개, 고양이와 반려인은 닮을까? 동물학대는 인간학대로 이어질까? 248가지 심리실험을 통해 알아보는 인간과 동물이 서로에게 미치는 영향에 관한 심리 해설서.

강아지 천국
반려견과 이별한 이들을 위한 그림책. 들판을 뛰놀다 맛있는 것을 먹고 잠을 잘 수 있는 곳에서 행복하게 지내면서 천국의 문 앞에서 사람 가족이 오기를 기다리는 무지개다리 너머 반려견의 이야기.

개.똥.승.
어린이집의 교사이면서 백구 세 마리와 사는 스님이 지구에서 다른 생명체와 더불어 좋은 삶을 사는 방법. 모든 생명이 똑같이 소중하다는 진리를 유쾌하게 들려준다.

개에게 인간은 친구일까?
인간에 의해 버려지고 착취당하고 고통받는 우리가 몰랐던 개 이야기. 다양한 방법으로 개를 구조하고 보살피는 사람들의 이야기가 그려진다.

개 피부병의 모든 것
홀리스틱 수의사인 저자는 상업사료의 열악한 영양과 과도한 약물사용을 피부병 증가의 원인으로 꼽는다. 제대로 된 피부병 예방법과 치료법을 제시한다.

사람을 돕는 개
(한국어린이교육문화연구원 으뜸책, 학교도서관저널 추천도서)
안내견, 청각장애인 도우미견 등 장애인을 돕는 도우미견과 인명구조견, 흰개미탐지견, 검역견 등 사람과 함께 맡은 역할을 해내는 특수견을 만나본다.

용산 개 방실이
(어린이도서연구회에서 뽑은 어린이·청소년 책, 평화박물관 평화책)
용산에도 반려견을 키우며 일상을 살아가던 이웃이 살고 있었다. 용산 참사로 아빠가 갑자기 떠난 뒤 24일간 음식을 거부하고 스스로 아빠를 따라간 반려견 방실이 이야기.

치료견 치로리
(어린이문화진흥원 좋은 어린이책)
비 오는 날 쓰레기장에 버려진 잡종개 치로리. 죽음 직전 구조된 치로리는 치료견이 되어 전신마비 환자를 일으키고, 은둔형 외톨이 소년을 치료하는 등 기적을 일으킨다.

햄스터
햄스터를 사랑한 수의사가 쓴 햄스터 행복·건강 교과서. 습성, 건강관리, 건강식단 등 햄스터 돌보기 완벽 가이드.

토끼
토끼를 건강하고 행복하게 오래 키울 수 있도록 돕는 육아 지침서. 습성·식단·행동·감정·놀이·질병 등 모든 것을 담았다.

토끼 질병의 모든 것
토끼의 건강과 질병에 관한 모든 것. 질병의 예방과 관리, 증상, 치료법, 홈 케어까지 완벽한 해답을 담았다.

고양이 그림일기
(한국출판문화산업진흥원 읽을만한 책 선정)
장군이와 흰둥이, 두 고양이와 그림 그리는 한 인간의 일 년치 그림일기. 종이 다른 개체가 서로의 삶의 방법을 존중하며 사는 진진하고 소소한 이야기.

고양이 임보일기
《고양이 그림일기》의 이새벽 작가가 새끼 고양이 다섯 마리를 구조해서 입양 보내기까지의 시끌벅적한 임보 이야기를 그림으로 그려냈다.

고양이 질병의 모든 것
40년간 3번의 개정판을 내며 고양이 질병 백과의 고전이 된 책. 고양이 질병의 예방과 관리·증상과 징후·치료법에 대한 모든 해답을 완벽하게 찾을 수 있다

나비가 없는 세상
(어린이도서연구회에서 뽑은 어린이·청소년 책)
고양이 만화가 김은희 작가가 그려내는 한국 최고의 고양이 만화. 신디, 페르캉, 추새. 개성 강한 세 마리 고양이와 만화가의 달콤쌉싸래한 동거 이야기.

깃털, 떠난 고양이에게 쓰는 편지
프랑스 작가 클로드 앙스가리가 먼저 떠난 고양이에게 보내는 편지. 한 마리 고양이의 삶과 죽음, 상실과 부재의 고통, 동물의 영혼에 대해서 써 내려간다.

고양이 천국
(어린이도서연구회에서 뽑은 어린이·청소년 책)
고양이와 이별한 이들을 위한 그림책. 실컷 놀고 먹고, 자고 싶은 곳에서 잘 수 있는 곳. 그러다가 함께 살던 가족이 그리울 때면 잠시 다녀가는 고양이 천국의 모습을 그려냈다.

고양이는 언제나 고양이였다
고양이를 사랑하는 나라 터키의, 고양이를 사랑하는 글 작가와 그림 작가가 고양이에게 보내는 러브레터. 고양이를 통해 세상을 보는 사람들을 위한 아름다운 고양이 그림책이다.

동물을 만나고 좋은 사람이 되었다
(한국출판문화산업진흥원의 출판콘텐츠 창작 자금 지원 선정)
개, 고양이와 살게 되면서 반려인은 동물의 눈으로, 약자의 눈으로 세상을 보는 법을 배운다. 동물을 통해서 알게 된 세상 덕분에 조금 불편해 졌지만 더 좋은 사람이 되어 가는 개·고양이에 포섭된 인간의 성장기.

동물을 위해 책을 읽습니다
(국립중앙도서관 사서 추천 도서, 한국출판문화산업진흥원 중소출판사 우수콘텐츠 제작지원 사업 선정)
우리는 사랑하고, 입고, 먹고, 즐기는 동물과 어떤 관계를 맺어야 할까? 목소리를 스스로 낼 수 없는 동물의 편에 서서 그들의 눈으로 세상을 보게 해주는 책을 함께 읽는다.

동물학대의 사회학
(학교도서관저널 추천도서)
동물학대와 인간폭력 사이의 관계를 설명한다. 페미니즘 이론 등 여러 이론적 관점을 소개하면서 앞으로 동물학대 연구가 나아갈 방향을 제시한다.

동물주의 선언
(환경부 선정 우수환경도서)
현재 가장 영향력 있는 정치철학자가 쓴 인간과 동물이 공존하는 사회로 가기 위한 철학적·실천적 지침서.

황금 털 늑대
공장에 가두고 황금빛 털을 빼앗는 인간의 탐욕에 맞서 늑대들이 마침내 해방을 향해 달려간다. 생명을 숫자가 아니라 이름으로 부르라는 소중함을 알려주는 그림책.

물범 사냥
(노르웨이국제문학협회 번역 지원 선정)
북극해로 떠나는 물범 사냥 어선에 감독관으로 승선한 마리는 낯선 남자들과 6주를 보내야 한다. 남성과 여성, 인간과 동물, 세상이 평등하다고 믿는 사람들에게 펼쳐 보이는 세상.

묻다
(환경부 선정 우수환경도서, 환경정의 올해의 환경책)
구제역, 조류독감으로 거의 매년 동물의 살처분이 이뤄진다. 저자는 4,800곳의 매몰지 중 100여 곳을 수년에 걸쳐 찾아다니며 기록한 유일한 사람이다. 그가 우리에게 묻는다. 우리는 동물을 죽일 권한이 있는가.

실험 쥐 구름과 별
동물실험 후 안락사 직전의 실험 쥐 20마리가 구조되었다. 일반인에게 입양된 후 평범하고 행복한 시간을 보낸 그들의 삶을 기록했다.

동물들의 인간 심판
동물을 학대하고, 학살하는 범죄를 저지른 인간이 동물 법정에 선다. 고양이, 돼지, 소 등은 인간의 범죄를 증언하고 개는 인간을 변호한다. 이 기묘한 재판의 결과는?

동물은 전쟁에 어떻게 사용되나?
전쟁은 인간만의 고통일까? 자살폭탄 테러범이 된 개 등 고대부터 현대 최첨단 무기까지. 우리가 몰랐던 동물 착취의 역사.

전쟁의 또 다른 비극, 개 고양이 대량 안락사
1939년, 전쟁 중인 영국에서 40만 마리의 개와 고양이가 대량 안락사 됐다. 정부도 동물단체도 반대했는데 보호자에 의해 벌어진 자발적인 비극. 전쟁 시 반려동물은 인간에게 무엇일까?

인간과 동물, 유대와 배신의 탄생
(환경부 선정 우수환경도서)
미국 최대의 동물보호단체 휴메인소사이어티 대표가 쓴 21세기 동물해방의 새로운 지침서. 농장동물, 산업화된 반려동물 산업, 실험동물, 야생동물 복원에 대한 허위 등 현대의 모든 동물학대에 대해 다루고 있다.

동물원 동물은 행복할까?
(환경부 선정 우수환경도서, 학교도서관저널 추천도서)
동물원 북극곰은 야생에서 필요한 공간보다 100만 배, 코끼리는 1,000배 작은 공간에 갇혀서 살고 있다. 야생동물보호운동 활동가인 저자가 기록한 동물원에 갇힌 야생동물의 참혹한 삶.

고통받은 동물들의 평생 안식처 동물보호구역
(환경부 선정 우수환경도서, 환경정의 올해의 어린이 환경책, 한국어린이교육문화연구원 으뜸책)
고통받다가 구조되었지만 오갈 데 없었던 야생동물의 평생 보금자리. 저자와 함께 전 세계 동물보호구역을 다니면서 행복하게 살고 있는 동물을 만난다.

동물복지 수의사의 동물 따라 세계 여행
(한국출판문화산업진흥원 중소출판사 우수콘텐츠 제작지원 선정, 학교도서관저널 추천도서)
동물원에서 일하던 수의사가 동물원을 나와 세계 19개국 178곳의 동물원, 동물보호구역을 다니며 동물원의 존재 이유에 대해 묻는다. 동물에게 윤리적인 여행이란 어떤 것일까?

숲에서 태어나 길 위에 서다
(환경부 환경도서 출판 지원사업 선정)
한 해에 로드킬로 죽는 야생동물 200만 마리. 인간과 야생동물이 공존할 수 있는 방법을 찾는 현장 과학자의 야생동물 로드킬에 대한 기록.

동물 쇼의 웃음 쇼 동물의 눈물
(한국출판문화산업진흥원 청소년 권장도서, 한국출판문화산업진흥원 청소년 북토큰 도서)
동물 서커스와 전시, TV와 영화 속 동물 연기자, 투우, 투견, 경마 등 동물을 이용해서 돈을 버는 오락산업 속 고통받는 동물들의 숨겨진 진실을 밝힌다.

고등학생의 국내 동물원 평가 보고서
(환경부 선정 우수환경도서)
인간이 만든 '도시의 야생동물 서식지' 동물원에서는 무슨 일이 일어나고 있나? 국내 9개 주요 동물원이 종보전, 동물복지 등 현대 동물원의 역할을 제대로 하고 있는지 평가했다.

책공장더불어 http://blog.naver.com/animalbook 페이스북 @animalbook4 인스타그램 @animalbook.modoo

야생동물병원 24시
(어린이도서연구회에서 뽑은 어린이·청소년 책, 한국출판문화산업진흥원 청소년 북토큰 도서)
로드킬 당한 삵, 밀렵꾼의 총에 맞은 독수리, 건강을 되찾아 자연으로 돌아가는 너구리 등 대한민국 야생동물이 사람과 부대끼며 살아가는 슬프고도 아름다운 이야기.

사향고양이의 눈물을 마시다
(한국출판문화산업진흥원 우수출판콘텐츠 제작 지원 선정)
내가 마신 커피 때문에 인도네시아 사향고양이가 고통받는다고? 나의 선택이 세계 동물에게 미치는 영향, 동물을 죽이는 것이 아니라 살리는 선택에 대해 알아본다.

후쿠시마에 남겨진 동물들
(미래창조과학부 선정 우수과학도서, 환경부 선정 우수환경도서, 환경정의 청소년 환경책 권장도서)
2011년 3월 11일, 대지진에 이은 원전 폭발로 사람들이 떠난 일본 후쿠시마. 다큐멘터리 사진작가가 담은 '죽음의 땅'에 남겨진 동물들의 슬픈 기록.

후쿠시마의 고양이
(한국어린이교육문화연구원 으뜸책)
2011년 동일본 대지진 이후 5년. 사람이 사라진 후쿠시마에서 살처분 명령이 내려진 동물들을 죽이지 않고 돌보고 있는 사람과 함께 사는 두 고양이의 모습을 담은 평화롭지만 슬픈 사진집.

버려진 개들의 언덕
인간에 의해 버려져서 동네 언덕에서 살게 된 개들의 이야기. 새끼를 낳아 키우고, 사람들에게 학대를 당하고, 유기견 추격대에 쫓기면서도 치열하게 살아가는 생명들의 2년간의 관찰기.

똥으로 종이를 만드는 코끼리 아저씨
(환경부 선정 우수환경도서, 한국출판문화산업진흥원 청소년 권장도서, 서울시교육청 어린이도서관 여름방학 권장도서, 한국출판문화산업진흥원 청소년 북토큰 도서)
코끼리 똥으로 만든 재생종이 책. 코끼리 똥으로 종이와 책을 만들면서 사람과 코끼리가 평화롭게 살게 된 이야기를 코끼리 똥 종이에 그려냈다.

대단한 돼지 에스더
(환경부 선정 우수환경도서, 학교도서관저널 추천도서)
300킬로그램의 돼지 덕분에 파티를 좋아하던 두 남자가 채식을 하고, 동물보호 활동가가 되는 놀랍고도 행복한 이야기.

채식하는 사자 리틀타이크
(아침독서 추천도서, 교육방송 EBS 〈지식채널e〉 방영)
육식동물인 사자 리틀타이크는 평생 피 냄새와 고기를 거부하고 채식 사자로 살며 개, 고양이, 양 등과 평화롭게 살았다. 종의 본능을 거부한 채식 사자의 9년간의 아름다운 삶의 기록.

THE DOG LISTENER
개가 행복해지는 긍정 교육

초판 1쇄 펴냄 2011년 9월 24일
초판 6쇄 펴냄 2022년 12월 10일

지은이 잰 페넬
옮긴이 정재경
그린이 백영욱

펴낸이 김보경
펴낸곳 책공장더불어

편 집 정소영, 김보경
디자인 add+
인 쇄 정원문화인쇄

책공장더불어
주 소 서울시 종로구 혜화동 5-23
대표전화 (02)766-8406
이메일 animalbook@naver.com
홈페이지 http://blog.naver.com/animalbook
페이스북 @animalbook4
인스타그램 @animalbook.modoo
출판등록 2004년 8월 26일 제300-2004-143호

ISBN 978-89-97137-00-8 (03490)

*잘못된 책은 바꾸어 드립니다.
*값은 뒤표지에 있습니다.